全球价值链视角下中外贸易摩擦对中国企业绩效的影响研究

李众宜 著

中国财经出版传媒集团

经济科学出版社

Economic Science Press

图书在版编目（CIP）数据

全球价值链视角下中外贸易摩擦对中国企业绩效的影响研究/李众宜著. —北京：经济科学出版社，2022.6

ISBN 978 - 7 - 5218 - 3719 - 3

Ⅰ.①全…　Ⅱ.①李…　Ⅲ.①对外贸易关系 – 影响 – 企业绩效 – 研究 – 中国　Ⅳ.①F752.7②F272.5

中国版本图书馆 CIP 数据核字（2022）第 098761 号

责任编辑：李一心
责任校对：王京宁
责任印制：范　艳

全球价值链视角下中外贸易摩擦对中国企业绩效的影响研究
李众宜　著
经济科学出版社出版、发行　新华书店经销
社址：北京市海淀区阜成路甲 28 号　邮编：100142
总编部电话：010 – 88191217　发行部电话：010 – 88191522
网址：www. esp. com. cn
电子邮箱：esp@ esp. com. cn
天猫网店：经济科学出版社旗舰店
网址：http://jjkxcbs. tmall. com
北京密兴印刷有限公司印装
710 × 1000　16 开　15 印张　240000 字
2022 年 6 月第 1 版　2022 年 6 月第 1 次印刷
ISBN 978 - 7 - 5218 - 3719 - 3　定价：68.00 元
（图书出现印装问题，本社负责调换。电话：010 - 88191510）
（版权所有　侵权必究　打击盗版　举报热线：010 – 88191661
QQ：2242791300　营销中心电话：010 – 88191537
电子邮箱：dbts@ esp. com. cn）

序

随着中国对外贸易规模的快速扩大,中国的经济增长问题引起了美国等发达国家的重视,这也使中外贸易摩擦频繁地爆发,中国由此成为遭受全球贸易摩擦最多的国家。随着各国对华实施贸易保护频率的增加以及保护力度的提升,中国遭受贸易摩擦的产品领域也在不断地拓展,普遍上认为中外贸易摩擦应该针对的是中国具有比较优势的行业,然而中外贸易摩擦实际上也针对了中国一些并不具有比较优势的行业,贸易保护成为遏制中国战略性产业发展的重要手段之一。

本书试图基于现代贸易摩擦的主要形式(反倾销、保障措施)分析中外贸易摩擦的现状及其形成的原因,实证检验中外贸易摩擦对我国企业绩效的影响,并在全球价值链视角下探究贸易摩擦对企业绩效的影响机制,为我国企业应对贸易摩擦提供有益的启示。

本书研究的主要内容如下:

首先,在阐述贸易摩擦理论的基础上,分析中外贸易摩擦的现状,具体包括中国分别遭受反倾销、反补贴、保障措施及技术壁垒的情况,且重点分析中国与一些主要国家之间的贸易摩擦现状,如中美贸易摩擦、中印贸易摩擦、中欧贸易摩擦及中日贸易摩擦,并结合中外贸易摩擦的现状探讨了中国遭遇贸易摩擦的原因。

其次,采用包括生产率、出口份额、创新和产品质量在内的 4 个指标经验分析了中外贸易摩擦对我国企业绩效的影响。以国外对华反倾销为例,运用 2000~2007 年全球反倾销数据库、中国工业企业数据库和中国海关数据库,采用普通最小二乘法、工具变量法分析中外贸易摩擦对中国企业绩效的影响效应,在稳健性检验和内生性检验的基础上,结合企业异质性特征研究贸易摩擦对不同类型企业绩效的差异性影响,并基于全球价值链视角探究中外贸易摩擦抑制我国企业绩效的作用机制。

最后，采用上市公司股价为企业绩效的代理变量研究中外贸易摩擦对我国企业绩效的影响效应。以2009年中美"轮胎特保"案为例，运用中国工业企业数据库、中国海关数据库和国泰安数据库，采用双重差分法检验中外贸易摩擦对我国企业绩效的影响，并基于全球价值链视角探讨了贸易摩擦对关联企业绩效的影响。

综上所述，本书实证检验了中外贸易摩擦对企业绩效的影响效应及传导途径，并分别以生产率、出口份额、创新、产品质量和股价为企业绩效的代理指标进行了相应的实证检验，研究结果显示：首先，中外贸易摩擦对我国制造业企业的生产率、创新活动具有显著的负向影响，且中外贸易摩擦对不同类型的制造业企业存在明显的差异性的影响，基于全球价值链视角的研究发现，全球价值链关联是贸易摩擦影响制造业企业的生产率和创新的传导渠道；其次，中外贸易摩擦对我国出口企业的出口份额、产品质量具有显著的负向影响，且中外贸易摩擦对不同类型的出口企业存在显著的差异性影响，进一步发现全球价值链关联是贸易摩擦影响企业出口份额、出口产品质量的传导渠道；最后，中外贸易摩擦对我国上市公司股价具有显著的负向影响，且中外贸易摩擦对相关上市公司股价的影响存在着"时间效应"和"阶段效应"，基于全球价值链视角的研究发现，贸易摩擦对关联产业内企业股价也存在着明显的负面影响。

基于本书的研究结论，对于出口企业而言，中国政府应该出台相应的贸易摩擦应对机制或政策以提升出口企业竞争力，而出口企业自身也应当主动建立健全应对贸易摩擦的能力；对于工业企业而言，中外贸易摩擦对中国制造业企业的影响愈加明显，企业在提升全球价值链嵌入度的同时提升企业创新能力，政府也应当充分利用金融、财政等多种手段以缓解工业企业的融资约束，从而提高企业应对贸易摩擦的能力；对于上市公司来说，当贸易摩擦来临时，各上市公司不仅要提防与其直接相关的外部冲击对股价的影响，还应当提防来自其上游行业的负面冲击对其股价所带来的影响，做好相应的防范和应对措施。

本书的创新主要体现在：（1）在研究视角上，本书从产业关联的视角研究贸易摩擦的贸易破坏效应，即在全球价值视角下测度和刻画贸易摩擦对企业绩效影响以及影响的"级联效应"，丰富和拓展了现有贸易摩擦影响相关研究的研究视角。（2）研究内容上，从微观企业入手，旨在更加全面地考察贸易摩擦对企业绩效的影响，包括研究对企业生产率、出口份额、创新、产品质量、股价等多个企业绩效指标的影响，因此本书研究全面、丰富地估计了贸易摩擦对企业的影响效应，也在一定程度上拓展了现有研究的知识边界。（3）从研究对象上，着眼于企业行为特征，估计了贸易摩擦的影响效应、时间效应、阶段效应、作用机制及对异质性企业的差异性影响，提高了研究的科学性和精准性。

目　　录

第 1 章

绪　论

现阶段，世界经济整体仍旧保持着增长势头，但增速却在逐渐放缓。在此背景下，各国为了促进经济复苏和充分就业而积极实施贸易保护措施，因此全球贸易保护主义势力开始有所抬头。目前，为了缩减贸易逆差和遏制中国经济的发展，美国对中国发起历史上最大规模的贸易摩擦，且一直处在持续升级态势，这导致中国的进出口贸易及国内经济都受到一定程度的影响。企业作为一国经济发展的柱石，随着全球产品内分工细化，越来越多的企业参与到全球产品分工中来，且其全球价值链关联度也在不断提升，贸易摩擦的影响范围也会越来越广泛。因此，在全球价值链视角下中外贸易摩擦对中国企业的影响是一个亟待研究的课题。

1.1　选题背景与选题意义

近年来世界经济增长的动力不足，全球经济陷入困境，贸易保护主义和单边主义正在迅速抬头，各国为保护本国产业而不断采取贸易保护措施。随着中国对外贸易规模的不断扩大，中国的经济增长引起了很多西方发达国家的重视，与此同时，中国、印度等发展中国家在国际市场的竞争也在不断地加剧，部分发展中国家也加入对华实施贸易保护的队伍中，对华实施贸易保护的国家由发达国家已经拓展到发展中国家。截止到 2017 年中国已经连续 23 年成为全球遭遇反倾销调查最多的国家，连续 12 年成为全球遭遇反补贴调查最多的国家。在各种贸易壁垒中，传统的关税壁垒由于其合法性而受到越来越多的限制，而非关税壁垒由于具有隐蔽性好、针对性强、效果明显等特点而被各国普遍使用，其中反倾销被使用的频率最高，根据世界贸易组织非关税壁垒数据库的数据统计显示，1995～2018 年中国遭遇反倾销调查总数达到 642 起。随着一些国家针对中国的贸易摩擦数量的增加，中国遭受贸易摩擦的产品领域也不断拓展，普遍认为中外贸易摩擦应该针对的是中国具有比较优势的行业，然而西方国家基于保护本国利益或经济战略发展的考虑实际上也针对中国不具有比较优势的行业实施了贸易保护措施。2018 年美国对中国实施了较大规模的反倾销，其中涉及化学品、光伏产品及部件、车船运输设备及部件等不具有比较优势的中高端产品。

随着国际生产分工细化和垂直专业化贸易的快速增长，世界经济进入了以生产分节化和中间品跨境贸易为主要特征的全球价值链（global value chains，GVC）时代，越来越多的发展中国家也通过中间品贸易参与了全球价值链分工（Kee & Tang，2015[1]）。据经济合作与发展组织（OECD）发布的《2018 年贸易政策对全球价值链的影响》报告内容显示，2011 年以来，全球价值链贸易在全球贸易中的比重已超过了 60%，而 2018 年中间品贸易在全球价值链贸易中已经占到 70%。

在全球价值链分工的体系下，来自多个国家和地区的企业都已参与到特定产品的开发中来，服务、原材料、零部件在各国之间进行交换，然后被纳入最终产品，这导致越来越多的零部件和中间品在国际流动。世界已经建立了一个高效的全球产业供应链，部分国家（或地区）在全球范围内的产出、贸易和储蓄中所占份额的不断提升，这导致各国（或地区）经济和贸易力量的平衡局面也将发生转变。在 2008 年金融危机后，各国（或地区）经济复苏的步伐有所放缓，贸易保护主义有所抬头。据世界贸易组织（WTO）非关税数据库统计显示，2016 年全球实施贸易救济 547 起，同比上升了 9.4%，相比 2012 年则上升了 42.45%，这些贸易救济措施引发了更加频繁的贸易摩擦，而在日趋频繁的贸易摩擦中，2018 年中美贸易摩擦则显得尤为突出，成为迄今为止经济史上规模最大的贸易摩擦。从特朗普宣布对从中国进口的钢铁和铝分别征收 25% 和 10% 的关税，到对价值 500 亿美元的中国商品征收 25% 关税，再到对华 2000 亿美元商品加征 10% 关税，美国不断地对进口的中国商品加征关税，这意味着中美贸易摩擦正在持续升级。2019 年中美贸易摩擦的态势更为严峻，5 月 10 日美国对 2000 亿美元中国输美商品加征的关税由 10% 提高到 25%，此次关税调整对两国的经济指标产生重要的影响。根据一般均衡模型的测算，2020 年中国的国内生产总值、制造业就业、出口和进口规模分别下降 0.622%、1.046%、3.402% 和 1.945%，而美国的国内生产总值、制造业就业、出口和进口规模分别下降 0.067%、0.907%、2.611% 和 3.936%，甚至全球的 GDP、制造业就业率和贸易规模可能分别减少 0.123%、0.28% 和 0.79%①。

日益增多的贸易摩擦已成为破坏国际贸易的主要问题之一。GVC 分工程度自 2011 年达到峰值之后其整体水平一直在下降，这是由于各国之间频繁发生的贸易摩擦破坏了产品的全球化分工程度。以中美贸易摩擦为例，美国对中国加征关税的产品分为中间品、资本品和消费品，而中间品、资本品和消费品分别占 2500 亿美元中国输美商品的 51%、32% 和 17%，而其中占比 74% 的中间品、39% 的资本品和 29% 的消费品②都将面临相对更高的关税。从这些数据可以看出，中间品在贸易品中所占比重最高，且加征较高关税的幅度也最高，这意味着中间品在贸易摩擦中所受到的影响最大。由于中间品连接着全球价值链，因此贸易摩擦对中间品的影响将会蔓延到国内价值链和全球价值链，从而影响全球贸易流量和产品专业化分工。

那么，在 GVC 背景下，中外贸易摩擦对我国企业绩效的影响程度如何？中外贸易摩擦对我国企业绩效影响的传导途径是什么？本书旨在对以上问题进行系统的梳理，着重分析中外贸易摩擦对我国企业绩效的影响效应，并基于 GVC 视角考察中外贸易摩擦影响的传导途径，并发掘现有研究不足及以后研究拓展的方向。

1.2 相关文献综述

1.2.1 贸易摩擦对经济的影响

贸易摩擦是指为了保护本国经济而实施贸易保护措施所引起的非暴

---

① ② Li Chunding, Dong Yan. Tariff War will Harm the US too [EB/OL]. China Daily, 2019 – 05 – 27，http：//www. chinadaily. com. cn/cndy/2019 – 05/27/content_37474042. htm.

力冲突。近年来，国际贸易保护主义和单边主义势力抬头，频发的贸易摩擦呈现新的发展态势，成为阻碍当今全球经济发展的主要困扰之一，贸易摩擦的相关研究成为国际贸易领域关注的热点问题。本节从贸易摩擦的类型、经济影响及其成因等方面对相关研究加以梳理。

在 GVC 深化发展的进程中，随着中间品贸易的增长，各个经济体之间的联系越来越紧密，这意味着它们更容易受到来自外部的冲击和影响。多数研究认为贸易摩擦是影响全球经济一体化的重要因素，贸易摩擦不仅对相关国家的贸易往来和国民经济有着直接的影响，甚至是对全球贸易的健康发展也存在着负面影响。贸易摩擦对相关国家经济的影响可以从宏观、中观和微观等三个层面进行分析。

1.2.1.1 贸易摩擦对国家经济的影响研究

国内外学者就贸易摩擦对相关国家宏观经济的影响效应进行了大量的研究，但是由于研究角度、研究方法不同而呈现的研究结论也存在着差异。在现有研究中，贸易摩擦对一个国家单边福利水平的影响效应可以分为两类：

一是贸易摩擦导致福利水平发生了明显变化，且贸易保护所导致的福利损失可能会放大。伯恩霍芬（Bernhofen，1995）提出反倾销税的全球福利效应是双重的：一方面对上游产品征收关税会造成其价格上升而导致消费者盈余出现损失；另一方面，通过加征关税将生产重新分配给效率更高的外国下游企业而导致其生产者剩余增加[2]。大川（Okawa，2006）通过建立一般均衡模型比较关税和配额对一个寡头垄断的中间品市场的保护作用，指出增加关税会导致中间品及最终品价格上升，但也会导致社会福利下降[3]。埃里卡（Erica，2018）则基于美国国情，指出美国加征关税会提高零部件、材料等中间品的成本，进而推高使用这些投入的产品价格，同时降低企业的产出，这将导致工人和资本所有者的收入都降低。同样，关税导致的产品价格上涨会降低劳动力和资本收入的税后价值，因为更高的价格会减少劳动力和资本的回报，这会刺激美国人减少工作量及减少对生产的投资，从而导致更低的产出，对整体经济的发展产生不利的影响[4]。

二是贸易摩擦对福利水平的影响不大。钟成勋等（Chung et al.，2016）研究中美贸易摩擦对中国经济的影响，使用"合成控制法"估计美国对中国轮胎产品实施特保措施的影响效应，研究显示，美国对华轮胎特保措施并没有对中国轮胎行业的总就业率和平均工资产生显著的影响，其原因是在世界轮胎市场中存在数目庞大的跨国公司，通过跨国公司交易，中国轮胎的出口完全转向了其他出口国[5]。段梦和黄德林（2018）采用一般均衡模型，以钢铁行业为例，实证检验中美贸易摩擦对两国的经济发展和社会福利所产生的影响，结果显示，美国对中国钢铁产品征收反倾销税，这导致中国钢铁行业在国际进出口贸易中处于贸易逆差，而美国钢铁产品的贸易情况与中国相比有所改善；但从整体来看，美国对中国钢铁产品实施反倾销并没有提高美国的社会福利状况和改善宏观经济的运行，相反却对两国的经济运行产生不同程度的负面影响[6]。

此外，对于贸易摩擦中的双边福利问题，部分学者进行了研究，但结论尚未统一。樊海潮和张丽娜（2018）利用异质性企业模型预测2018年中美贸易摩擦对两国福利水平的影响。结果发现，当美国单方面对中国输美的中间品提高进口关税时，会导致美国福利水平的恶化，同时受中间品贸易的影响，两国的福利水平都出现了恶化的情形，而与美国相比，中国福利水平的恶化程度更为明显[7]。而倪红福等（2018）得出了不同的结论，他们以美国对华301调查为例，利用2014年全球投入产出表（WIOT）测算2018年美国对华301调查后双方加征关税的价格效应和福利效应[8]。研究发现，在中美关税贸易摩擦中，总体而言，与美国相比，关税贸易摩擦对中国出口产品的价格影响更大，但两国的价格与福利水平都有所下降，而与中国相比，美国价格水平受到的影响程度更大，美国居民所受的福利损失也更大。针对同一问题，曲越等（2018）则认为不同阶段的贸易摩擦对福利的影响也不尽相同。他们以2018年美国对华实施的301调查为例，采用全球贸易分析模型（GTAP）测算中美贸易摩擦对中国经济的影响效应。研究结果显示，在中国没有反制前，中美贸易摩擦可能会改善美国的贸易平衡和社会福利，若贸易摩擦升级则将会对中美两国经济造成更大程度的负面影响[9]。

1.2.1.2　贸易摩擦对产业的影响研究

在中观经济层面，贸易摩擦的影响主要体现在对相关行业的地位、上下游关联产业以及相关中间品行业的影响。

1. 贸易摩擦对中间品行业贸易的影响

在 GVC 时代，各国和地区之间的大部分贸易涉及中间品，而非最终品，中间品投入已成为世界贸易的一个显著部分，特别是这些中间品的进口已急剧增加。越来越多的贸易保护开始针对包括钢铁、机械、半导体等在内的跨境中间品贸易。针对这些中间品市场的保护性贸易政策引起了贸易理论界的关注。鲍恩（Bown，2018a）指出，2010年以来各国政府已开始利用各种类型的贸易保护措施来限制中间品贸易，而针对中间品贸易的临时贸易壁垒（TTB）保护措施有所增加且已高于对最终品的贸易保护，这些临时贸易壁垒保护措施不仅只针对中国，还包括对其他国家的中间品进口，截至2016年，临时贸易壁垒涵盖了高收入国家和新兴经济体从中国进口贸易的6%，覆盖了世界其他地区进口的2%，而在震惊世界的2018年中美贸易战中，美国统特朗普政府对从中国进口的2500亿美元商品加征不同程度的关税，而这些被加征关税的产品也主要以中间品为目标[10]。鲍恩（2018c）对2018年中美贸易摩擦中1333种产品进行了分类，发现特朗普对价值500亿美元的中国进口商品加征关税，其中在被加征关税的产品中，中间品占到41%[11]。

在GVC时代，中间品贸易是链接各国贸易的主要纽带，当各国对中间品实施关税与非关税壁垒时，中间品通过多次跨界流通将贸易保护的影响进行传导，贸易保护对各国的负面影响也变得更为严重。巴哈尔（Bahal，2012）以钢铁行业为例，指出当倾销的进口产品是中间品时，反倾销的影响会变得更严重，这是因为对中间品征收的关税会导致使用中间投入品的价格更高，加重了使用中间品企业的贸易成本，同时也会导致下游产品质量的恶化[12]。鲍恩（2018b）通过分析2010~2016年G20国家的贸易数据，结果表明，G20集团通过反倾销、反补贴税和保障措施等临时贸易壁垒增加了进口保护，各国应用贸易壁垒的对象也发生了变化，贸易保护已从最终产品转向中间品，且在2008~2009年经济危机之后，频繁的贸易保护壁垒加重了中间品的贸易成本，对嵌入GVC的经济体的跨境供应链的进一步发展产生了负面影响[13]。李晓和张宇璇（2019）以中美贸易争端为研究对象，采用双边贸易出口增加值的分解方法研究中国出口到美国的第三国增加值的变动情况，研究发现，1995~2015年期间，在中国出口美国的产品中来自韩国、日本及中国台湾地区的增加值呈现为先快速增长后逐渐下降的变动趋势，而亚洲出口到美国产值中的中国增加值要比其他地区更高，因此中美贸易争端不仅对中美两国，而且对亚洲各国出口增加值带来显著的负面影响[14]。

2. 贸易摩擦对产业地位的影响

已有研究认为贸易摩擦一旦发生就会阻碍相关国家之间的商品跨境流动，阻碍其参与 GVC，严重割裂全球价值链和产业链，导致全球价值链分工体系的重构。

在关税壁垒方面，贸易保护是一国参与全球价值链的重要屏障，关税的保护作用随着 GVC 被扩大，即使是低关税也会对一国的全球价值链参与度产生明显的作用。库普曼等（Koopman et al.，2010）基于对增加值分解的测算后发现关税会提高商品跨境流动的成本，而 GVC 使得关税具有了"关税放大效应"，在考察价值链的整个链条情况下，关税的有效保护水平会出现显著地上升，从而影响产品的跨境交易并破坏 GVC 分工的正常运行[15]。王孝松等（2017）则从总产品出口、最终品出口和中间品出口角度分别测算国外对华反倾销对中国的 GVC 参与度的影响，分析发现，反倾销措施对中国各行业的 GVC 参与度及 GVC 地位具有非常明显的负面效应，导致中国相关行业的全球价值链地位指数下降 8.2% ~ 28.6%，与此相反，上游度指数会提升 3.2% ~ 13.7%[16]。

在非关税壁垒方面，贸易保护会提升各国之间商品跨境的交易成本，妨碍全球价值链的稳定运转。冯（Von，2012）以欧盟对中国三种中间品实施反倾销为研究对象，测算欧盟对华反倾销对欧洲受保护行业及使用中间品的下游行业利润的影响，发现反倾销对处于 GVC 不同位置的行业带来了一定程度的影响，但其损益状况由于所处 GVC 位置不同而具有显著的差异性[17]。

3. 贸易摩擦对关联产业的影响

随着垂直专业化分工的发展，生产的各个阶段会在不同的国家完成，世界贸易变得越来越分散，一个最终品的交易完成要经历多次跨境贸易，进而导致贸易摩擦的影响也会沿产品的生产链条不断地叠加，贸易摩擦对某一产品的影响也随之拓展到关联产业。基于 GVC 的级联效应，针对上游企业实施的贸易保护，其保护诉求也会被传递到其下游企业。范伯格和卡普兰（Feinberg & Kaplan，1993）研究美国在金属和化学品两个行业中实施反倾销和反补贴的经济影响，实证检验发现，美国在化学品和金属两个行业实施反补贴和反倾销的比重高达 70%，而对其上游进口企业实施贸易救济则会呈现贸易保护诉求向下游企业传播的趋势[18]。唐宇（2004）也支持了此结论，指出贸易保护在上下游企业间具有"继发性保护效应",当上游企业获得保护后会导致其价格上升,这会增加下游企业的生产成本,此时下游企业会寻求保护措施以消除这种负效应,即上游企业获得反倾销保护后会通过"损害传递"加大下游企业跟随上游企业寻求贸易保护的需求倾向[19]。

在贸易保护对关联产业的影响方面,当上游企业被实施贸易保护,其负面影响通过 GVC 的级联效应也会被传递到其下游企业。埃尔巴哈和子元(Erbahar & Zi,2017)检验美国对上游产品实施临时贸易壁垒从而对相关产品的下游产业所产生的影响,通过对美国投入产出表数据分析发现,1988~2013 年间政府对上游企业采取贸易救济会导致下游企业产品的生产数量减少、购买成本增加及额外福利损失的提升,而层叠式保护还可能造额外的更大幅度的福利损失[20]。倪红福等(2018)则以中美之间关税壁垒为例,通过构建全球投入产出价格效应模型,使用 2014 年全球投入产出表(WIOD)和分行业关税数据进行测算,结果显示,当上游企业增加了贸易成本时额外的生产成本会被转移到下游企业,这些成本通过生产链累积放大而产生贸易成本的"瀑布效应"(cascade effect)[8]。鲍恩(2018b)也支持了这一观点,指出贸易壁垒会增加中间品的成本,并通过两个渠道对关联产业产生不利影响:一是对下游企业的生产率、产品产量和贸易规模产生直接的负面影响,二是会增加下游企业对新一轮贸易壁垒的需求[13]。

贸易保护对关联产业的影响不仅在相关国家存在,在全世界更大的范围内,其影响依然存在。段玉婉等(2018)采用世界投入产出表与双边关税数据,对 1996~2011 年间 64 个国家 33 个行业的关税有效保护率(ERP)进行测算,研究发现,基于价值链的传导效应,当提高某行业的关税水平时,相关的下游行业或国家的关税有效保护率会受到负面影响[21]。鲍恩等(2018)认为,在受到高关税冲击的中国出口产品中,95% 的产品是美国最终产品生产中所使用的零部件和电子元件等中间品,提高这些中国出口产品的关税只会损害美国进口中间品的企业,而如果中国也采取相应对策,许多向中国出口中间品和原材料的上游产业所在国家和地区也将受到沉重打击[22]。

1.2.1.3 贸易摩擦对企业绩效的影响研究

在微观经济层面,贸易摩擦的影响主要作用于企业的运营与发展方面，而企业绩效是评价企业运营的重要指标。企业绩效是指企业在一定经营期间开展生产经营活动所取得的全部成果与成效。企业绩效根据衡量领域不同可分为狭义的企业绩效和广义的企业绩效。狭义的企业绩效主要是指企业的财务绩效指标，如企业的投资收益率、净收益率、销售额以及市场占有率等。广义的企业绩效是指在财务绩效指标的基础上拓展考核范畴，如增加企业的实际运营绩效、研发能力大小、竞争能力高低等其他非财务类的绩效指标等，具体包括生产能力、产品质量和市场份额等指标。目前我国的企业经营业绩评价往往采用现行会计准则和会计制度计算的指标体系进行衡量，但随着经济的发展，社会对企业的评价不仅仅局限在会计核算指标上，而是更注重综合实力的考核，从各种不同的角度进行评价企业绩效。本书则采用广泛的企业绩效指标，采用能够体现企业的生产能力、销售能力、研发能力、竞争能力、市场影响力 5 个企业绩效指标，具体采用全要素生产率、出口份额、企业创新、产品质量以及公司股价等多个指标作为企业绩效的代理变量，全面地估计贸易摩擦对企业绩效的影响效应。

1. 贸易摩擦与企业生产率

在企业生产率方面，贸易摩擦对目标企业生产率具有明显的负面影响效应，但其影响也存在着差异性。钱德拉和朗（Chandra & Long，2013）采用不同的生产率指标研究发现，美国对华反倾销实施后由于规模经济下滑导致中国出口企业劳动生产率和全要素生产率分别下降了12%、5%，其中出口强度高的企业的生产率下降幅度更明显[23]。谢申祥等（2017）对反倾销的影响进行分段研究发现，对华反倾销对中国企业生产率在终裁阶段存在明显的抑制作用，但这种影响在初裁阶段并不显著[24]。与此同时，贸易摩擦对目标企业生产率的影响效应还存在一些相反的观点，如奚俊芳和陈波（2014）将全要素生产率细分为技术进步与技术效率两个指标，利用数据包络分析方法（DEA）研究发现，总体上国外对华反倾销对中国出口企业的全要素生产率具有正向影响，其中出口企业的技术进步指标受到反倾销的影响而出现显著性下降，而技术效率指标却出现了提升[25]。贾布尔等（Jabbour et al.，2019）也赞同了此观点，他们以欧盟为样本的研究发现反倾销政策减少了中国出口商的整体数量，但提高了幸存出口商的生产率，并且欧盟反倾销对中国出口商与欧洲企业之间的生产率差距具有长期的负面效应[26]。此外，刘爱东等（2016）从主动反倾销角度，以中国化工行业为例分析中国对外反倾销对企业全要素生产率的影响，结果显示对外反倾销可以在短期内通过提升纯技术效率来提高中国企业全要素生产率[27]。

2. 贸易摩擦与企业出口绩效

在出口绩效方面，已有研究主要关注了贸易摩擦对出口规模（Bown & Crowley，2006[28]）、出口产品价格（Reynolds，2013[29]）、出口产品种类（龙小宁等，2018[30]）、出口企业数量（Besedes & Prusa，2013[31]）、企业生产率（Pierce，2011[32]；谢申祥等，2017[24]）的影响。

在现有文献中，鲜有学者注意贸易摩擦对出口份额和出口产品质量的影响。随着贸易摩擦的频繁发生及贸易保护主义的抬头，企业出口产品质量逐渐成为学者们集中关注的问题，但对于贸易摩擦对目标国出口产品质量的影响效应，相关研究还未有定论。现有关于贸易摩擦对目标国出口产品质量的影响效应的研究主要包括两个层面：一是促进作用。部分学者认为贸易摩擦会导致目标国出口产品质量得以提升，如范登布斯奇（Vandenbussche，2001）通过两阶段动态博弈模型考察了欧洲反倾销的影响，结果表明欧洲反倾销税的实施会提升目标国的出口产品质量[33]；卢等（Lu et al.，2018）通过对中国多产品出口企业的实证分析发现，遭遇美国对华反倾销后，幸存的出口企业会调整他们在美国市场的产品结构，更专注于他们的优势产品，这使得受影响的出口产品在遭受反倾销调查后提升了产品质量[34]。高新月和鲍晓华（2020）采用双重差分法研究对华反倾销对中国企业出口产品质量的影响，研究发现，国外对华反倾销会导致中国出口质量的提升，其中反倾销前生产率水平低、产品质量弹性大的企业出口产品质量的提升效果更明显[35]。二是抑制作用。部分学者认为贸易摩擦对于目标国产品具有显著的负面影响，如古德西等（Ghodsi et al.，2015）采用引力模型对 WTO 成员的贸易数据分析后发现，出口企业在反倾销实施后虽被迫提升了出口价格，但出口企业却降低了出口产品质量以应对反倾销行为[36]；谢建国和章素珍（2017）以美国对华反倾销为例研究反倾销的破坏效应，结果表明，美国反倾销对中国出口产品具有明显的抑制作用，具体表现为美国对华反倾销导致中国的出口产品质量在第一年下降了 4.3%、第二年下降了 2.73%，第三年下降了 2.15%[37]。

3. 贸易摩擦与企业创新

有关贸易摩擦与创新之间关系的研究，现有研究往往针对技术密集型行业，如电子、初级金属、化工和机械工程行业。纵观现有文献，国内外直接研究贸易摩擦对企业创新影响的文献还相对较少，与其相关的文献也只研究了贸易摩擦对研发投入的影响。高和宫岛（Gao & Miyagiwa，2005）通过相互倾销模型的分析发现，单边反倾销实施时目标企业的研发投入减少，而双边反倾销实施时，目标企业会增加研发投资[38]。基于同一模型，曲如晓和江铨（2007）对单边反倾销和双边反倾销两种情形下的企业研发投入进行了对比，认为目标企业在双边反倾销情形下与单边反倾销相比会减少研发投入。反倾销对企业创新的影响效应并不是显而易见存在的，还存在一些不同的结论[39]。与上述研究的结论有所不同，高和彭（Kao & Peng，2016）采用双寡头产业内贸易模型分析发现，在双边反倾销中进出口企业将根据政府设定的可容忍的倾销幅度增加或减少产品研发投入[40]。

此外，部分学者还从产品差异和市场规模差异等角度研究贸易摩擦对企业创新的影响，认为这些差异的存在会导致贸易摩擦对企业创新具有不同的影响效果。谢申祥和王孝松（2013）基于 Bertrand 双寡头模型研究发现，当产品差异度较小时一国反倾销会致使目标企业因其研发投入的边际收入增加而加大研发投入[41]。宫岛等（Miyagiwa et al.，2016）基于相互倾销模型对朝鲜和韩国之间的反倾销进行研究发现，如果两国市场的规模相当，双边反倾销会减少两国企业的研发投入和利润，但是如果韩国市场足够小，双边反倾销则会增加朝鲜企业的研发投入和利润[42]。何欢浪等（2020）以中国对外反倾销为例的研究发现，中国对外反倾销对国内企业的创新水平具有明显的提升作用，对外反倾销促使中国企业专利总量平均增长了 10.1%[43]。

4. 贸易摩擦与公司股价

在现有研究中，研究股价波动影响因素的文献较多。关于股价波动的影响因素，一国的经济政策、政治环境、文化习俗甚至自然灾害等因素均是影响股价波动的重要因素，而贸易摩擦也是影响股价的重要因素。现有文献多使用综合股指、股票收益或股票价格（Lenway et al.，1990[44]；Zhang & Hussain，2004[45]）等作为股票市场的代理变量研究贸易摩擦对股票市场的影响。多数研究发现了贸易摩擦会引起股价波动，但从其影响效果来看，现有研究对此并没有一致结论：（1）贸易摩擦对股价存在正向影响。休斯等（Hughes et al.，1997）指出 1986 年美国和日本为了解决美日半导体争端而签订了《美日半导体条约》，这个条约的签订对于美国公司股价具有明显的利好效应，使得美国半导体的生产者及其下游的消费者都同时受益[46]。（2）贸易摩擦对股价存在负向影响。伊织（Iori，2002）认为贸易摩擦引发的贸易崩溃导致了股价下跌[47]。杨令仪和杨默如（2020）研究2018年中美贸易摩擦对高新技术企业的影响时发现，高新技术企业股价更易受到中美贸易摩擦事件的负向影响，但此影响效应仅在短期内存在[48]。（3）贸易摩擦对不同对象和群体的股价存在截然相反的影响。张和候赛因（Zhang & Hussain，2004）发现美国对加拿大实施的木材贸易保护措施对加拿大公司股价具有负向影响，而此措施对美国中等规模公司股价的影响却是正向的[45]。

1.2.2　全球价值链相关理论

1.2.2.1　全球价值链的概念界定及其测算

1. 全球价值链概念

随着经济全球化的迅猛发展，产业间分工细化为产业内分工，最后演变为产品内分工。很多产品的生产不再是由一个国家独立完成。波特（Porter，1985）基于产业竞争的角度将产品的生产细分为研发、采购、生产、销售和售后服务等多个生产活动，将企业参与不同的生产活动看作整个价值链条上的一个个环节，提出了价值链的概念[49]。随着生产的"碎片化"在全球范围内展开，克鲁德曼（Krugman，1995）提出了全球价值链概念，认为制造业的发展趋势是在全球范围内分割价值链，一个产品的各个零部件或不同的生产工序由很多国家或地区独立完成后统一组装成最终产品，每个经济体在参与特定的生产过程中获得了增加值收入[50]。恩斯特和圭列里（Ernst & Gereffi，1998）对GVC理论进行了完善，认为组成产品生产的多个生产环节可以被拆分到不同的国家和地区进行加工，从而在全球范围内形成产品内分工体系，构建了全球价值链体系[51]。联合国工业发展组织（2002）对GVC进行系统的界定，指出GVC是"一种在全球范围内的生产活动，涉及商品生产和服务价值实现的过程，连接了产品在不同国家的设计、生产、销售、回收等相互联系的环节，并通过居于控制性地位的跨国公司进行协调和运作，不同的企业通过参与价值链中的不同生产环节，来获取各自的分工和贸易利益"。

2. 全球价值链核算

根据 GVC 理论，一个国家的 GVC 参与度直接反映出其优势产业是否具有国际竞争力，同时一国在 GVC 中的位置直接反映出其优势产业处于价值链的高端环节还是低端环节，因此通过测算一国在 GVC 中的地位或参与度，可以衡量一个国家的国际分工地位及参与国际分工的程度，并间接地反映出其经济和技术发展水平。

最早对于一个国家产品内分工程度的测度是采用中间品贸易进行的。胡梅尔斯（Hummels et al.，2001）首次提出使用垂直专业化（vertical specialization，VS）测量产品内专业化情况，具体是根据国家投入产出表测算出口中的进口中间品情况[52]。随后，迪恩（Dean，2007）使用此方法测量了中国在 1997 ~ 2002 年 122 个行业的垂直专业化水平，研究发现，中国向世界出口的产品中约有 35% 来自进口，而部分行业的垂直专业化增长幅度超过了 50% 且仍在不断地增长[53]。在此研究基础上，约翰逊和诺格拉（Johnson & Noguera，2012）将"垂直专业化"这一概念进行了拓展，使用贸易中不同维度的增加值进行相关研究，并在全球投入产出框架下对贸易增加值进行测算。他们结合投入产出数据和双边贸易数据，对 87 个国家和地区垂直专业化的测算结果在行业中进行对比后发现，在所有行业中，制造业的垂直专业化程度最低[54]。

HIY 方法的广泛应用有效避免了传统贸易计算方法对增加值贸易重复计算的问题，并且对双边贸易或多边贸易中的贸易失衡进行了更为准确地测算。约翰逊和诺格拉（Johnson & Noguera，2012）对垂直专业化的测算结果与传统统计相比后发现，中国对美国的贸易顺差缩水了 30% ~ 40%[54]。文东伟（2017）采用国家间投入产出数据库（ICIO）对 62 个国家进行分析，发现使用贸易总额进行统计的传统统计方法导致中国制造业和技术密集型行业对美国的贸易顺差分别被高估了 60% 和 85%。然而，HIY 测算方法存在以下缺陷：一是只能考察单国国内的上下游产业关联情况，却无法考察国与国之间的产业联系；二是没有对增加值的来源进行区分，只考察双边贸易的增加值贸易情况，忽略了第三方国家的间接增加值贸易的影响[55]。

针对 HIY 的不足，库普曼等（Koopman et al.，2008）基于国家间投入产出表构建了附加值贸易核算的框架，将总出口分解为包括被国外吸

收的国内增加值（DVA）、返回并被本国吸收的增加值（RDA）、国外
增加值（FVA）和纯粹重复计算部分（PDC）总计四大类内容[56]。基
于此内容，库普曼等（Koopman et al.，2010）基于测量一国对于中间
品贸易的供应和需求情况，构建了 GVC 位置指数和 GVC 参与度指数来
衡量一个国家的某个产业在 GVC 中的地位与参与度情况[15]。对于一国
的 GVC 地位情况，周升起等（2014）以中国为例，采用 GVC 地位指数
测算分析了 1995～2009 年间中国制造业在 GVC 中的国际分工地位，结
果表明，中国制造业在 GVC 中的国际分工地位较低，呈现"L"型变
化[57]。对于各国之间的 GVC 地位比较，王岚和盛斌（2014）利用
WIOD 数据库中的增加值贸易体系测算 1995～2009 年中美双边贸易情
况，结果显示，中美两国各个行业的分工地位存在差异，对于原料型和
资源型两个行业，中国作为输出国位于 GVC 上游，而美国作为加工国
处于 GVC 下游[58]。魏龙和王磊（2016）比较中国与"一带一路"沿线
国家的 GVC 位置，发现中国与"一带一路"沿线国家相比，处于价值
链的高端环节，已经具有了主导区域价值链的资格[59]。

此外，法利（Fally，2011）利用投入产出表构建了产品价值链长度
指标，该方法以产品从生产开始到最终完工之间的所经历的生产阶段数
作为价值链长度[60]。随后，法利等（2013）将一国的价值链长度测量拓
展至多国，构建了多国一般均衡模型以衡量全球范围内的 GVC 分工[61]。
基于此研究，安阔斯和乔（Antràs & Chor，2012）提出了从生产环节到最
终品之间距离长度的上游度指数（upstream index），并采用此指标测算了
美国 2002 年 426 个行业的 GVC 位置情况，结果显示，出口上游度指数是
影响贸易流量能否上升的重要决定因素[62]。安阔斯等（Antràs et al.，
2016）测算了 1995～2011 年各国产业在全球价值链的上下游位置变化，
发现商品和服务的贸易成本的持续下降导致各国产业在 GVC 中的位置出
现了明显的变化，而在 GVC 这个生产链条上，中国是生产阶段距离缩短
最快的国家[63]。在上游度指数基础上，安阔斯和乔（Antràs & Chor，
2012）提出了基于投入测算 GVC 位置的行业"下游度"指数（down-
stream index），并使用此指数测算了 1996～2009 年间 40 个国家和地区的
35 个行业在全球产出供应链和全球投入需求链上的相对位置[62]。

1.2.2.2　全球价值链视角下贸易摩擦影响的传导机制研究

在 GVC 时代，各个经济体嵌入在全球价值链中，相关研究发现

GVC 已经成为外部冲击对各个经济体产生负面影响的重要传导渠道。

1. GVC 传导路径的相关研究

当前对于全球价值链传导路径的研究主要集中在全球价值链与国际经济周期联动之间关系的研究。国际经济联动（international business comovemnt）是在一段时期内，各国或各地区在相互影响下而表现出经济波动同步现象。早期的相关研究以双边贸易总量为研究对象，高丝等（Kose et al.，2008）发现双边贸易总量与经济周期联动之间呈现显著的相关关系。随着研究的深入，相关研究发现产业专业化程度影响着各国之间的经济联动[64]。茜恩和王熊仓（Shin & Wang，2009）基于对东亚各国之间的贸易数据分析，指出产业内贸易和国际资本流动是影响各国之间的经济联动性的重要因素[65]。有学者基于对亚洲太平洋 30 个国家的经济联动性开展研究，发现一国电子产业的专业化程度对各国之间的经济联动具有显著的影响（Kumakura，2006）[66]。

垂直专业化概念被提出后，相关研究发现 GVC 是经济联动的重要传导渠道。此外，部分研究认为是中间品贸易是经济联动的传导渠道。乔瓦尼和列夫琴科（Giovanni & Levchenko，2010）以 55 个国家 28 个制造业的数据为样本探究经济联动的传导渠道，发现不同国家的两个产业间以中间品贸易为特征的价值链关联度越大，双边贸易对两产业部门产出联动的正向促进作用就越明显[67]。约翰逊（Johnson，2014）则通过考察中间品投入与总产出联动、增加值联动之间的关系，发现外部冲击通过中间品投入跨境贸易进行传播，并显著地影响了总产出联动[68]。此外，部分研究认为整个制造业分工体系都是外部冲击的传导路径。伯斯坦等（Burstein et al.，2008）和伯金（Bergin，2011）通过对制造业分工的关联程度与国际经济联动性之间关系的研究发现，经济联动是通过制造业贸易传导到其贸易伙伴国家[69][70]。梅冬州等（2017）以 1970～2011 年 160 个国家和地区的跨国面板数据为样本研究，结果显示，制造业比重越高则爆发金融危机的可能性越大，而这其中，较高的制造业比重所引起的参与垂直化分工程度的深化是造成金融危机传递到国内的重要渠道[71]。

关于负面冲击通过全球价值链传导路径对经济联动的影响程度，现有研究结论主要集中在两类：第一，全球价值链对经济联动具有放大作用。全球金融危机引发了关于全球价值链是否加速了冲击对经济周期联动的国际传导问题研究，如冈内斯等（Gangnes et al.，2012）指出全球价值链本身的固有"供应链效应"引发了金融危机通过价值链的传导效应而使得经济周期联动性迅速地在更大范围内传播[72]。潘文卿等（2015）利用国际投入产出表（WIOD）数据库对这一观点进行了实证，认为双边贸易对双边经济的周期联动性的影响呈现了"放大"效应[73]。第二，全球价值链对经济联动具有抑制作用。贝姆斯（Bems，2011）使用全球投入产出框架评估在大萧条时期垂直专业化对贸易急剧下降的作用，研究发现中间产品贸易的降幅实际上远远小于最终品贸易，而中间品贸易占贸易总额的比例略有上升，也就是说，中间品的存在帮助缓解了大衰退期间贸易总额的下降，垂直专业化总体上对贸易下降起到了显著地抑制作用[74]。在此基础上，倪红福和夏杰长（2016）将全球价值链分为正常运转和被破坏（中断）两种影响机制，指出在全球价值链正常运转情况下，垂直专业化不会放大外部冲击对全球贸易下降的影响，却会通过中间品贸易在一定程度上减缓危机冲击下的全球贸易下滑趋势[75]。

从对 GVC 传导路径的相关研究可以看出，GVC 对于外部冲击所引发的经济联动的传导作用具有双重性。在 GVC 不断深化和发展的背景下，产品内容分工更加细化，生产的"碎片化"特征日益明显，GVC发挥着越来越重要的作用，本书认为对价值链中任何一个环节的冲击都会呈现"牵一发而动全身"的级联效应，即本书更为认同"全球价值链对经济联动具有放大作用"的结论，当然对这一结论的真实性，本书还需进行严密和稳健的后续研究。

2. 基于 GVC 视角下贸易摩擦影响的传导机制研究

随着世界经济一体化，各个经济体嵌入全球价值链，由于价值链关联日益紧密而形成"利益共同体"，而基于 GVC 本身所特有的级联作用，各国间的贸易摩擦对经济的影响具有多重性，而关于贸易摩擦的影响通过 GVC 传导的效应主要体现在以下两种情况：

一是贸易摩擦的影响通过 GVC 被扩散。全球价值链本身具有"级联效应"（Acemoglu et al.，2012[76]，2015[77]），这使得冲突对经济的冲击从危机中心国向相关国家迅速扩散。罗夏迪和维多多（Rosyadi & Widodo，2017）采用 GTAP 模型分析美国对华关税对全球经济可能产生的影响分析[78]。他们通过模拟情景分析美国对中国采取全面保护和制造业保护以及中国采取适当反制的短期影响效应，研究结果显示，美国对华加征关税虽然会缓解中美贸易失衡问题，但也会导致两国双边贸易急剧下降，而基于 GVC 的传导效应还具有更广泛的影响，甚至还会导致全球的 GDP、贸易条件和社会福利水平的下降。全球价值链的形成也使得风险传导超越了传统的市场边界和地理距离限制（Gereffi & Luo, 2015[79]）。郭等（Guo et al., 2018）采用多部门一般均衡模型，考察在美国对中国或其他地区征收 45% 关税后 62 个经济体在出口、进口、产出和实际工资等方面的变化，结果显示，基于 GVC 的传导性冲击效应，美国的高进口关税会给国际贸易带来灾难性的影响，导致全球所有贸易行业的进口规模大幅地缩水[80]。小林和广野（Kobayashi & Hirono, 2018）认为中美贸易战的负面影响还会扩散到其他国，以日本为例，截至 2011 年日本为从中国出口到美国的价值超过 240 亿美元的最终品提供了的增值投入，其中 152 亿美元用于购买与计算机和电子零件有关的物品，因此，在 GVC 背景下，2018 年中美贸易摩擦会间接影响日本的相关产业，而其影响也将远远大于 2011 年[81]。

二是全球价值链关联下形成的风险共担机制可能会弱化负面冲击所带来的影响，从而对外部冲击具有缓冲作用。詹森等（Jensen et al., 2013）以美国贸易保护为例，利用公司层面和国家层面的数据研究 GVC 与贸易保护实施强度之间的关系，研究发现，GVC 对贸易摩擦具有抑制作用，随着 GVC 的深化，美国发起贸易保护的需求会下降，即全球价值链关联的存在使得美国显著减少了对高关联进口国实施反倾销的可能性[82]。对于不同的贸易摩擦形式，GVC 对贸易摩擦的影响表现也不同，除了抑制作用，还存在缓冲影响，具体表现为：（1）对于关税壁垒，贸易摩擦的负面影响通过 GVC 被缓冲。黄鹏等（2009）以关税壁垒为例，采用 GTAP 模型研究全球价值链对中美贸易摩擦的影响，研究发现，GVC 在中美贸易摩擦中发挥了缓冲作用，中美两国之间的贸易摩擦并未导致两国之间的贸易联系中断，而是通过 GVC 与第三方实现了贸易的间接联系[83]。（2）对于反倾销，贸易摩擦的负面影响通过 GVC 被抑制。彭冬冬（2018）以反倾销为例，采用 1995～2011 年世界投入产出数据库和世界银行反倾销数据库的匹配数据，定量分析全球价值链分工对贸易保护壁垒的影响，结果表明，参与全球价值链分工可以有效地抑制反倾销的实施，显著地减少了反倾销数量。而基于产业化的分析发现，高收入国家与中低收入国家之间存在的 GVC 关联对贸易保护壁垒具有更强的抑制作用，而高收入国家之间或者中低收入国家之间存在的 GVC 关联对反倾销实施的抑制作用不明显，甚至可能会提升反倾销案件的数量[84]。

1.2.3 总结性述评

随着贸易摩擦的频繁发生，众多学者开始关注贸易摩擦的经济影响效应，并产生了丰富的理论和实证检验成果，但对于贸易摩擦的影响基于 GVC 被传导的影响还没有确定结论。根据上述文献综述可知，相关研究存在如下几方面的问题：

（1）在研究内容上，目前定量研究摩擦对于经济影响的文献较多，然而从贸易摩擦的经济效应来看，目前研究的结论并不确定，且关于贸易摩擦对企业经济影响的研究也是针对企业的某一个指标进行的单独研究，并未将衡量贸易摩擦对企业影响的主要指标纳入统一框架下进行研究，缺乏针对贸易摩擦对企业各个方面影响的系统研究。即使部分研究探讨了贸易摩擦的影响效应，却并未对该问题形成深入的研究，如影响的传导渠道、"时间效应"和"阶段效应"、贸易摩擦对关联产业内企业的影响等方面都未做进一步的检验。

（2）在研究视角上，在关于贸易摩擦影响中，基于 GVC 传导机制的相关研究存在两种截然相反的结论，因此提高估计结果的精准度，明确基于全球价值链的贸易摩擦的传导路径及该路径的影响效果也需要进一步完善。

（3）在研究对象上，已有文献只是研究了贸易摩擦对企业绩效某一个指标的影响，没有对企业绩效的主要指标进行全面、系统的研究，这导致已有关于贸易摩擦对企业绩效影响的相关研究存在片面性，缺乏全面性。

1.3 研究内容与主要研究方法

1.3.1 研究内容

本书深入企业层面考察贸易摩擦对企业的影响。频繁的中外贸易摩擦对中国企业存在何种影响？在企业异质性存在的情况下中外贸易摩擦对中国企业的影响存在差异吗？中外贸易摩擦对中国企业存在动态影响吗？影响的作用机制又是什么？这些问题对于在中美贸易摩擦的背景下稳定国内的经济和恢复出口贸易具有重要的现实意义。

本书研究的主要内容共包括七章。

第1章为导论。该部分主要阐述了研究背景与研究意义，并对全球价值链的核算及贸易摩擦对经济的影响、作用机制等国内外研究进行梳理，在此基础上提出本书的研究方向。此外，这部分还介绍了本书的研究内容、研究方法、可能的创新点及研究不足。

第2章为理论基础研究。首先，研究贸易摩擦的基础理论，具体包括贸易摩擦的概念界定、具体分类、成因及贸易摩擦对国内经济的影响分析；其次，研究全球价值链的基础理论，具体包括全球价值链的概念、测算方法及全球价值链关联理论。

第3章描述了中外贸易摩擦的现状。首先，研究中外贸易摩擦的发展现状，分析中国分别遭受反倾销、反补贴及保障措施的情况；其次，分析中国与部分主要国家和地区之间的贸易摩擦情况，如中美贸易摩擦、中印贸易摩擦、中欧贸易摩擦及中日贸易摩擦的现状；最后，分析中国遭遇贸易摩擦的原因。

第4章经验分析了中外贸易摩擦对中国企业生产率的影响。本章以对华反倾销为例，经验分析中外贸易摩擦对中国制造业企业的生产率的影响；基于 GVC 视角探究贸易摩擦影响企业生产率的作用机制；基于企业异质性研究贸易摩擦对不同特征企业生产率的差异性影响。

第5章经验分析了中外贸易摩擦对中国出口企业的出口份额的影响。本章以对华反倾销为例，经验分析贸易摩擦对出口企业的出口份额的影响；基于 GVC 视角探究贸易摩擦影响企业出口份额的作用机制；基于企业异质性研究贸易摩擦对不同特征出口企业的出口份额的差异性影响。

第6章实证检验了中外贸易摩擦对中国企业创新的影响。本章以对华反倾销为例，经验分析贸易摩擦对企业创新的影响；基于 GVC 视角探究贸易摩擦影响企业创新的作用机制；基于企业异质性研究贸易摩擦对不同特征企业的差异性影响；拓展性研究贸易摩擦对企业创新的动态影响。

第7章经验分析中外贸易摩擦对中国企业出口产品质量的影响。本章以对华反倾销为例，实证检验贸易摩擦对企业出口产品质量的影响；

基于 GVC 视角探究贸易摩擦影响企业出口产品质量的作用机制；进一步从不同的反倾销实施国及不同的所有制性质及生产率水平等角度分析贸易摩擦对企业出口产品质量的差异性影响。

第 8 章实证检验全球价值链视角下中外贸易摩擦对中国公司股价的影响。以 2009 年"中美轮胎特保案"为冲击构建"准自然实验"，考察贸易摩擦对上市公司股价的影响及其影响的作用机制；进一步探讨贸易摩擦影响上市公司股价的"时间效应"和"阶段效应"；最后在 GVC 视角下分析贸易摩擦对前向关联产业及后向关联产业内企业股价的影响。

第 9 章为"主要结论与政策建议"。此部分对本书的研究进行总结，提出相关政策建议，并提出未来的研究方向。

1.3.2 研究方法

本书采用多种方法进行相关研究，包括普通最小二乘法、准自然实验法、工具变量法、案例分析法和比较分析法，具体介绍如下：

1. 普通最小二乘法

普通最小二乘法（ordinary least square，OLS）是一种用于线性回归模型中估计未知参数的线性最小二乘法，是统计学中应用最多的参数估计方法，也是从最小二乘法原理出发的其他估计方法的为基础，其主要思想是每个点到拟合模型的距离最短（残差最小）时的模型为最优，通过最小化误差的平方和寻找数据的最佳函数匹配。利用最小二乘法可以简便地求得未知的数据，并使得这些求得的数据与实际数据之间误差的平方和为最小。

2. 准自然实验法

"准自然实验法"借鉴"自然实验"中实验样本的随机性和实验项目的外生性，针对突发事件或新政策冲击对经济的影响进行检验，但由于研究样本是企业原始群体而非随机样本，因此将其称之为"准自然实验法"。在检验贸易摩擦对公司股价的影响的实证检验中，本书以"中美轮胎特保案"为外生冲击设计"准自然实验"，将全部的样本数据分为两组：一组是受到"中美轮胎特保案"影响，即实验组；另一组是没有受到此案件的影响，即对照组，并通过双重差分模型（difference-in-difference，DID）检验实验组与对照组对比后所受到的影响，具体表现为根据"中美轮胎特保案"实施前后进行第一次差分得到两组变化量，经过第一次差分可以消除个体不随时间变化的异质性，再对两组的变化量进行第二次差分，以消除随时间变化的增量，最终得到中美"轮胎特保案"对股价影响的净效应。

3. 工具变量法

工具变量法是指选择一个变量，此变量与模型中内生解释变量高度相关，但与被解释变量不相关，那么可以用此变量与模型中相应的回归系数得到一个一致的估计量，这个变量称为工具变量，这种估计方法称之为工具变量法。由于在采用 OLS 法进行的实证研究中常常会存在"内生性"（Endogeneity）问题，因此使用工具变量，使用两阶段最小二乘法（TSLS）估计贸易摩擦的影响效果，为了保证选取工具变量的合理性，本书还进行了相关统计性检验。本书采用工具变量法在解决选择性偏误、遗漏变量等内生性问题的基础上加强了估计结果的准确性，也丰富了已有贸易摩擦对经济影响效应的实证研究。

4. 案例分析法

案例分析法（case analysis method）的主要思想是指结合文献资料对某一事件或对象进行剖析，得出事物普遍性规律的研究方法。为了进行更规范的实证检验，本书以 2009 年中美轮胎"特保"案为例实证分析了中外贸易摩擦对中国上市公司股价的影响，并分别就贸易摩擦对其前向关联产业的股价及后向关联产业的股价的影响进行了相关检验。

5. 对比分析法

本书主要研究基于贸易摩擦的特征事实，在 GVC 不断深化的背景下，重点关注贸易摩擦对企业绩效的影响。在此研究主题下，本书为深入研究贸易摩擦的影响，基于行业和企业异质性进行细化分类，通过对比分析贸易摩擦对不同行业或不同特征企业的影响差异，包括企业间的异质性和行业间的异质性等，并在此基础上根据对比分析的结果探究差异性影响的作用机制。

1.3.3　结构安排

本书根据基础理论，结合实证检验的结果，提出主要结论和相关的意见和建议。采用理论推演、案例分析和实证检验，本书研究的结构如图 1-1 所示。

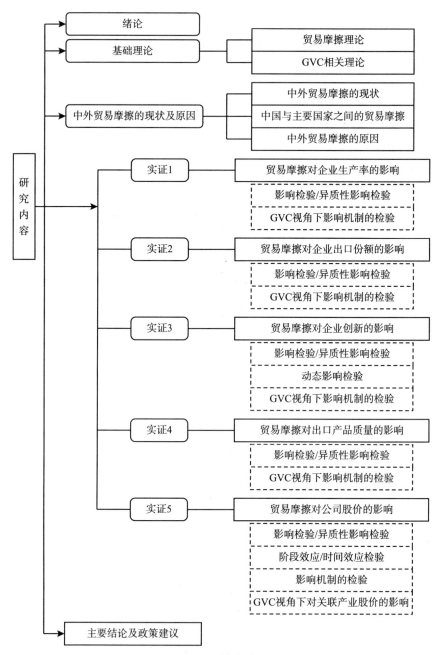

图 1 - 1　技术路线

1.4 主要创新与不足

1.4.1 主要创新

本书的创新点主要在于以下几个方面：

（1）采用多个企业绩效指标进行系统研究。现有文献关于贸易摩擦对企业的影响研究，仅仅是指针对某一个指标开展相关研究，没有进行系统的深入分析，本书从微观数据入手，从广义的企业绩效角度入手，采用体现企业能力的五个方面，具体包括企业的生产能力（生产率）、销售能力（出口份额）、研发能力（创新）、竞争能力（产品质量）、市场影响力（股价）5 个指标，全面地估计了贸易摩擦对企业绩效的影响效应。

（2）基于全球价值链视角展开相关研究。目前对于贸易摩擦影响的作用机制研究，基本都是企业自身特征或者国内环境展开，并没有从国际角度开展相关研究，本书基于全球价值链视角研究贸易摩擦影响效应的传导机制，具体表现为将全球价值关联作为贸易摩擦对企业绩效的作用机制进行实证检验。此外，在部分绩效指标的实证分析中，还研究了全球价值链在贸易摩擦中所产生的"级联效应"，丰富和拓展了现有对贸易摩擦影响研究的研究视角。

（3）采用多种计量方法展开实证检验。与现有文献只采用一种方法进行实证分析不同，在 OLS 方法基础上，为了避免内生性问题，依靠双重差分法、工具变量法等前沿的研究方法系统地估计了贸易摩擦的影响效应、时间效应、阶段效应、作用机制及对异质性企业的差异性影响，提高了贸易摩擦影响效应相关研究的科学性和精准性。

1.4.2 不足之处

本书的不足之处主要在于以下几个方面：

（1）本书从全球价值链视角对贸易摩擦的影响效应进行了论证，

但由于受到数据可得性的限制，对贸易摩擦的影响数据分析存在较长时间的滞后，虽然分析结果在一定程度上反映贸易摩擦对企业的经济影响，但可能会对政策指导存在一定程度的折扣。虽然近年来国际、国内形势与前些年中国企业面临的形势出现了较明显的变化，然而不可否认的是贸易摩擦通过全球价值链对企业产生影响的理论却并未发生变化，企业基于全球价值链研究贸易摩擦出口行为的思路也并未变化。因此研究贸易摩擦如何影响企业当前仍然具有较大的现实意义。

（2）本书只是基于 GVC 关联研究了贸易摩擦对企业影响的作用机制及贸易摩擦对关联行业内企业的影响，但没有基于 GVC 具体展开贸易摩擦对企业所在产业的 GVC 地位及产业升级等方面的影响，缺乏与 GVC 相关的其他方面的研究。

（3）考虑反倾销是各国使用频率最高的贸易救济形式，特殊保障措施则是一种典型的歧视性措施，因此本书以贸易摩擦的两种主要形式——反倾销和特殊保障措施为例研究贸易摩擦对企业的影响，而没有涉及其他导致贸易摩擦形成的贸易保护措施，因此本书在对贸易摩擦进行全面性分析上存在一定的不足。

第 2 章

相关理论基础

2.1 贸易摩擦对企业的影响理论探讨

自由贸易理论主张各国实行政府不干预的自由贸易,认为各国之间的自由贸易能够促进一国的经济发展及福利水平,以及提升全世界的福利水平。但是各国的经济发展水平参差不齐,并不是每一个国家的经济发展都适合实行自由贸易,贸易自由化是一个长期而复杂的过程。无论是从保护幼稚产业角度,还是保护夕阳产业的角度,各国都存在不同侧重点的贸易保护政策,因此各国之间的贸易摩擦也愈加频繁。贸易保护理论在一定程度上反映了世界贸易发展的现实,同时也为贸易摩擦提供了理论基础。

本章探讨了贸易摩擦的内涵及分类,并对贸易摩擦成因的理论及贸易摩擦的经济效应进行探析,最后对全球价值链的内涵、测算方法以及全球价值链作为贸易摩擦的传导渠道的相关理论进行综述。

2.1.1 贸易摩擦的内涵及分类

2.1.1.1 贸易摩擦的内涵

在国际贸易领域,最早的 Anglo—Hanse 贸易摩擦可以追溯 14 世纪,因此贸易摩擦可谓已具有了几百年的历史。在世界经济一体化进程中，贸易保护主义和单边主义势力呈现出抬头态势，国际贸易摩擦呈现常态化，且已成为阻碍当今全球经济发展的主要困扰之一。近年来，贸易摩擦的相关研究成为学者们重点聚焦的热点问题。

何谓贸易摩擦？《辞海》将贸易摩擦解释为"所谓贸易摩擦是指资本主义国家之间剧烈争夺世界市场的斗争"，它将贸易摩擦的实施国与目标国都界定为资本主义国家，认为贸易摩擦只发生在发达国家之间，但是随着贸易一体化的扩大化，参与贸易摩擦的主体范围开始拓展，经济水平相对落后的发展中国家也参与进来。此外，贸易摩擦虽然反映的是一种经济现象，但是引发贸易摩擦的起因却并不仅是由于贸易失衡问题，其他方面，如产业升级、政治问题及国家体制问题等也常常会引发贸易摩擦。

贸易摩擦的界定应符合现代社会发展的特征，因此本书将贸易摩擦界定为：贸易摩擦是指一国的贸易政策在一定时期内体现了对国内产业的保护倾向或谋求某种利益的动机，从而引发两个之间或多国之间在经贸领域爆发非暴力冲突。

根据贸易摩擦的定义，贸易摩擦本身存在以下几个特征：第一，前提条件是存在经贸往来。在爆发贸易摩擦的国家之间存在双边或多边贸易关系，不存在经贸关系的国家或地区之间不可能存在贸易冲突或摩擦。第二，主体具有多样性。贸易摩擦的主体随着经济全球化的发展而具有多样性，贸易摩擦的主体不仅涉及发达国家之间，还拓展到更广泛的领域，如发达国家与发展中国家之间、发展中国家与发展中国家之间，例如美日贸易摩擦、中美贸易摩擦及中印贸易摩擦等。第三，根源是利益分配不均。参与双边贸易的两国之间如果出现了利益分配的不均，如贸易的不平衡愈加严重或一国的出口对另一国的国内市场造成了较大的冲击，则都会引发贸易摩擦。第四，存在导火索。一国贸易政策的改变往往是引发两国之间贸易摩擦的导火索，贸易摩擦的产生一般都是由于一国违反了自由贸易政策，转而开展贸易保护而引发的；第五，解决途径为非暴力形式。贸易摩擦的主要解决途径包括双边经贸磋商谈判、战略对话、加强沟通、政治施压、聚焦合作等手段，并最终通过自愿出口限制、国际争端机构仲裁等形式予以化解。

2.1.1.2 贸易摩擦的分类

根据现有文献，参考谢尔曼（Sherman，2010）[85]的做法，考虑到贸易摩擦实施的具体措施存在本质的不同，本书根据实施措施的具体内容将贸易摩擦划分为两类——传统贸易摩擦与现代贸易摩擦。

1. 传统贸易摩擦

传统贸易摩擦是指由关税、配额、自愿性和强制性配额等贸易保护措施所引发的贸易摩擦。在传统的贸易保护措施中关税壁垒使用的频率较高。关税壁垒也被称之为关税战，是指一国为达到限制外国商品进入本国市场的目标而对外国商品征收高额的进口关税，是一种用以保护本国产品的贸易保护工具。关税壁垒的直接结果是提升了进口商品的成本及进口产品在国内的销售价格，从而削弱了进口商品在本国市场的竞争优势，从而保护国内同类商品在国内市场的竞争优势。关税的制定需要经过严格的立法程序，并具有相对的稳定性的特点，因而关税壁垒具有实施起来相对比较困难，不具有灵活性的特征，同时也不具有较强的针对性。二战后，为了促进自由贸易的发展，1947 年 10 月 30 日 23 个国家签订了《关税及贸易总协定》（general agreement on tariffs and trade, GATT）。GATT 签订后，缔约国之间的进口关税都出现大幅度的降低，但是关税壁垒仍然是各国实施贸易保护的主要工具之一。

2. 现代贸易摩擦

现代贸易摩擦是指由隐蔽性更强的非关税壁垒，具体包括反倾销、反补贴、保障措施以及技术性贸易措施等合法措施所引起的贸易摩擦，其中反倾销是各国使用最多的、针对不公平交易的贸易保护措施，而保障措施是针对处于公平交易的进口产品而发起的一种特殊贸易保护形式。

（1）反倾销。

反倾销是指进口国针对外国商品在国内本土市场上存在价格歧视并已经给国内市场遭受损害的倾销行为所采取的一种进口抵制措施。倾销是指出口产品以低于其正常价值的价格在进口国国内进行低价销售的行为，是一种明显的国际价格歧视。对于是否存在倾销行为，判断的标准是需要确定进口产品在进口国的销售价格是否存在价格歧视，即是否低于其正常价值。对于产品是否存在倾销行为的认定标准有两种：一是以产品成本为认定标准，即出口产品的价格是否低于其生产成本；二是以产品价格为认定标准，即产品的出口价格是否低于出口国的国内市场价格。考虑到各国的经济体制存在着差异性，目前各国对于倾销产品的价格认定分为两种：一是若出口国是市场经济体制，则以出口产品的国内市场价格或以第三方的出口价格为标准来认定产品的正常价值；二是若出口国被认定为非市场经济体制，则需要采用替代国同类商品的价格或相似产品在进口国的销售价格来认定产品的正常价值。

反倾销措施的实施对象是具体生产某产品的企业和特定行业，与关税壁垒相比而言，它具有更强的灵活性和隐蔽性，是各国最常使用、使用频率最高的贸易保护措施。反倾销调查的发起方式分为两种：一是由国内产业或代表其产业的有关组织向国家主管部门提出进行反倾销调查的书面申请；二是，国家主管部门在特殊情况下直接自主实施反倾销调查。而反倾销调查以调查程序为标准，具体可以分为初步裁定阶段和最终裁定阶段。在初步裁定阶段，如果进口国裁定进口商品存在倾销行为并由此对本国产业造成一定程度损害的，进口国政府可以采取临时反倾销措施，具体包括出口企业提供保证金、保函或其他形式的担保，或者对进口商品征收临时反倾销税。在最终裁定阶段，进口国如果认为出口国存在倾销行为并已经造成了损害，可以实施反倾销制裁。反倾销制裁的具体措施是征收进口附加税（也称之为"反倾销税"），即对存在倾销行为的外国进口商品征收进口附加税，以达到此产品不能在本国市场上进行低价出售的目的。

（2）反补贴。

反补贴是指某一个进口国为了稳定国内经济和保护国内产业，对受本国政府补贴的外国进口商品所采取的贸易救济措施。反补贴的调查对象是政府制定的出口补贴政策，而出口补贴是一国政府对出口企业所给予的财政资助或价格支持，以实现降低出口产品的价格、提高出口产品的竞争力的目的。

反补贴调查的发起方式主要是由受补贴进口产品影响的国内产业代表以书面形式向有关机关提出进行反补贴调查的请求。反补贴调查根据调查程序可以分为初步裁定阶段和最终裁定阶段。（1）在初步裁定阶段，进口国初步裁定进口产品存在接受政府补贴的行为并对本国国内产业造成一定程度损害，一般会采取临时反补贴措施。（2）在最终裁定阶段，进口国一旦裁定进口的外国商品存在出口国政府补贴行为时，一般会实施反补贴措施，针对接受出口国政府补贴的进口产品征收反补贴税（也称之为"反津贴税""抵销关税"），反补贴税的目的在于取消受补贴进口产品的价格优势。

反补贴措施调查对象是出口国政府的贸易保护政策，但由于实施补贴的主体是出口国政府，因此对于反补贴调查，其应诉主体是出口国政府。与反倾销的调查对象是特定企业或产品相比，反补贴的实施范围更为广泛，调查范围除了受补贴的出口产品，还可能延伸至其下游企业甚至整个产业链，因而进口国对出口国实施反补贴的影响程度更大，影响的时间效应也更长久。

（3）保障措施。

根据具体的实施条件，保障措施分为一般保障措施和特殊保障措施。

一般保障措施是指当某种进口产品在国内市场出现进口激增且在扰乱国内市场的同时已对相关产业遭受严重损害时，一国政府根据1994年《关税及贸易总协定》的规定针对此种情况时而采取的紧急限制进口措施，具体措施包括提高关税、实行关税配额以及数量限制等保障措施。反倾销和反补贴措施的对象是不公平贸易中的倾销进口产品和受补贴进口产品，而保障措施针对的对象是公平贸易中的进口产品。

特别保障措施（以下简称"特保措施"）是 WTO 成员根据某国在参加 WTO 时所签订的"特定产品过渡性保障机制"条款而针对此国的进口产品所采取的进口限制措施。与反倾销相比，"特保措施"具有门槛低、易实施以及弹性大等特点，只要进口国一旦认定某种进口产品已经扰乱了国内市场，可立即启动"特保措施"。"特保措施"是自由贸易原则的一种例外制度，它违反了 WTO 所规定的非歧视原则，是一种典型的歧视性措施，具体是指一国为了加入世界贸易组织而不得不承受的不公平条款。2001 年 12 月 11 日，在中国加入 WTO 时，由于中国被很多西方国家界定为非市场经济国家，因此一些 WTO 成员担心中国入世后所出口的产品会冲击和损害其经济和国内产业，因此要求中国在《中国加入世贸组织议定书》中增加了第 16 条"特定产品过渡性保障机制"。根据此条例，很多国家制定了相应的国内法，专门针对中国而采取保障措施立法，并对来自中国的进口产品实施特保措施。

（4）技术性贸易壁垒。

技术性贸易壁垒是指包括技术壁垒和以技术为名的贸易壁垒在内的非关税壁垒，与其他限制进口商品为目标的贸易保护措施不同，技术性贸易壁垒针对的是进出口商品所内含的技术问题，并以此为标准增加商品的进出口难度。与其他类型的贸易壁垒不同，技术性贸易壁垒由于涉及商品的技术问题，因此具有灵活多变、名目繁多的特点。此外，技术性贸易壁垒是以保护商品内含的先进技术为目标，而技术的先进程度及其获取方式都难以直接测量，因此技术性贸易壁垒成为当前国际贸易中最具有隐蔽性、最难以应对的非关税壁垒。目前，在国外对中国实施的技术性壁垒中，美国"337调查"和"301调查"是实施较为频繁、影响程度较大的非关税壁垒。

"337调查"是对依据《1930年美国关税法》第337条款进行相关调查的简称。按照此条款内容，美国国际贸易委员会（United States International Trade Commission，ITC）有权调查关于侵犯专利和商标的控告，也可展开涉及侵犯商品包装权、盗取商业机密以及仿制产品和虚假广告等不公平行为或不公平贸易的调查。"337调查"是特属于美国的一种行政救济手段，经过多次修改，现已经成为国际上最具变通性和杀伤力的贸易保护手段。一旦被美国337调查认定存在侵权行为的外国进口产品，美国将直接禁止对该商品的进口以及禁止在美国市场的销售，而且对此商品的进口禁止令无法规避。

"301调查"是指由美国发起的一种贸易报复行为，也是一种特殊的单边制裁。"301条款"根据制裁强度及实施范围可分为三种类型，即"一般301条款""特别301条款""超级301条款"。（1）一般301条款即称之为狭义的"301条款"，是美国依据《1974年贸易法》第301条对贸易伙伴国进行是否存在危害美国知识产权的行为而进行的相关调查，是美国专门针对贸易伙伴国危害本国知识产权的行为而单边实施的不公平贸易保护措施。（2）"特别301条款"主要针对美国国内的知识产权保护及外国对美国知识产权市场准入等方面的规定。根据贸易伙伴国对美国知识产权产生危害的不同程度，美国将存在危害本国知识产权行为的贸易伙伴国划分为四个级别，即"一般观察国家""重点观察国家""重点国家""306条款监督国家"，并对不同级别的国家实施不同程度的单边制裁措施。（3）"超级301条款"是在"301条款"基础上新增的特别条款，具体是指对1988年《综合贸易与竞争法》的301条款进行了条款补充，具体表现为新增了"第1302节"条款，主要针对出口问题。该条款要求美国政府调查并解决贸易伙伴国针对美国出口产品而设置的贸易障碍和贸易壁垒问题，旨在扩大美国的对外贸易规模。与"普通301条款"相比，"超级301条款"的单边制裁措施更为强硬，适用范围也更广泛，更加具有浓厚的强权政治色彩。

2.1.2　贸易摩擦成因的理论基础

2.1.2.1　幼稚产业保护理论

在世界经济一体化时代，各国政府为了更好地提升本国的经济增长，应该一直贯彻执行"政府不加干预"的自由贸易政策，而在现实的国际贸易中，很多国家为了保护国内产业都会对本国的产品、服务和资本的国家流动采取出口限制，而对外国的产品、服务和资本的国家流动采取进口限制。

幼稚产业保护理论是一种很好解释贸易保护根本原因的贸易保护理论。在第一次工业革命后，以英国为代表的工业国主张实行亚当·斯密（Adam Smith）提出"自由竞争、自由贸易"的自由主义经济政策，但是部分学者认为相对落后的美国、德国等国家对国内产业的发展应该实施贸易保护措施。美国第一任财政部长亚历山大·汉密尔顿（Alexander Hamilton）在 1791 年向国会提交的《关于制造业的报告》中首先提出实施贸易保护措施以保护国内产业的主张，他认为美国国内各产业正处在工业发展的初期阶段，很多产业都处于需要政府扶持的起步阶段，因此政府需要通过加征关税以限制进口商品进入到本国市场，以此保护国内幼稚工业，对其进行扶持以达到其发展壮大的目标。随后，德国经济学家弗里德里希·李斯特（Freidrich List，1841）在《政治经济学的国民体系》提出"幼稚产业保护论"[86]，他的这种理论是以德国国内经济发展的现状为依据，根据德国的国内产业发展情况而提出了有助于幼稚产业发展的贸易保护理论。他提出任何一国的经济发展要经历不同的发展阶段，对于处在不同发展时期的经济则应采用更为合适的贸易政策，而正处在农工时期的后起国家——德国应实行贸易保护政策，这对于促进和保护德国国内处于成长阶段、但具有潜在优势的产业是非常必要的。幼稚产业保护论的基本思想是以生产力理论为衡量标准，以保护关税制度为核心，主张采用贸易保护政策以保护和扶持国内处于创建期或成长阶段、尚未成熟，但具有潜在优势的新兴产业，以达到幼稚产业可以迅速成长的目标，而待此幼稚产业成熟且可以与国外产业进行平等竞争时取消贸易保护措施，最终实现自由贸易。保护幼稚产业论弥补了传统自由贸易中"假设各国经济发展水平相似"的不足，并对于具有需要大量资金投入、产品竞争力弱及刚起步等特征的幼稚工业而言，保护幼稚产业论起到了重要的作用，符合现实中各国经济发展水平存在差异的现实。

多国经济的发展实践表明，贸易保护政策是非常有效的，是推进国内经济的工业化和保护本国幼稚产业成长的重要手段。以美国、德国和日本为例，美国19世纪初开始对国内新兴产业实施扶持政策，对进口商品加征高额的进口关税，到了19世纪80年代美国成为世界工业强国；德国的钢铁工业在本国政府对其实施贸易保护后才具有的竞争优势，随后开始参加自由贸易；日本的钢铁工业、汽车工业及电子工业在二战后也都是在本国政府的保护下重新恢复且发展起来的。

需要特别指出的是，"幼稚产业保护论"实质上并不抵制自由贸易，而其主要目的是为了保护新兴产业的发展，贸易国通过禁止进口或者征收高额进口关税的形式暂时保护国内的新兴产业免受国外成熟产业竞争的威胁，以避免国内新兴产业内的企业会被成熟的外国企业挤出国内市场。在经过一段时间的关税保护措施之后，幼稚产业会成长起来并变得成熟，而当其已经具备国际竞争力时，国家适时对其取消贸易保护措施，让其参与到自由贸易中来，以实现国内资源的最优配置和国际竞争力的持续增长。

2.1.2.2 贸易保护的政治经济学

除经济动机外，贸易保护也涉及很多非经济因素，如政治原因、文化冲突和社会问题等因素。

在一般贸易理论中，假定一国政府以实现本国整体福利的最大化为目标的作为制定贸易政策的标准。但是，现实中很多贸易保护政策的情况却往往与此不符。例如，根据幼稚保护产业理论，一国政府要保护的对象往往应该是国内具有巨大潜力且刚刚起步的新兴产业，但在发达国家的贸易保护政策中，受到贸易保护的产业经常是一些成熟产业或夕阳产业。鉴于传统贸易理论无法解释各国政府干预自由贸易的问题，很多经济学家开始从新的角度来解释此类贸易问题，认为公共选择政策理论能够更好地对此进行解释，将其引入贸易领域。鲍德温（Baldwin, 1996）

将公共选择（Public Choice）理论引入传统贸易理论，构建了贸易政治经济学理论[87]。贸易政治经济学理论的核心思想是政府主导下的各方利益最大化，即一国实施的贸易政策往往并不是以社会福利最大化为目标，而是由于贸易政策的制定会对国内的收入分配产生影响，因而受到利益分配的牵制，任何贸易政策都会得到受益方的支持，同时得到受损方的反对，各方力量相互之间进行博弈，并根据最终的结果确定贸易政策。

　　贸易政治经济学理论还可以从供给和需求两个视角进行分析。（1）贸易保护政策的供给来自政治家和政府官员，受到社会成本、协调成本、进口竞争产业的政治重要性及公众同情的影响。（2）对贸易保护政策的需求来自特定的投票者群体、企业和相关利益集团，其决定因素包括比较劣势、进口商品的市场渗透、集中度和出口依赖度。

　　在贸易政治经济学理论中，保护待售模型是最贴近现实情况的一种分析方法，也是对贸易保护政策解释力度最强的理论模型。格罗斯曼和赫尔普曼（Grossma & Helpman，1994）认为政府会在普通选民的支持和利益集团的政治献金之间进行最优化的收入分配，据此提出了"保护待售模型"（Protection for Sale）[88]，这种方法本质上将利益集团的政治献金作为贸易政策的关键影响因素。

　　"保护待售模型"建立在小国开放经济的假设基础之上，且国内存在选民、利益集团和政府等三类主体。"保护待售模型"假设政府在集团的政治捐献和选民福利的福利之间进行博弈，寻求利益集团政治捐献和选民福利之和的最大化，以此建立政府的行为目标函数。政府在其行为目标函数中受到两个因素的影响：一是利益集团的政治献金，另一个是全体选民的总体福利。政府的行为目标函数如下：

$$G = \sum_{j \in L} C_i(p) + \alpha W(p), \alpha \geqslant 0 \qquad (2-1)$$

其中，G 代表政府福利；i 代表某一个具体行业；$C_i(P)$ 代表利益集团 i 的政治献金；$W(P)$ 代表全体选民的总福利（总福利 = 总收入 + 贸易税收收入 + 总消费盈余）；α 为政府对全社会福利赋予的权重，即与利益集团的政治献金相比，政府对全社会福利的重视程度。

　　贸易保护政策受到选民的公众利益与利益集团的利益之间博弈的影响，其博弈过程也称为两阶段非合作博弈。在第一阶段，利益集团向政府提供他们的政治献金计划，旨在以政治献金换取进口关税保护或出口补贴。利益集团会根据不同的进口关税保护或出口补贴水平提供不同数额的政治献金，这就是所谓的"捐资价格表"。在第二阶段，政府制定贸易政策。具体而言，政府以利益集团提供的政治献金水平为参照标准，以此确定最终的贸易保护政策内容。这也是"保护待售"命名的由来。均衡的贸易保护政策为：

$$\frac{t_i}{1+t_i} = \frac{I_i - \alpha_L}{\beta + \alpha_L}\left(\frac{z_i}{e_i}\right), \quad i = 1, 2, \cdots, n \qquad (2-2)$$

其中，t_i 表示政府为保护行业 i 而对进口产品所征收的从价关税税率；I_i 是虚拟变量，当行业 i 存在利益集团时，其值为 1，否则取值取 0；L 为具有组织机构或利益集团的行业集合；α_L 为存在组织机构或利益集团的行业人数在总人口中的占比；z_i^o 表示行业 i 的国内生产总值与进口总值的比值，即行业 i 进口渗透率的倒数；e_i^o 表示行业 i 的进口需求弹性。

从模型（2-2）可以看出，α_L 和 β 两个结构参数一定时，一国政府对各行业的贸易保护程度取决于 z_i^o、e_i^o 以及 I_i。因此：

（1）当行业 i 中存在利益集团时，$I_i = 1$，$\alpha_L \leq 1$，则 $t_i > 0$，政府对该行业征收进口关税，实行保护；

（2）当行业中不存在利益集团时，$I_i = 0$，$\alpha_L = 0$，得到 $t_i = 0$，则该国将实行自由贸易。

从本质上讲，在"保护待售模型"中，政府是既要关注政治集团的"个人利益"同时也要兼顾选民的"公共利益"，是兼顾两种利益的"民主的政府"，其中利益集团以追求集团的净收益最大化为目标，其中净收益通过"收入 + 消费者剩余 - 政治献金"获得，而政府以追求"政治献金与全社会福利之和"的最大化为目标。

2.1.3 贸易摩擦对国内企业的影响分析

随着世界贸易模式的改变，贸易理论也在不断地随着现实情况而不断地变化。在古典贸易理论中，亚当·斯密构建了绝对优势理论，提出劳动生产率的绝对差异决定了各国产业之间的生产优势，因此每个国家为了节约劳动力成本以获得产品竞争优势，只生产本国劳动生产率高的产品。李嘉图对绝对优势贸易理论进行了延展。他认为国家之间存在贸易往来的前提是国与国之间的生产技术水平不同，存在着相对差别，由此产品之间成本也存在着相对差别，因此各国应生产并出口具有"比较优势"的产品，同时进口不具有"比较优势"的产品。比较优势贸易理论更深刻地阐述了贸易产生的原因，在更为普遍的基础上解释了贸易利得。

在新古典贸易理论中，赫克希尔—俄林的要素禀赋理论则认为各国间要素禀赋的相对差异以及生产各种商品时利用这些要素的强度差异是国际贸易的基础。古典贸易理论和新古典贸易理论具有很多假设条件，如市场是完全竞争的、规模报酬不变或递减、各国的需求偏好相似，而新贸易理论认为这些前提不符合当今世界经济发展的现实情况，应当打破传统贸易理论的假设条件，其中最具有代表性的是克鲁格曼模型，此模型放宽了新古典贸易理论假设条件，重新建立了更贴近现实的前提条件，提出了不完全竞争和规模经济理论。但是无论是传统贸易理论还是在新贸易理论，都是基于国家之间贸易行为的宏观层面及产业之间贸易关系的中观层面，并没有关注到微观层面中企业之间所存在的差异性，因此设定所有企业都是同质的。

很多事实显示，企业竞争优势不仅取决于外生的市场结构，更多地取决于企业内部的核心经营能力的差异，出口企业更是只能代表小部分企业，因此人们开始关注企业异质性问题。伯纳德（Bernard，1997）以美国企业为例，研究发现出口企业与非出口企业在生产率、规模、资本与劳动密集程度等方面存在着显著的差异，其中企业生产率被广泛认为是推动经济长期增长的决定因素[89]。关于如何对这一贸易现象的本质进行阐释，有学者提出了新新贸易理论，并打破原来贸易理论对企业同质性的假设，提出企业异质性理论。

梅利兹（Melitz，2003）首次提出了解释微观企业贸易特征的异质性企业理论[90]，他将霍彭哈恩（Hopenhayn，1992a）[91]的动态产业模型应用于一般均衡条件下的垄断竞争，并对克鲁德曼（Krugman，1980）[92]的贸易模型进行了延伸，且使用企业生产率作为衡量企业异质性的代理指标，构建具有企业异质性特征的动态产业模型，以此分析国际贸易的产业内效应。梅利兹（Melitz，2003）认为同一行业内的企业之间存在明显的生产率差异，而这些生产率差异与企业的出口选择行为密切相关，只有生产率较高的企业才能承担贸易成本，因此可以选择参与出口贸易，而一些生产率较低的企业却因为不能承担出口的贸易成本，只能在国内市场进行产品销售，在激烈的国内竞争中获得一席之地，甚至在竞争中被淘汰，被迫退出国内市场[90]。

传统贸易理论和新贸易理论假设企业不存在贸易成本，并没有将企业的贸易成本考虑在内，因此，在没有贸易成本的情况下，企业异质性的存在并不会对贸易自由化的增长效应产生影响。但是，现实情况表明，出口企业要负担随着出口数量增加的可变成本（如运输成本和关税），同时还负担不随出口数量变化的固定成本（如进入海外市场成本）。国际贸易引发了"资源重新分配效应"，使资源向具有高生产率的企业转移，高生产率企业因此可以承担包括市场调研、筹建销售渠道、商品宣传等固定成本，从而选择进入出口市场。因此说，企业生产率是影响企业出口行为的根本因素。

本书借鉴梅利兹（Melitz，2003）[90]模型，首先构建异质性企业出口的基本理论框架，接下来考虑贸易摩擦对异质性企业的影响差异。

2.1.3.1 异质性企业模型框架

假设每个国家的替代弹性效用函数是相同的，则 CES 函数为：

$$U = \left[\int_{\Omega} f(x)^{\frac{\sigma-1}{\sigma}} dx \right]^{\frac{\sigma-1}{\sigma}}, \ \sigma > 1 \tag{2-3}$$

其中，Ω 表示所有产品的种类；$f(x)$ 为对产品 x 的消费；σ 代表两种产品之间的替代弹性系数（$\sigma > 1$）。

假定国家 i 的每个企业只生产一种同质产品，且只投入劳动力这一种生产要素，则企业的生产率为 φ，$1/\varphi$ 是单位产出所需要投入的劳动力，国家 i 的工资水平为 w_i，则某一个企业产品的销售价格为 $w_i \varphi / \alpha$，其中 $1/\alpha$ 是加价系数。如果一个企业要进入某个行业 h，企业则需要支付固定沉没成本 f_e，包括市场调研、产品宣传等费用，在进入后才能知道企业自身的生产率 φ。企业在进入行业后若要继续生产，则要支付额外的国内生产销售的固定成本 f_D，包括产品研发、员工培训等费用。而企业如果要进行出口，企业进入每一个海外市场则要支付海外固定成本 f_x，具体包括海外市场的调研、产品广告费和筹建销售网络等费用。一般而言，企业在进行出口的同时也会在本国国内进行产品销售，则出口企业承担的海外固定成本 f_x 高于非出口企业的国内固定成本 f_D，即 $f_x > f_D$。

因此，对于只在国内市场销售的非出口企业的利润为：

$$\pi_i^D = \left(\frac{w_i \varphi}{\alpha} \right) B_i - f_D \tag{2-4}$$

其中，B_i 为产品需求。

如果企业选择进入海外市场并开展出口贸易，则需要承担出口的固定成本 f_x 和可变成本 τ，其中企业出口的固定成本主要包括收集市场信息、建立运输营销网络及服务网络等国外营销费用，可变成本主要包括出口产品的运输费用、进口关税以及非关税壁垒产生的其他贸易成本等（Berman & Hericourt，2010[93]）。假设可变贸易成本包括冰山成本和关税，且 $\tau > 1$，则 i 国的出口企业出口到 j 国的产品价格 $\tau w_i \varphi / \alpha$，可获得的利润为：

$$\pi_{ij}^x = \left(\frac{\tau_{ij} w_i \varphi}{\alpha} \right) B_j - f_x \qquad (2-5)$$

因此当两国需求相等 $B_i = B_j$，且工资水平为 1，即 $w_i = 1$，由 $\pi_i^D = 0$，$\pi_{ij}^X = 0$ 则可得到非出口企业和出口到 j 国的出口企业的生产率分界点分别为 φ_i^D、φ_{ij}^x，且可以推出 $\varphi_i^D < \varphi_{ij}^X$。

利润函数在图 2 - 1 中进行展示，其中 y 轴为企业利润 π，x 轴是企业生产率 φ。根据图 2 - 1 可知，由于存在贸易可变成本，所以 π_{ij}^x 的斜率要比 π_i^D 相对平缓。而出口企业生产率只有在超过 φ_{ij}^x 时才能获得收益，因此对于生产率低于 φ_i^D 的企业来说只有在国内生产和销售才能获取收益。因此说，φ_i^D 为企业是否继续在国内生产的临界生产率，当企业的生产率小于 φ_i^D 时则会出现利润为负的情况，即由于亏损而无法参与生产，退出市场；φ_{ij}^X 是企业是否进入出口市场的临界生产率，当企业生产率大于 φ_{ij}^X 时则可以通过参加出口贸易而获利。

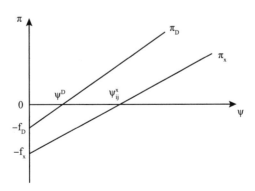

图 2 - 1 企业生产率与企业利润的关系

2.1.3.2 贸易摩擦对异质性企业的影响

贸易摩擦的主要目的就是基于进口国的立场限制外国商品进入其国内市场，成为自由贸易的壁垒。贸易摩擦的发起国通过关税壁垒和非关税壁垒增加出口企业的可变成本 τ，以达到减少进口商品数量的目的。从图 2-2 可以看出，假设出口企业的固定成本不变，单位可变成本由 τ 提高到 τ^*，当利润为 0 时，即利润 π_x 与 x 轴的交点记为 φ_{ij}^X，π_x^* 与 x 轴的交点记为 $\varphi_{ij}^{X^*}$，从中可以发现 $\varphi_{ij}^X < \varphi_{ij}^{X^*}$。这说明，对于企业而言，贸易摩擦导致贸易成本上升，企业生产率只有高于 $\varphi_{ij}^{X^*}$ 的水平才能负担上升的贸易成本，获得收益，而生产率水平介于 $\left[\varphi_{ij}^X，\varphi_{ij}^{X^*}\right]$ 之间的企业只能退出海外出口市场，重新回到国内市场。

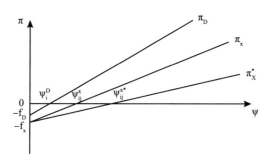

图 2-2　贸易摩擦对出口企业临界生产率的影响

因此，随着进口国对相关产业贸易保护强度增强，出口企业可变成本的增长幅度也越大，出口企业利润 π_x 的斜率也越小，而出口临界生产率 φ_{ij}^X 的值也越大。而假设贸易摩擦强度采用贸易摩擦的次数予以衡量，并且单位可变成本 τ 的增加与贸易摩擦的次数成正比，那么可以进一步得出的结论是，在贸易摩擦强度大的领域，出口企业的平均生产率要高于贸易摩擦强度小的领域。此外，由于贸易成本的存在，贸易摩擦导致出口企业的临界生产率呈现增长态势，并因此导致出口企业数量的减少，同时也对出口国的出口规模产生负面影响，减少了出口规模。

2.2 全球价值链下贸易摩擦的影响机制理论探讨

2.2.1 全球价值链的相关界定

2.2.1.1 全球价值链

随着全球经济一体化的迅猛发展，产品分工开始从一个地区拓展到一个国家，再拓展全球范围，这意味着产品分工从产业间分工转变为产业内分工，最后细化为产品内分工，且产品的生产不再是由一个国家独立完成，而是由多个国家和地区共同完成。目前，产品的生产已经跨域了不同国度或地区，呈现垂直分散化的特点，即零部件在不同地点生产，随后沿着供应链的顺序在最后一个生产地点进行组装。随着世界经济一体化的发展，这种生产的分散化在全球范围内逐渐扩大。如图 2 - 3 所示，左图描述了封闭状态下的生产状态，区域 1 内的最终品完成国——A 国完成了产品全部产值的生产。在中图中，与第一种情况相比，区域 1 中 A 国生产的产出值明显变小，此部分增加值的生产转移到了本区域内的 B 国，这种情况属于产品内生产的"区域性分散化"。在右图中，区域 1 中 A 国生产的产值再次变小，而这部分增加值的生产同时转移到了区域 1 中的 B 国和区域 2 中 C 国，区域 2 参与区域 1 的增加值生产，此情况属于产品内生产的"全球性分散化"。随着产品内分工更加地精细化，越来越多的国家参与到分散化生产中来。联合国贸易与发展会议《2013 年世界投资报告》指出，60% 的全球贸易是由中间品和服务贸易构成。

随着产品内分工的深入发展，众多学者针对此问题进行研究。波特（Porter，1985）首次提出了价值链的概念[49]。科古特（Kogut，1985）在价值链基础上提出了价值增值链理论，他认为价值链上的价值分配取决于各地区的产业优势[94]。在价值链概念的基础上，克鲁德曼（Krugman，1995）初次提出了全球价值链概念，认为全球价值链是在全球生产网络中，每个国家由于特定的生产阶段进行的活动而获得的增加值收

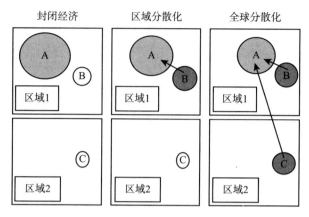

图 2 - 3　区域分散化与全球分散化

资料来源：若昂·阿马尔多，菲利波·迪毛罗编：《全球价值链时代：测算与政策问题》，上海人民出版社 2017 年版。

入，具体可以理解为，在全球生产网络中，一个产品的各个零部件或不同的生产工序由很多国家或地区独立完成后统一组装成最终产品，每个经济体在参与特定的生产过程中获得了增加值收入[50]。

恩斯特和格列夫（Ernst & Gereffi，1998）对 GVC 理论进行了完善，认为产品生产的全过程可以细分成包含多个工序的生产环节，这些生产环节被拆分，并分配到多个国家和地区进行加工，从而在全球范围内形成以工序、区段、环节为对象的产品内分工体系，即全球价值链体系[51]。在此基础上，格列夫（Gereffi，1999）认为价值链上的各个增加值的生产环节可以实现在地理空间上的分离，通过价值链与全球生产网络体系的结合可在全球范围内构成复杂的生产网络体系，从而以此为基础提出了全球商品链理论[95]。

在全球商品链理论的基础上，卡普林斯基和莫里斯（Kaplinsky & Morris，2001）将全球价值链定义为各个国家和地区之间由于参与不同价值环节的生产而形成的相互存在关联、以链状结构为特征的价值链网络[96]。2002 年，联合国工业发展组织对 GVC 的含义进行系统的界定，指出 GVC 是"一种在全球范围内的生产活动，涉及商品生产和服务价值实现的过程，连接了产品在不同国家的生产、销售、回收等相互联系的环节，并通过居于控制性地位的跨国公司继续协调和运作，企业可以通过参与不同的生产环节而获取各自的分工和贸易利益"。

就其特征而言，全球价值链具备如下四个特征：（1）在组织规模维度上，各个环节之间各自分工却又相互合作。GVC 中的参与主体是产品生产过程中的各个环节（Sturgeon，2001[97]），跨国制造企业将一种产品内各个制造工序、生产任务在空间内进行分割，除了产品的研发、设计、品牌营销等高附加值环节一般由本公司承担其生产任务外，其他的低附加值环节，如将生产、加工、运输等环节都分配到其他国家或地区进行，形成全球化的产品分工网络体系。（2）在地理分布维度上，全球价值链是全球网络化生产。全球价值链是生产过程的"片段化"和国际化，具体表现为一种商品的各个部件、各个工艺的生产分工分布在多个国家和地区（Gereffi，2014）[98]。（3）在生产主体维度上，全球价值链或全球价值链由制造销售给消费者的产品或服务所涉及的一系列阶段组成，每个阶段都具有增值作用，并且至少有两个阶段在不同的国家/地区生产。如果公司在全球价值链中至少参与一个阶段，则该公司将参与全球价值链。其中，跨国公司在全球价值链的产品内分工上发挥主导作用，负责将产品生产的各个环节或工艺转移到其他国家或地区。（4）在衡量考核维度上，全球价值链重点关注的是产品价值的增值部分，一般采用一国（或地区）出口中所蕴含的国内增加值和国外增加值予以衡量。

2.2.1.2　全球价值链关联

全球价值链关联是在全球价值链领域的产业关联。1785 年法国经济学家魁奈在《经济表》中提出了产业关联理论，并通过产业关联理论说明各国的产业之间存在着贸易关联的相关关系。列昂蒂夫（Leontief，1936）[99]构建了投入产出理论以及投入产出模型，并利用此模型分析了美国经济各部门之间的投入产出关系。

投入产出法是利用国民经济各部门间投入产出所存在的平衡关系进行相关研究的一种方法。投入产出法利用一般均衡原理，假定各部门间的投入产出存在一般均衡关系，并利用数学知识，把各部门产品量的依存关系设置为方程组，再依据各部门间的投入产出关系数据形成矩阵形或棋盘形的平衡表，以展现经济各部门产品的供给和需求之间存在平衡关系的整体情况，从存在投入产出关系的方程组还可以推断某一部门投入和产出的变化对其他部门的产业关联之间的影响。从全球价值链而言，投入产出模型可以推断某一国家的某一部门投入和产出的变化对其他国家相关部门的影响，即外生冲击通过全球价值链关联而影响相关产业部门或产业内企业。

根据供给和需求关系，全球价值链关联可以划分前向关联和后向关联。其中，前向参与度用于衡量一国的各个行业部门为 GVC 生产提供中间品的能力，通过"基于前向生产的国内增加值在部门总增加值中的占比进行衡量"；后向参与度用于衡量一个行业在参与 GVC 时对上游行业的依赖度，通过"基于后向生产的 GVC 上国内外要素与最终产品的占比"进行衡量。

1. 增加值的前向分解

前向分解是将一国的总增加值或某个行业的总增加值拆分成三个部分，具体包括：（1）增加值直接用于满足国内最终品生产的需求，不参与跨境生产，跨境次数是 0。（2）增加值直接用于最终品出口的生产，虽然存在跨境活动 1 次，但跨境生产活动次数为 0。（3）增加值全部用于中间品出口的生产，即全球价值链部分，存在跨境生产活动，跨境次数则至少 1 次。在此全球价值链的部分，增加值又能够拆分成三类：第一类，产品出口后，被进口国直接用于其国内最终品生产的增加值，跨境次数为 1次；第二类，产品出口后又被本国进口后再次投入最终品生产的增加值，跨境次数则至少 2 次；第三类，出口后被进口国用于再次出口，最终被其他国家作为中间品投入最终品的增加值，跨境次数则至少 2 次。其中，跨境 1 次的生产和贸易活动为简单的全球价值链活动，跨境至少 2 次的生产和贸易活动则是复杂的全球价值链活动。（见图 2-4）

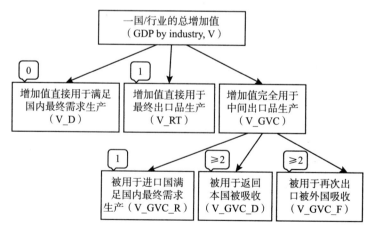

图 2-4　基于前向关联的全球价值链的增加值分解方法

2. 增加值的后向分解

后向分解是将一国生产的最终品或某个行业生产的最终品（包括货物与服务）拆分成三部分，具体包括（1）满足国内需求而生产的最终品中的国内增加值部分，跨境次数为 0；（2）最终品的出口中隐含的国内增加值部分，跨境次数为 1 次，但不存在跨境生产；（3）全球价值链的部分，涉及了跨境生产活动，其中进口中间品中隐含增加包括两个部分，即国内增加值和国外增加值。此部分全球价值链的部分可拆分为三类：一是被本国直接吸收的进口中间品增加值（国外增加值），跨境生产活动为 1 次；二是出口后由重新被本国进口并作为中间品参与生产的中间进口品中的国内增加值，跨境活动为至少 2 次；三是进口的中间品有被本国作为中间品投入生产为最终品后出口，出口的最终品中所包含的其他国家（外国）增加值（国外增加值），跨境活动至少 2 次。其中，跨境活动仅为 1 次的价值链活动为简单全球价值链活动；跨境至少 2 次的价值链活动为复杂的全球价值链活动。（见图 2 - 5）

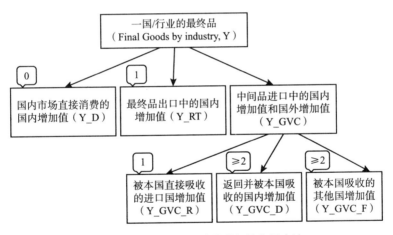

图 2 - 5　基于后向关联的增加值分解方法

2.2.2　全球价值链的相关测算

2.2.2.1　基于投入产出模型的 GVC 关联测算

列昂惕夫（Leontief，1936）在投入产出分析中提出了直接消耗系

数和直接分配系数，并据此构建了全球价值链的后向关联度和前向关联
度的测算公式[99]。

（1）后向关联度的测算。

后向关联刻画了各行业作为上游行业为某行业提供生产原材料、劳
动力等与轮胎行业所产生的关联程度。后向关联使用直接消耗系数进行
衡量，直接消耗系数表示某一部门单位总产出所直接消耗的其他各个部
门产品或服务的规模。后向关联测算如下所示：

$$B_{ij} = \frac{m_{ji}}{X_i} \quad (j = 1, 2, \cdots, n) \qquad (2-6)$$

其中，B_j 代表 i 行业与 j 行业的后向关联系数；m_{ij} 代表 j 行业供给 i 行
业的中间产品规模，X_i 代表 i 行业的总产出。

（2）前向关联度的测算。

前向关联是测量某行业作为下游行业使用中间产品所产生的关联程
度，本书采用直接分配系数衡量前向关联。直接分配系数衡量了某一行
业产品作为中间品在其他行业的分配情况。直接分配系数越大，则意味
着某产业对其他产业生产中所需中间品的分配量越多，直接供给推动作
用越强。前向关联测算如下所示：

$$F_{ij} = \frac{n_{ij}}{X_i} \quad (j = 1, 2, \cdots, n) \qquad (2-7)$$

其中，F_{ij} 代表 i 行业与 j 行业的后向关联系数，n_{ij} 代表 j 行业对 i 行业的
中间产品需求规模，X_i 代表 i 行业的总产出。

2.2.2.2 基于垂直专业化的 GVC 关联测算

关于一国在全球价值链定位情况的测算，目前文献存在两大流派。
一是通过估算在生产或总投入中的直接进口投入份额来测算国内生产中
的国外含量。芬斯特拉和汉森（Feenstra & Hanson，1996）最早提出使
用这种方法测算一国的全球价值链参与程度[100]。二是通过出口中的直
接或间接进口中间品含量来测算一国在全球化生产中的关联程度。胡梅
尔斯（Hummels et al.，2001）首次提出依据出口中的进口中间品情况
测量产品内分工情况，也称之为垂直专业化（VS）程度，即基于国家
投入产出表测算一个国家总出口中的进口中间品份额[52]，这种方法称
之为 HIY 方法。HIY 方法把垂直专业化生产解释为一个商品的生产由多
个生产阶段组成且多个国家参与此商品的生产，即一种产品中存在着来

自他国的中间投入品。

　　如图 2-6 所示，一般来说，能够完成垂直专业化分工需要具有以下几个条件：一是产品的生产需要分成多个阶段或多个工艺的生产才能最终完成；二是需要两个或更多国家参与到产品生产的过程中来，每个国家完成产品生产的一段工序或提供其中的一个零部件；三是至少一个国家提供生产所需的中间品，进口国利用进口的中间品进行生产或组装后出口至第三国。

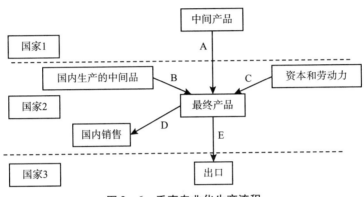

图 2-6　垂直专业化生产流程

　　根据 HIY 的方法，一国内各个行业出口贸易的垂直专业化程度可用以下计算公式进行计算。具体公式如下：

$$VSS_{ir} = \frac{FV_{ir}}{E_{ir}} \qquad (2-8)$$

其中，VSS_{ir} 表示 i 国 r 产业的垂直专业化指数，也被称之为"出口中的国外增加值率"，FV_{ir} 代表 i 国 r 产业的进口中间品贸易额，E_{ir} 表示 i 国 r 产业的总出口额。VSS 指数实际上反映了每一单位产品出口中进口中间品的份额。

　　在传统的贸易统计方法中，国际贸易流量是将一种进口或出口商品的全部价值归属于负责产品最后阶段生产制造商所在的国家，由于这种衡量贸易产值的方法主要集中在商品总值而没有考虑产品的增加值，这导致双边贸易中存在的逆差数额被明显高估，贸易不平衡问题被夸大。HIY 方法的广泛应用有效避免了传统贸易计算方法对增加值贸易重复计算的问题，并且对双边贸易或多边贸易中的贸易失衡进行了更为准确的测算。

2.2.3　全球价值链下贸易摩擦影响企业绩效的传导途径研究

2.2.3.1　贸易摩擦与全球价值链关联

目前各国经济的发展存在着全球经济周期的趋势，而这种情况的出现可能与各国制造业的垂直专业化分工存在着直接关联。这是由于价值链的存在，在部门间投入产出联系的情况下，任何外生冲击的影响可能并不局限于它们的起源，相反，微观经济冲击可能会波及整个经济，影响其他部门的产出，并产生相当大的总体效应。

由图 2 - 7（a）表示一个国家的经济由 n 个互不影响的部门组成。图 2 - 7（b）图表示随着产业内分工的不断细化，n 个部门之间的相互联系越发紧密，且持续不断地增强，其中每一个部门的工作都要依赖于其他部门的合作。由图 2 - 7 可知，在这种网络经济中，当出现外部冲击后，由于各部门之间存在着高度关联性，冲击会在部门间产生联动效应，即对第 1 部门的冲击也会随着网络关联传播到其他部门，并可能产生更大的总体波动。在 GVC 时代，随着生产网络的全球化，生产所需的 n 个经济部门拓展成全球范围内的 n 个经济体。在 GVC 的关联下，嵌入在价值链中的经济体之间同样也存在着关联效应，当其中一个经济体遭受到外部冲击后，其他相关联的经济体也会随之产生经济联动效应（Ng，2010[101]；梅冬州等，2017[102]）。外部冲击不仅会导致相关经济体的生产率降低，而且还会导致与其相互关联的一系列其他经济体的产量下降，而这种生产率冲击所产生经济联动效应程度取决于全球价值链的网络结构，即各个经济体国家在 GVC 中的关联程度。

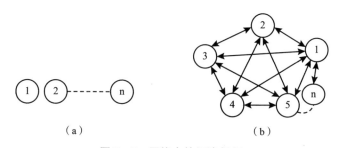

（a）　　　　　　　　　　　　（b）

图 2 - 7　网络中的经济部门

2.2.3.2　全球价值链视角下贸易摩擦影响企业绩效的传导机制研究

企业绩效的高低受到企业规模、经营年限、盈利能力、生产率水平以及创新能力等自身经营业绩指标所影响，但同时也受到国内外市场环境的影响，前者决定了企业的实体经营状况，而后者则决定了企业是否可以稳定持续发展，两者共同构成了企业绩效的根源。就本书而言，贸易摩擦作为外部冲击直接影响了相关出口企业的出口绩效，间接影响了企业的创新投入、生产率水平以及产品质量等各个方面，因此可能对相关企业绩效存在负面影响。

对于贸易摩擦影响企业绩效的传导机制，从开放经济角度，我国出口企业作为嵌入 GVC 的经济体，在中外贸易摩擦发生后，贸易摩擦通过 GVC 关联影响我国出口企业绩效。具体而言：随着产业内分工的不断细化，国内价值链拓展为全球领域范围内由不同价值链相接而成的全球价值链，在价值链与价值链之间因为存在供给与需求的关联关系而存在密切的级联效应也从国内范畴拓展到全球各个国家。出口企业由于参与中间品贸易而嵌入 GVC 中，因此每个出口企业与其相关的国外上游企业或下游企业之间的联系也愈加密切。因此，在中外贸易摩擦发生后，作为外部冲击的贸易摩擦不仅会导致最终品贸易规模下降，进而也会导致进口中间品规模受到影响。这是由于在产品国际化分工的背景下，作为全球价值链的衔接者，随着产品分工的日益细化，中间品贸易规模越来越大，其比重也在国际贸易中逐渐地加大，因此，在中间品贸易链接的全球价值链中存在着"结构效应"，这导致贸易摩擦的爆发在影响最终品贸易的同时也会对中间品贸易产生负面作用。

进口中间品对企业的出口产品具有"质量效应""成本效应"以及"技术溢出效应"，进而会影响到企业的产品质量、生产率以及创新能力。这意味着在贸易摩擦爆发后，其影响效应会通过 GVC 关联影响到中间品贸易，而其影响可能在一定时期内长期存在，进而导致企业创新、企业生产率水平以及企业盈利能力等各个方面，进而导致企业绩效呈现下跌态势。由此可以看出，全球价值链对贸易摩擦对企业绩效的影响效应具有传导作用，这为本书研究贸易摩擦的经济影响提供了理论支持。

2.3 本章小结

近年来，随着贸易保护主义和单边主义势力抬头，频发的贸易摩擦呈现常态化发展态势，因此贸易摩擦问题成为国际贸易领域最为关注的问题。

贸易摩擦的形式多种多样，从贸易保税措施的形式来看，分为传统贸易摩擦与现代贸易摩擦，其中传统贸易摩擦是指关税、配额、信用证等贸易保护形式所引发的贸易摩擦；现代贸易摩擦是指非关税壁垒措施所引发的贸易摩擦，具体包括反倾销、反补贴、保障措施及技术壁垒、绿色壁垒、劳工标准壁垒、信息性贸易壁垒等多种形式，其中反倾销、反补贴和保障措施是目前引发贸易摩擦的最为常见的贸易保护形式。

关于贸易摩擦的成因分析，经济原因是引发贸易摩擦的主要原因。幼稚产业保护论认为一国的经济发展要经历不同的时期，在不同的发展时期则应采用不同的贸易政策，而对于后起国家要实行贸易保护政策，因为对于处于成长阶段、但具有潜在优势的产业进行保护则可以迅速成长，获得竞争优势，在取消贸易保护的情况下也能与国外成熟产业进行平等竞争，最终实现自由贸易。除经济动机外，贸易摩擦也涉及很多非经济因素，如政治原因、文化冲突和社会问题等影响因素。政治原因是其中的一个重要原因，如发达国家实施贸易保护的产业经常是一些成熟产业或夕阳产业，这是由于一国实施的经济政策往往并不是以社会福利最大化为目标，而是由于政府会考虑利益集团所提供的政治献金，在普通选民的支持和利益集团的政治献金之间的各方力量博弈中进行选择，根据博弈的结果确定最终的贸易政策。

在全球价值链时代，通过对 GVC 相关指标的测算，可以反映一个国家参与 GVC 的程度及其优势产业在国际分工中的地位。此外，GVC 是由多个价值链相接而成，具有自身所特有的级联作用，当其中一个国家遭受到外部冲击后，其他相关联的国家也会产生经济联动效应。因此在各国间的贸易摩擦中，全球价值链关联对于贸易摩擦的经济效应的传导作用也日益显现。

第 3 章

中外贸易摩擦的现状及其原因分析

3.1 中外贸易摩擦的发展现状

在改革开放 40 多年里，中国的贸易规模保持稳定的增长，货物贸易规模实现了跨越式发展，成为拉动世界贸易增长最重要的力量之一。在 1978～2017 年间，按人民币计价，中国进出口总额从 355 亿元增长到 27.8 万亿元，增长了 782 倍，年均增长幅度达到 18.6%。其中，出口规模从 168 亿元增长到 15.3 万亿元，增长了 914 倍，年均增长幅度达到 19.1%；进口总额从 187 亿元增长到 12.5 万亿元，增长了 664 倍，年均增长幅度达到 18.1%。与此同时，中国货物贸易规模从仅占全球市场份额的 0.8% 增长到 11.5%，在全球货物贸易中的地位也由第 29位上升至第 1 位。

此外，中国在对外贸易市场上日趋多元化，贸易伙伴也由 40 多个拓展到 231 个国家和地区，其中欧盟、美国、东盟及日本等国成为中国的主要贸易伙伴。中国的贸易方式更趋合理，随着一般贸易的稳步提升，中国加工贸易占进出口总值的比重出现了先增长后缓慢下降的过程，从 1981 年的 6% 增长到 1998 年的 53.4% 后下降到 2017 年的 29%。中国出口产品的结构不断优化，1978～2017 年间中国初级产品的出口份额从 53.5% 下降到 5.2%，而工业制成品的出口份额由 46.5% 提升到94.8%，其中机电产品的出口总额从 16.8 亿美元增加到 1.3 万亿美元，且已连续 9 年保持机电产品全球出口第一位，而高新技术产品的出口份额也从 2% 上升到 28.8%。①

中国经济的发展令世界瞩目，在全球经济增长的动力不足且已陷入困境的背景下，基于经济利益和政治利益的考虑，很多国家对中国发起了贸易摩擦。随着贸易摩擦数量的增多，国外对华发起贸易保护涉案产品所覆盖的范围也迅速地扩大，从原来的轻工、钢铁、机电、纺织等传统优势产业拓展到航空航天、医药、通讯等高科技领域，而贸易保护的措施也从关税壁垒、许可证、配额等传统贸易壁垒转向了"两反一保"、技术壁垒、绿色壁垒等现代贸易壁垒。

目前，中国遭遇到的贸易摩擦占到世界贸易摩擦总量的一半以上，截止到 2017 年，中国已经连续 23 年成为遭遇贸易摩擦最多的国家，1995～2018 年中国共遭受包括"两反一保"在内的贸易救济措施 790 起。从表 3-1 可以看出，在中国遭受贸易救济措施中，反倾销成为最主要的形式，占比高达 81.27%。

表 3-1　　　　　　　　　国外对华贸易救济措施情况

类型	总量	数量	占比
反倾销	790	642	81.27%
反补贴	790	116	14.68%
特保措施	790	32	4.05%

资料来源：根据全球反倾销数据库数据统计得到。

3.1.1　中国遭受反倾销情况

在反倾销、反补贴和保障措施三种贸易救济措施中，反倾销被使用的频率最高。根据 WTO 组织的非关税数据库的数据统计，1995～2018 年间全球共发起 2120 起反倾销调查，其中中国遭受了 642 起反倾销调查，占到全球反倾销案件总数的 30.28%，中国成为遭受反倾销最多的国家。表 3-2 的统计结果显示，在对中国实施反倾销的 10 个主要国家（地区）中，1995～2018 年对华反倾销调查案件合计为 527 起，占到对

---

　　① 资料来源：以上所有数据均来自中国商务部网站或根据中国商务部网站数据计算得到，http://www.mofcom.gov.cn。

华反倾销总数的 82.09%，其中排在前五位的国家（地区）是美国
（110 起）、印度（101 起）、土耳其（62 起）、欧盟（60 起）、阿根廷
（56 起）。从不同阶段来看，国外对华反倾销数量呈现明显的增长态势，
具体从 1995～2001 年、2002～2007 年、2008～2018 年三个阶段的对比
情况来看，中国遭受反倾销的频率呈现持续增长态势，1995～2001 年
国外对华反倾销数量为 36 起，年均 5.1 起；2002～2007 年国外对华反
倾销数量 132 起，年均 22 起；2008～2018 年国外对华反倾销数量 494
起，年均 44.9 起。

表 3-2　　　　　　　　　各国反倾销及对华反倾销数量

国家或地区	案件数（起）	对华案件数（起）	占比（%）	对华反倾销分布		
				1995～2001 年	2002～2007 年	2008～2018 年
美国	331	110	33.23	7	32	71
印度	275	101	36.73	3	20	78
土耳其	147	62	42.18	6	27	29
欧盟	104	60	57.69	3	17	40
阿根廷	113	56	49.56	7	6	43
巴西	166	51	30.72	2	5	44
墨西哥	74	35	47.30	0	8	27
加拿大	90	24	26.67	2	3	19
澳大利亚	74	17	22.97	0	1	16
印度尼西亚	35	11	31.43	0	1	10
小计	1409	527	37.40	30	120	377
其他国家或地区	711	115	16.17	6	12	97
总计	2120	642	30.28	36	132	474

资料来源：根据 WTO 数据统计得到，https://i-tip.wto.org/goods/Forms/TableViewDetails.
aspx? mode = modify。

　　从表 3-2 中可以看出，在国外对华实施的反倾销案件中，对中国
发起反倾销的有全球反倾销的"原使用者"，包括美国、欧盟、加拿
大、澳大利亚等发达国家（地区），也有全球反倾销措施的"新使用

者"，例如印度、墨西哥、阿根廷、巴西等发展中国家。从反倾销实施国来看，反倾销已经从发达国家向发展中国家蔓延，这可能是由于在中国加入 WTO 前，中国的贸易伙伴国主要是以美国为首的西方国家，中国与发达国家之间双边贸易不平衡导致对华反倾销主要发生在中国和发达国家之间，但是在中国加入 WTO 后，随着中国进出口贸易规模的提升，中国不仅仅和发达国家存在贸易关系，而且还和发展中国家（地区）开展了密切的贸易往来，由于中国和很多发展中国家（地区）在大部分产品上存在着一定程度的相似性和竞争性，越来越多的发展中国家开始运用反倾销措施来限制进口中国产品，而以印度、土耳其、阿根廷和巴西四个发展中国家最为活跃。

3.1.2　中国遭受反补贴情况

自从加入 WTO 后，中国不仅遭受反倾销调查的数量不断增多，而且其他形式的贸易救济措施，如反补贴、保障措施的数量也迅速地增加。作为贸易救济措施的三大措施之一，反补贴也是 WTO 允许可以使用的歧视性贸易救济手段之一。根据全球反倾销数据库的数据统计，从表 3-3 可以看出，在 1995~2018 年全球共发起 218 起反补贴调查，中国遭受反补贴调查 116 起，占到全球反补贴总数的 53.21%，中国成为遭受反补贴调查最多的国家。在 1995~2018 年共有 7 个国家（地区）对中国实施了反补贴，他们分别是美国（67 起）、加拿大（21 起）、澳大利亚（9 起）、欧盟（7 起）、印度（6 起）、中国台湾（5 起）、巴西（1 起），其中美国对华反补贴案件数居于首位，占国外对华反补贴案件总数的 57.76%。

表 3-3　　　　各国（地区）反补贴及对华反补贴数数量

国家（地区）	案件数	对华案件数	占比（%）	对华反补贴分布		
				1995~2001 年	2002~2007 年	2008~2018 年
美国	127	67	52.76	0	6	61
加拿大	28	21	75.00	0	3	18
澳大利亚	11	9	81.82	0	0	9

国家（地区）	案件数	对华案件数	占比（%）	对华反补贴分布		
				1995 ~ 2001 年	2002 ~ 2007 年	2008 ~ 2018 年
欧盟	16	7	43.75	0	0	7
小计	182	104	57.14	0	9	95
印度	11	6	54.55	0	0	6
中国台湾	5	5	100	0	0	5
巴西	3	1	33.33	0	0	1
小计	19	12	63.16	0	0	12
其他国	17	0	0	0	0	0
总计	218	116	53.21	0	9	107

资料来源：根据 WTO 数据统计得到，https：//i-tip. wto. org/goods/Forms/TableViewDetails. aspx？mode = modify。

在对华反补贴调查案件中，涉及美国、加拿大、澳大利亚和欧盟四个发达国家（地区），同时还涉及巴西、印度和中国台湾三个发展中国家（地区）对中国发起反补贴调查。从反补贴实施国来看，对华反补贴主要以发达国家（地区）为主，1995 ~ 2018 年发达国家对华发起反补贴 104 起，占到国外对华反补贴总数的 89.66%，而发展中国家和地区对华发起反补贴只有 12 起，仅占到国外对华反补贴总数的 10.34%。

从不同阶段来看，中国加入 WTO 后与加入 WTO 前相比而言境外对华反补贴数量有显著的提升，具体从 1995 ~ 2001 年、2002 ~ 2007 年、2008 ~ 2018 年三个阶段的对比情况来看，中国遭受反补贴的频率不断地提高，1995 ~ 2001 年国外对华反补贴数量为 0 起；2002 ~ 2007 年国外对华反补贴数量达到 9 起，年均 1.5 起；2008 ~ 2018 年国外对华反补贴数量高达 95 起，年均 8.6 起。由此可以看出，发达国家对华发补贴主要集中在后两个阶段；而发展中国家对华反补贴主要集中在第三个阶段，其中前两个阶段没有实施对华反补贴。

以上数据统计说明，在对华反补贴中，随着时间的递进，发展中国家（地区）开始加入对华反补贴的队伍中，中国出口产品不仅要面临来自发达国家（地区）反补贴，而且还要面临发展中国家（地区）的反补贴措施。

3.1.3 中国遭受保障措施情况

一般保障措施也是各国经常采取的贸易救济措施之一。根据 WTO 组织秘书处统计的数据显示，1995～2018 年，WTO 成员共发起 55 起一般保障措施，其中实施一般保障措施最多的前八位国家包括印度尼西亚（9 起）、马达加斯加（8 起）、美国（7 起）、菲律宾（7 起）、摩洛哥（6 起）、土耳其（6 起）、乌克兰（5 起）、印度（5 起）。

中国经常遭遇特殊保障措施（以下简称中国"特保"措施）。根据全球反倾销数据库统计，1995～2013 年中国共遭受 32 起"特保"措施①。在表 3-4 统计中，1995～2013 年对中国实施"特保"措施排在前五位的国家是印度（9 起）、美国（7 起）、厄瓜多尔（4 起）、土耳其（3 起）、哥伦比亚（3 起），占中国遭受"特保"措施案件总数的81%，而其中对中国发起的"特保"措施最多的国家是印度。

表 3-4　　各国（地区）对华"特保"调查案件数

国家或地区	案件数	1995～2001 年	2002～2007 年	2008～2013 年
印度	9	0	1	8
美国	7	0	6	1
厄瓜多尔	4	0	2	2
土耳其	3	0	3	0
哥伦比亚	3	0	3	0
欧盟	1	0	1	0
加拿大	1	0	0	1
多米尼加	1	0	0	1
秘鲁	1	0	1	0
波兰	1	0	1	0

① "中国特保"作为中国加入 WTO 后的一项过渡性保障措施在 2013 年已被取消，因此本书对"中国特保"案件数的统计只截止到 2013 年。

续表

国家或地区	案件数	1995~2001 年	2002~2007 年	2008~2013 年
中国台湾	1	0	0	1
总计	32	0	18	14

资料来源：根据全球反倾销数据库数据统计。

从不同阶段来看，中国加入 WTO 后与加入 WTO 前外国（地区）对华实施"特保"措施案件数量有显著的提升，具体从 1995~2001 年、2002~2007 年和 2008~2013 年三个阶段的对比情况来看，中国遭受"特保"措施的频率出现了先升后降的态势，1995~2001 年外国（地区）对华实施"特保"措施案件数为 0 起；2002~2007 年外国（地区）对华实施"特保"措施案件数为 18 起，占比 56.25%，年均 3.6 起；2008~2013 年对华实施特保"特保"措施案件的数量为 14 起，占比 43.75%，年均 2.8 起。

根据"特保"措施实施国的经济发展程度分类，对中国发起的"特保"措施的国家包括美国、加拿大和欧盟等发达国家，也有印度、厄瓜多尔、土耳其和哥伦比亚等发展中国家。从表 3-5 可以看出，1995~2013 年发达国家对中国实施"特保"措施 9 起，占到对华"特保"措施总数的 28%；发展中国家（地区）对中国实施"特保"措施 23 起，占到对华"特保"措施案件总数的 72%，这说明对华"特保"措施主要以发展中国家（地区）为主。

表 3-5　发达国家及发展中国家（地区）对华"特保"案件数

	项目	对华案件数	1995~2001 年	2002~2007 年	2008~2018 年
发达国家（地区）	数量	9	0	7	2
	占比	1	0	0.78	0.22
发展中国家（地区）	数量	23	0	11	12
	占比	1	0	0.48	0.52

资料来源：根据全球反倾销数据库数据统计得到。

将发达国家（地区）对华实施"特保"措施和发展中国家（地区）对华实施"特保"措施的数量在 1995~2001 年、2002~2007 年和 2008~

2013 年进行比较，可以发现，发达国家（地区）对华实施"特保"措施的数量在三个阶段出现先升后降的态势，所占比重由 0 上升到 78%后降到 22%，而发展中国家（地区）在三个阶段的比重呈现一直上升态势，所占比重由 0 上升 48% 后又上升到 52%。

3.1.4　中国遭受技术壁垒情况

除了贸易救济措施外，技术性贸易壁垒、知识产权等贸易保护措施等也开始成为引发贸易摩擦的主要形式之一。以世界贸易组织（World Trade Organization，WTO）的《技术性贸易壁垒协议》（Agreement on Technical Barriers to Trade，TBT）为例，1995～2018 年世界各国 TBT 通报 28730 件，其中位列前五位的是美国（3198 件），乌干达（1900件），巴西（1814 件），中国（1476 件）、厄瓜多尔（1284 件），其中美国 TBT 通报案件数位于全球首位[①]。

中国作为世界第二大经济体，近年来美国频繁地对中国高科技行业发起"337 调查"。自美国 1986 年对中国产品发起第一起"337 调查"开始，截至 2014 年美国对中国共发起"337 调查"206 起，而加入WTO 前，1986～2001 年美国对中国发起"337 调查"案件数仅有 16起；加入 WTO 后，2002～2007 年美国对中国发起"337 调查"案件数为 56 起，2008～2014 年美国对中国发起"337 调查"案件数为 134 起，其中 2012 年美国对中国发起"337 调查"的涉案金额达到 23 亿美元，同比增加了 228.6%[②]。由此可以看出，美国对华发起"337 调查"案件的数量一直在持续地增长，截至 2017 年中国已经连续 13 年成为 337调查最多的国家。随着中国科技的进步，出口产品附加值逐渐增多，中国遭受美国"337 调查"数量也呈现不断增长态势，而在中国遭受美国"337 调查"的行业中，科技含量较高的机电领域一直是遭受"337 调查"最多的行业。与此同时，随着中国高科技企业创新水平的不断提升，中国高科技企业也成为美国制裁的目标，如中兴通讯、华为、

---

①　以上有关技术性贸易壁垒的数据均来源于中国 WTO/TBT – SPS 通报咨询网，http：//www.tbtsps.gov.cn。

②　根据美国国际贸易委员会（http：//www.suitc.gov/）和中华人民共和国商务部（http：//www.mofcom.gov.cn）数据整理得出。

HTC3 家企业就曾遭受到美国"337 调查",其中联想和联发科技 2 家企业在 2013 年遭遇了"337 调查",中兴通讯则在 2011～2018 年间先后遭遇 7 起"337 调查"。此外,2018 年 8 月,美国商务部将涉及准防空系统、卫星通信系统、半导体和航空航天领域的 44 家中国企业列入出口管制清单;2019 年 5 月 16 日以维护"科技网络安全"为由,美国商务部将华为公司及其 70 家附属公司纳入出口管制"实体名单"。

美国还频繁对中国实施特别"301"调查。美国政府以"公平贸易""国家安全"和"技术保护"为名实施贸易保护措施,曾先后 6 次对中国动用"301 调查"(见表 3-6),具体包括:(1) 1990 年美国将中国升级列为"重点观察国家"名单,并分别在 1991 年 4 月、1994 年 6 月和 1996 年 4 月三次对中国知识产权实施特别"301 调查",两国最终通过谈判分别达成了三个知识产权协议;(2) 1991 年 10 月美国对中国发起了市场准入的"301 调查",主要针对中国对美国商品进入国内市场而设置不公平壁垒问题,最终在 1992 年中美双方通过谈判达成协议;(3) 2010 年 10 月,美国针对中国清洁能源政策启动"301 调查",最终两国通过谈判达成合意;(4) 2018 年 8 月 18 日,美国贸易代表办公室正式对中国启动"301 调查",主要针对与技术转让、知识产权和创新有关的法律政策或做法。

表 3-6　　　　　　　　美国对华"301 调查"情况

序号	时间	涉及领域	结果
1	1991 年 4 月	知识产权	通过谈判达成协议
2	1991 年 10 月	市场准入问题	通过谈判达成协议
3	1994 年 6 月	知识产权	通过谈判达成协议
4	1996 年 4 月	知识产权	通过谈判达成协议
5	2010 年 10 月	中国清洁能源政策	通过谈判达成协议
6	2018 年 8 月	与技术转让、知识产权和创新有关的法律政策	先后对大规模中国出口商品征税

资料来源:新浪财经网 http://finance.sina.com.cn。

3.2 中国与主要国家之间的贸易摩擦

3.2.1 中美贸易摩擦

美国是全球最大的进口国，且与中国在产品结构存在着很强的互补性，因此中美之间存在密切的贸易往来。1972 年中美双边货物贸易额仅有 1288 万美元，而在此后的四十多年里，两国间的货物贸易额基本保持着两位数的增长速度。截止到 2018 年，美国 22 年来一直是中国的第二大贸易伙伴，2020 年中国再次成为美国第一大贸易伙伴。根据中国商务部数据统计，从图 3 - 1 可知，2012 ~ 2018 年间中美双边货物贸易额在整体上呈现明显的上升趋势，从 5362 亿美元增长到 6598 亿美元，年均增长 3.84%，其中，中国对美国的货物出口额从 4256 亿美元增长到 5395 亿美元，年均增长 4.46%，中国自美国的货物进口额从 1106 亿美元增长到 1203 亿美元，年均增长 1.46%。

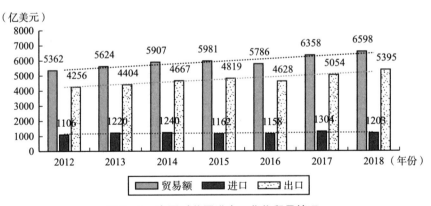

图 3 - 1　中国对美国进出口货物贸易情况

中美之间存在着密切的贸易往来，但贸易摩擦也从未间断过，尤其是在中国加入 WTO 后，美国对中国不断地挑起贸易摩擦。从两国之间的贸易往来商品结构看（见表 3 - 7），美国自中国进口的产品主要为机

电产品、玩具、家具、纺织品、贱金属及制品、塑料、橡胶、轻工产品
及运输设备等，美国向中国出口的主要产品为运输设备、机电产品、植
物产品、化工产品、矿产品及光学、钟表、医疗设备等。

表 3 - 7　　　　　　中美贸易往来商品构成（2017 年）

美国自中国进口产品				美国向中国出口产品			
分类	HS 编码	商品类别	占比（%）	分类	HS 编码	商品类别	占比（%）
类	章	总值	100.0	类	章	总值	100.0
第 16 类	84 - 85	机电产品	50.8	第 17 类	86 - 89	运输设备	22.6
第 20 类	94 - 96	家具、玩具	12.0	第 16 类	84 - 85	机电产品	19.2
第 11 类	50 - 63	纺织品	7.7	第 2 类	06 - 14	植物产品	11.5
第 15 类	72 - 83	贱金属及制品	5.0	第 6 类	28 - 38	化工产品	8.6
第 7 类	39 - 40	塑料、橡胶	3.9	第 5 类	25 - 27	矿产品	7.7
第 12 类	64 - 67	轻工产品	3.6	第 18 类	90 - 92	钟表、医疗设备	6.8
第 17 类	86 - 89	运输设备	3.1	第 7 类	39 - 40	塑料、橡胶	4.9
第 6 类	28 - 38	化工产品	3.0	第 15 类	72 - 83	贱金属及制品	4.6
第 18 类	90 - 92	钟表、医疗设备	2.6	第 10 类	47 - 49	纤维素浆；纸张	3.3
第 8 类	41 - 43	皮革制品	1.5	第 9 类	44 - 46	木及制品	2.5
第 13 类	68 - 70	陶瓷；玻璃	1.4	第 1 类	01 - 05	动物产品	1.9
第 10 类	47 - 49	纸张	1.1	第 11 类	50 - 63	纺织品	1.4
第 9 类	44 - 46	木及制品	0.9	第 4 类	16 - 24	食品、烟草	1.1
第 14 类	71	贵金属及制品	0.6	第 8 类	41 - 43	皮革制品；箱包	1.0
第 4 类	16 - 24	食品、烟草	0.6	第 14 类	71	贵金属及制品	0.9
		其他	2.3			其他	2.2

资料来源：中国商务部网站国别报告 https：//countryreport. mofcom. gov. cn/record/in-
dex110209. asp。

从中美之间的双边贸易结构可以看出，在美国对中国出口的产品
中，机电产品、运输设备及植物产品的比重较大，这三类产品的比重为

53%；而在中国向美国出口的产品中，机电产品的比重最大，占比为50.8%，其次家具、纺织品、塑胶等产品占到30%以上。由此可以看出，美国对中国出口的产品除了工业制成品，主要以农产品、化工产品等资源密集型产品为主，但长期以来美国在军品、军民两用品以及无线、芯片、软件、雷达、安全等高科技领域均对中国采取限制出口政策，而中国对美出口的产品以高附加值的工业制成品为主，其次是劳动密集型产品。中美之间贸易往来的商品结构差异非常明显，虽然两国之间货物贸易额增速迅猛，但随之而来是两国之间的贸易失衡也愈加严重。根据中方显示，2017 年中国货物贸易顺差总额为 4208.68 亿美元，其中对美货物贸易顺差额达到 2758.12 亿美元（同比增长 10.02%），占中国货物贸易顺差总额的 65.53%。而根据美方统计，2017 年美国货物贸易逆差总额为 5684.42 亿美元，其中对华货物贸易逆差到达 3752.28 亿美元（同比增长 8.12%），占美国货物贸易逆差总额的 66.01%[①]。贸易不平衡导致近年来美国来一直频繁对中国发动贸易摩擦，以反倾销为例，根据 WTO 组织非关税壁垒数据库的数据统计，1995～2018 年间美国对华实施反倾销调查案达到 110 起，占到国外对华反倾销案件总数的 17.13%，居于国外对华反倾销调查案件总数的第一位。

　　贸易保护主义措施一直以来都是一国保护国内产业发展的常用策略，而贸易制裁一直都是国家工具。与传统贸易摩擦不同的是，现代贸易摩擦不仅仅是为了保护本国产业，而且还用来遏制新兴国家的经济发展。作为最大的发展中国家，中国在世界的经济地位开始不断地攀升，1995 年中国的 GDP 仅占到全球 GDP 总额的 2.38%，2016 年已经提升至 14.77%，其中 2010 年开始中国成为世界第二大经济体。与此同时，中国经济体量与美国之间的差距在不断地缩小，1995 年中国 GDP 仅占到美国 GDP 的 9.48%，而 2017 年已经提升至 63.15%[②]。面对中国经济的崛起与国际地位的提升，2018 年 3 月 23 日，以制裁中国"经济侵略行为"为名，美国总统特朗普开始对中国实施大规模商品的进口限制。特朗普强调，美国与全球的贸易逆差总额为 8000 亿美元，而美国对中国的贸易逆差则高达约 5000 亿美元，仅中国就占到 50% 以上，因

---

　　①② 资料来源：2018 年中美贸易情分析［EB/OL］，中国产业信息网，2018 - 05 - 09，http://www.chyxx.com/industry/201805/638771.html。

此美国决定对总价值约600亿美元的中国输美产品征收关税，所涉及的中国商品主要包括纺织、服装、钢铁、机械和电子加工产品领域的1300个细分品种。至此，历史上最大规模的中美贸易摩擦正式启动，也被称为中美贸易战，它已引发全球关注，目前仍保持着持续升级状态。截至2019年8月20日，针对中美贸易摩擦，中美双方已进行五回合交锋，具体交锋情况见表3-8。

表3-8　　　　　　　　　　中美贸易摩擦进展情况

美国		中国	
时间	事件	时间	事件
2017-8-14	特朗普授权美国贸易代表办公室审查所谓的"中国贸易行为"，对中国发起"301调查"	2017-8-15	中国商务部新闻发言人称，若美方不顾事实采取举动，中方将采取所有适当措施，坚决捍卫中方合法权益
2017-8-18	美国贸易代表莱特希泽宣布，正式对中国发起"301调查"	2017-8-21	中国商务部新闻发言人就此调查发表谈话时指出，美方无视世贸组织规则，对中方的指责是不客观的
2018-2-16	美国商务部公布了对美国进口钢铁和铝产品的国家安全调查（232调查）报告，据此向特朗普总统提出建议，对进口钢铁和铝产品实施关税、配额等进口限制措施	2018-3-23	中国表示拟对美国128项产品征收关税，涉及金额达30亿美元，以应对"232"调查后钢铝产品征税的计划。2018年4月2日正式实施
2018-3-1	美国总统特朗普宣布，决定将对所有来源中国的进口钢铁和铝产品全面征税，税率分别为25%和10%		
2018-3-8	特朗普签署公告，认定进口钢铁和铝产品威胁到美国的国家安全，决定于3月23日起，对进口钢铁和铝产品分别征收25%和10%的关税	2018-4-2	中国国务院关税税则委员会决定自2018年4月2日起对原产于美国的7类128项进口商品中止关税减让义务。按照2017年统计，涉及美国对华约30亿美元的出口商品
2018-3-23	美国总体特朗普在白宫正式签署对华贸易备忘录，宣布将对从中国进口的600亿美元商品加征关税，并限制中国企业对美投资并购		

美国		中国	
时间	事件	时间	事件
2018 - 4 - 4	美国政府依据 301 调查结果，出台针对中国 1300 项产品的关税建议清单，涉及金额 500 亿美元	2018 - 4 - 4	国务院关税税则委员会出台应对美国"301"征税计划的关税清单，决定对原产于美国的品为大豆、汽车、化工品等 14 类 106 项商品加征 25% 的关税，涉及金额 500 亿美元，实施时间另行公告
2018 - 4 - 16	美国商务部下令禁止美国公司向中兴出口电信零部件产品，期限 7 年	2018 - 4 - 17	中国商务部发布公告，将对原产于美国的进口高粱实施临时反倾销措施
		2018 - 5 - 9	中兴通讯发布公告表示，受美国商务部激活拒绝令影响，公司主要经营活动已无法进行
2018 - 5 - 23	美国总统特朗普要求美国商务部长罗斯就进口车辆对于国家安全的影响进行调查	2018 - 6 - 15	国务院宣布对原产于美国的 659 项约 500 亿美元进口商品加征 25% 的关税，其中对农产品、汽车、水产品等 545 项约 340 亿美元商品自 2018 年 7 月 6 日起实施加征关税，对其余商品加征关税的实施时间另行公告。其中，汽车类商品从 7 月 6 日开始执行，美国进口车关税涨至 40%
2018 - 6 - 7	美国商务部正式宣布与中国中兴通讯公司达成新和解协议		
2018 - 6 - 15	美国公布了将加征 25% 关税的 500 亿美元中国进口商品清单，其中对约 340 亿美元商品自 2018 年 7 月 6 日起实施加征关税措施，同时对约 160 亿美元商品加征关税开始征求公众意见		
2018 - 7 - 6	美国海关和边境保护局宣布，美国开始第一批清单上 818 个类别、价值 340 亿美元的中国进口商品加征 25% 关税	2018 - 7 - 6	作为反击，中国对原产于美国的 545 项约 340 亿美元进口商品加征 25% 关税，其中，汽车类商品涉及 28 项
2018 - 7 - 19	美国就进口汽车及零部件展开"232 调查"举行公开听证会，听取利益相关方对进口汽车和零部件是否损害美国国家安全的意见	2018 - 8 - 3	中方决定，将依法对原产于美国的 5207 个税目约 600 亿美元商品加征 25%、20%、10%、5% 不等的关税

美国		中国	
时间	事件	时间	事件
2018 - 8 - 7	美国贸易代表办公室宣布，将从 8 月 23 日起，对 160 亿美元中国输美产品加征 25% 的关税	2018 - 8 - 8	中国国务院关税税则委员会决定，自 2018 年 8 月 23 日起对价值 160 亿美元的美国产品加征 25% 的关税
2018 - 8 - 23	美国对从中国进口约 160 亿美元商品加征 25% 的关税	2018 - 8 - 23	中国做出必要的反制，决定对价值 160 亿元的美国产品加征 25% 的关税
2018 - 9 - 18	特朗普指示美国贸易代表针对大约 2000 亿美元的中国进口商品征收额外关税，关税将于 2018 年 9 月 24 日生效，2018 年底前为 10%，2019 年 1 月 1 日起将增至 25%	2018 - 9 - 18	国务院关税税则委员会决定对原产于美国的 5207 个税目、约 600 亿美元商品加征 10% 或 5% 的关税，自 2018 年 9 月 24 日起实施。如果美方执意进一步提高加征关税税率，中方将给予相应回应，关事项另行公布
2019 - 5 - 9	美国政府宣布，自 2019 年 5 月 10 日起，对从中国进口的 2000 亿美元清单商品加征的关税税率由 10% 提高到 25%	2019 - 5 - 13	国务院关税税则委员会决定，2019 年 6 月 1 日起对 2493 个税目商品，实施加征 25% 的关税；对 1078 个税目商品，实施加征 20% 的关税；对 974 个税目商品，实施加征 10% 的关税；对 595 个税目商品，仍实施加征 5% 的关税
2019 - 8 - 15	美国宣布对价值 3000 亿美元的中国商品价值 10% 关税，分两批实施，实施日期为 9 月 1 日和 12 月 15 日	2019 - 8 - 23	中国对美实施第三轮关税反制，中国宣布对价值 750 亿美元美国商品加征 5%、10% 的关税
2019 - 11 - 07	中美同意随协议进展分阶段取消加征关税。商务部发言人高峰表示，中方对于关税问题的立场是一贯的、明确的，贸易摩擦由加征关税而起，也应由取消加征关税而止。至于第一阶段取消多少，可以根据第一阶段协议的内容来商定		
2019 - 11 - 26	中美经贸高级别磋商双方牵头人通话，同意就第一阶段协议磋商的剩余事项保持沟通		
2019 - 12 - 13	中方关于中美第一阶段经贸协议的声明 13 日晚对外发布：经过中美两国经贸团队的共同努力，双方在平等和相互尊重原则的基础上，已就中美第一阶段经贸协议文本达成一致		

美国		中国	
时间	事件	时间	事件
2019 - 12 - 15	国务院关税税则委员会决定，对原计划于 12 月 15 日 12 时 01 分起加征关税的原产于美国的部分进口商品，暂不征收 10%、5% 关税，对原产于美国的汽车及零部件继续暂停加征关税		
2020 - 1 - 15	中美签署第一阶段经贸协议，美国 3000 亿 A 清单[a] 加征关税从 15% 降至 7.5%	2020 - 2 - 6	国务院调整对原产于美国约 750 亿美元进口商品的加征关税措施 2020 年 2 月 14 日 13 时 01 分起对 2019 年 9 月 1 日起已加征 10% 关税的商品，加征税率调整为 5%；已加征 5% 关税的商品，加征税率调整为 2.5%

注：a：A 清单：3000 亿清单中于 2019.9.1 日实施加征的产品；B 清单：3000 亿清单中原计划 2019.12.15 日实施加征的产品。
资料来源：作者根据网络新闻整理。

3.2.2　中印贸易摩擦

中国和印度分别是世界上第一大和第二大发展中国家，也是世界上人口最多的两个国家。印度作为中国的邻国，两国在人口和自然禀赋上具有很强的相似性，近几年两国之间的经贸往来更加密切，每年的货物贸易额基本都是保持着两位数的增长。自 2013 年以来，中国是印度的最大贸易伙伴，印度是中国前十大贸易伙伴之一，也是中国在南亚地区最大的贸易伙伴。

根据中国商务部数据统计，从图 3 - 2 可知，2012 ~ 2018 年间中印双边货物贸易规模整体呈现明显的上升趋势，双边货物贸易额从 511 亿美元增长到 903 亿美元，年均增长 12.79%，其中，中国对印度的货物出口额从 294 亿美元增长到 738 亿美元，年均增长 25.17%，然而中国对印度的货物进口额呈现明显的下降趋势，从 217 亿美元下跌到 165 亿美元，年均下跌幅度为 3.99%。

由表 3 - 9 可以得知，在中印双边贸易中，印度自中国进口的主要产品为机电产品、化工产品、贱金属及制品、纺织品、运输设备、塑胶、矿产品、光学、钟表和医疗设备、家具、玩具和杂项制品；而印度向中国出口的产品为矿产品、贱金属及制品、纺织品、化工产品、机电

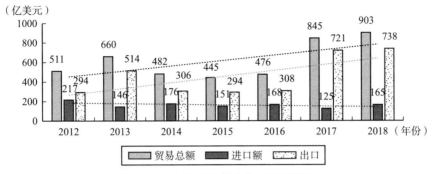

图 3 - 2　中国对印度进出口贸易情况

资料来源：中国商务部网站国别报告 https：//countryreport. mofcom. gov. cn/record/index110209. asp。

产品、塑料和橡胶、植物产品以及食品、饮料和烟草。从中印进出口结构可以看出，印度对中国出口的产品中初级产品的比重较大，其中矿产品和农产品占到印度对中国出口总规模的 30% 以上。而中国向印度出口的产品中机电产品的比重较大，占到中国对印度出口总额的 56%，这说明印度对中国出口的产品以资源密集型或劳动密集型产品为主，而在中国对印度出口的产品中以附加值较高的工业制成品为主，劳动密集型所占份额较小。此外，从印度对中国出口的产品中可以看出印度的制造实力还非常有限，中国可以自印度进口的商品品种较少，这导致中国对印度的进口额呈现逐年下降态势，两国之间的贸易失衡愈加严重。

表 3 - 9　　　　　　　中印贸易往来商品构成（2017 年）

印度自中国进口产品				印度向中国出口产品			
海关分类	HS 编码	商品类别	占比（%）	海关分类	HS 编码	商品类别	占比（%）
类	章	总值	100.0	类	章	总值	100.0
第 16 类	84 - 85	机电产品	56.0	第 5 类	25 - 27	矿产品	26.0
第 6 类	28 - 38	化工产品	14.5	第 15 类	72 - 83	贱金属及制品	17.4
第 15 类	72 - 83	贱金属及制品	6.7	第 6 类	28 - 38	化工产品	17.3
第 11 类	50 - 63	纺织品	3.7	第 11 类	50 - 63	纺织品	12.2
第 7 类	39 - 40	塑料、橡胶	3.4	第 16 类	84 - 85	机电产品	9.1

印度自中国进口产品				印度向中国出口产品			
海关分类	HS 编码	商品类别	占比（%）	海关分类	HS 编码	商品类别	占比（%）
第 17 类	86 – 89	运输设备	3.2	第 7 类	39 – 40	塑料、橡胶	3.9
第 20 类	94 – 96	家具、玩具	2.5	第 3 类	01 – 15	动植物油脂	3.4
第 18 类	90 – 92	钟表、医疗设备	2.4	第 14 类	71	贵金属及其制品	1.7
第 13 类	68 – 70	陶瓷；玻璃	1.7	第 12 类	64 – 67	轻工产品	1.5
第 5 类	25 – 27	矿产品	1.3	第 18 类	90 – 92	钟表、医疗设备	1.3
第 14 类	71	贵金属及制品	0.9	第 1 类	01 – 05	动物产品	1.2
第 10 类	47 – 49	纸张	0.8	第 2 类	06 – 14	植物产品	1.2
第 12 类	64 – 67	轻工产品	0.7	第 8 类	41 – 43	皮革制品	1.1
第 8 类	41 – 43	皮革制品	0.5	第 17 类	86 – 89	运输设备	1.1
第 2 类	06 – 14	植物产品	0.4	第 9 类	44 – 46	木及其制品	0.5
		其他	1.2			其他	1.2

资料来源：中国商务部网站国别报告 https：//countryreport. mofcom. gov. cn/record/index110209. asp。

随着改革开放的深入，中国的经济发展已经取得了令人瞩目的成就，这导致中国经济与印度经济之间产生了差距，因此对于印度而言，中国经济的迅猛发展已经对其造形成了巨大的挑战。此外，拥有市场经济体系的印度一直认为中国的产品与其自身价值不相符。这些导致中印之间的贸易摩擦不断发生，印度已成为对中国实施贸易保护措施最多的国家。根据 WTO 组织非关税壁垒数据库的数据统计，以反倾销为例，1995 ~ 2018 年间印度对华发起反倾销调查高达 101 起，占到国外对华反倾销调查案件总数的 15.73%，位于国外对华反倾销调查案件数的第二位。

3.2.3　中欧贸易摩擦

作为全球最重要的经济体之一，欧盟与中国一直有着非常密切的经贸往来，中欧贸易是推进中国经济发展的"催化剂"。1979 年中欧的货物贸易额仅有 46.9 亿美元，占到中国当年货物进出口总额的 16%，但却仅占到欧共体货物贸易总额中 0.6%。自中国改革开放以来，中欧之间的贸易一直呈现稳步发展的态势。根据中国商务部数据统计，由图 3-3 可知，2012~2018 年间中欧双边货物贸易规模在整体呈现明显的上升趋势，从 5561 亿美元增长到 7086 亿美元，年均增长 4.57%，其中，中国对欧盟的货物出口额从 3720 亿美元增长到 4635 亿美元，年均增长 4.10%，中国自欧盟的货物进口额从 1841 亿美元增长到 2451 亿美元，年均上涨幅度为 5.52%。截止到 2018 年，欧盟已连续 15 年成为中国最大的贸易伙伴，而中国自 2017 年开始成为欧盟最大的进口贸易伙伴和第二大贸易出口对象国。

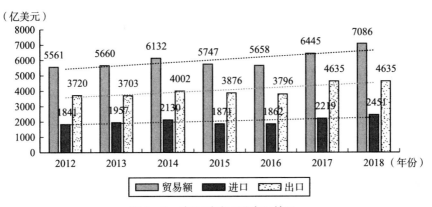

图 3-3　中国对欧盟进出口情况

资料来源：中国商务部网站国别报告 https：//countryreport. mofcom. gov. cn/record/in-dex110209. asp。

从表 3-10 可以得知，在中欧贸易中，欧盟自中国进口的产品为机电产品、纺织品、家具、贱金属及制品、化工产品、塑胶、矿产品、光学、钟表和医疗设备、鞋、伞类等产品，而欧盟向中国出口的产品为机电产品、运输设备、化工产品、光学、钟表、医疗设备、贱金属及制品、塑胶、矿产品以及食品、饮料和烟草等。

表 3 – 10　　　　中欧贸易往来商品分类表构成（2017 年）

欧盟自中国进口产品				欧盟向中国出口产品			
分类	HS 编码	商品类别	占比（%）	分类	HS 编码	商品类别	占比（%）
类	章	总值	100. 0	类	章	总值	100. 0
第 16 类	84 – 85	机电产品	50. 0	第 16 类	84 – 85	机电产品	31. 1
第 11 类	50 – 63	纺织品	10. 0	第 17 类	86 – 89	运输设备	23. 4
第 20 类	94 – 96	家具、玩具	9. 3	第 6 类	28 – 38	化工产品	10. 4
第 15 类	72 – 83	贱金属及其制品	6. 3	第 18 类	90 – 92	钟表、医疗设备	6. 6
第 6 类	28 – 38	化工产品	4. 4	第 15 类	72 – 83	贱金属及其制品	6. 4
第 7 类	39 – 40	塑料、橡胶	3. 7	第 7 类	39 – 40	塑料、橡胶	4. 0
第 18 类	90 – 92	钟表、医疗设备	3. 2	第 5 类	25 – 27	矿产品	3. 8
第 12 类	64 – 67	轻工产品	3. 0	第 4 类	16 – 24	食品、烟草	3. 0
第 17 类	86 – 89	运输设备	2. 7	第 1 类	01 – 05	动物产品	2. 2
第 8 类	41 – 43	皮革制品	1. 8	第 10 类	47 – 49	纸张	1. 9
第 13 类	69 – 70	陶瓷、玻璃	1. 4	第 11 类	50 – 63	纺织品	1. 8
第 10 类	47 – 49	纤维素浆、纸张	0. 8	第 20 类	94 – 96	家具、玩具	1. 1
第 1 类	01 – 05	动物产品	0. 7	第 8 类	41 – 43	皮革制品	1. 0
第 9 类	44 – 46	木及其制品	0. 7	第 9 类	44 – 46	木及其制品	0. 8
第 2 类	06 – 14	植物产品	0. 6	第 13 类	68 – 70	陶瓷、玻璃	0. 7
		其他	1. 5			其他	1. 9

资料来源：中国商务部网站国别报告 https：//countryreport. mofcom. gov. cn/record/index110209. asp。

　　从中欧进出口结构可以看出，在欧洲对中国出口的产品中，机电产品及运输设备、化工产品的比重较大，三类产品占欧洲对中国出口总额的 64. 9%，而在中国向欧洲出口的产品中，机电产品的比重最大，占到中国对印度出口总额的 50%，其次纺织、家具、玩具及贱金属制品的比重占到 25. 6%。这说明欧盟对中国出口的产品以资本密集型产品为主，而在中国对欧盟出口的产品中以资本密集型及劳动密集型产品为主，此种情况导致了贸易不均衡，由于中欧之间的贸易失衡也越来越严重，由此导致近年来欧盟一直频繁地对中国挑起贸易摩擦。以反倾销为例，根据 WTO 组织非关税壁垒数据库的数据统计，1995～2018 年间欧盟对华发起反倾销诉讼 60 起，占到国外对华反倾销调查案件总数的 9.35%，位于各国对华反倾销案件总数的第四位。

3.2.4 中日贸易摩擦

作为亚洲地区的两个重要经济体，中国和日本之间的经贸关系经历了"政冷经热"及"政冷经冷"的阶段。自中日建交以来，两国之间的经贸往来十分密切，相比于近些年，两国在早年间的经贸往来程度与依赖性实际更强，据中国海关总署 2003 年统计显示，从 1993～2003年，日本连续十年成为中国最大的贸易伙伴。自 2009 年开始中国已经超过欧盟成为日本第二大贸易伙伴国，而日本已成为中国第四大贸易伙伴。近年来，受到中日政治摩擦的影响，中国与日本之间由于经贸往来有所减缓，出现"政冷经冷"的局面。根据中国商务部数据统计，由图 3-4 可知，2012～2018 年间中国对日本的货物贸易额整体呈现明显的下滑趋势，双边货物贸易额从 3326 亿美元下降到 2973 亿美元，年平均收窄幅度为 1.98%，其中，中国对日本的货物出口额从 1884 亿美元下跌到 1644 亿美元，年均下跌 2.43%，中国自日本的货物进口额也从1442 亿美元下降到 1329 亿美元，年均下跌幅度为 1.31%。

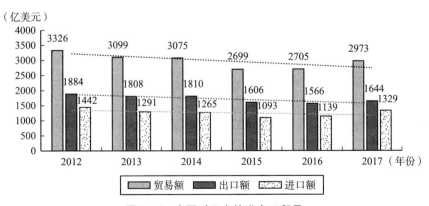

图 3-4 中国对日本的进出口贸易

资料来源：中国商务部网站国别报告 https://countryreport.mofcom.gov.cn/record/index110209.asp。

从表 3 – 11 可以看出日本自中国进口的主要商品为机电产品、纺织品及原料、家具玩具、贱金属及制品、化工产品及塑料、橡胶等产品；而日本向中国出口的产品为机电产品、化工产品、运输设备、光学、钟表、医疗设备、贱金属及制品及塑料、橡胶等产品。

表 3 – 11　　　　　　中日贸易往来商品分类（2017 年）

日本自中国进口主要商品构成				日本对中国出口主要商品构成			
分类	HS 编码	商品类别	占比（%）	分类	HS 编码	商品类别	占比（%）
类	章	总值	100	类	章	总值	100
第 16 类	84 – 85	机电产品	45.8	第 16 类	84 – 85	机电产品	42.3
第 11 类	50 – 63	纺织品	13	第 6 类	28 – 38	化工产品	10.5
第 20 类	94 – 96	家具、玩具	6.5	第 17 类	86 – 89	运输设备	9.4
第 15 类	72 – 83	贱金属及其制品	5.3	第 18 类	90 – 92	钟表、医疗设备	9.1
第 6 类	28 – 38	化工产品	5.1	第 15 类	72 – 83	贱金属及其制品	9.1
第 7 类	39 – 40	塑料、橡胶	3.5	第 7 类	39 – 40	塑料、橡胶	6.9
第 18 类	90 – 92	钟表、医疗设备	3.4	第 11 类	50 – 63	纺织品	1.8
第 4 类	16 – 24	食品、烟草	2.9	第 20 类	94 – 96	家具、玩具	1.4
第 17 类	86 – 89	运输设备	2.7	第 13 类	68 – 70	陶瓷、玻璃	1.3
第 12 类	64 – 67	轻工产品	2.2	第 5 类	25 – 27	矿产品	1
第 8 类	41 – 43	皮革制品	1.6	第 10 类	47 – 49	纸张	1
第 2 类	06 – 14	植物产品	1.6	第 14 类	71	贵金属及其制品	0.7
第 13 类	68 – 70	陶瓷、玻璃	1.3	第 1 类	01 – 05	动物产品	0.2
第 5 类	25 – 27	矿产品	1	第 4 类	16 – 24	食品、烟草	0.2
第 9 类	44 – 46	木及其制品	1	第 9 类	44 – 46	木及其制品	0.1
		其他	3.2			其他	5

资料来源：中国商务部网站国别报告，https：//countryreport. mofcom. gov. cn/record/index110209. asp。

从中日进出口结构可以看出，在日本对中国出口的商品中，机电产品和运输设备占到 51.7%，化工产品、光学设备、贱金属制品及塑胶制品占到 35.6%，而在中国向日本出口的产品中，机电产品的比重最大，占到 45.8%，其次纺织、家具、玩具、贱金属制品及化工产品占到 29.9%。这说明日本对中国出口的产品以资本密集型及资源密集型产品为主，而在中国对日本出口的产品中以资本密集型及劳动密集型产品为主。随着中日之间的贸易规模呈现下降态势，双边贸易不平衡没有出现扩大化的态势，因此近年来中日之间的贸易摩擦也较少，以反倾销为例，1995～2018 年间日本对中国发起的反倾销调查仅有 1 起。

3.3　中外贸易摩擦的原因

关于贸易摩擦的成因，本书主要从经济原因，政治原因及体制问题三个方面进行阐述，其中经济原因分别从形成贸易摩擦的宏观经济（贸易失衡）和中观经济（产业升级）两个层面进行分析。

3.3.1　贸易失衡

根据宏观贸易摩擦理论，凯恩斯的贸易顺差理论指出当贸易一方出现巨额贸易逆差时则贸易摩擦就不可避免，即当出现严重的贸易逆差时，一国为了实现国内收支平衡及保护本国的经济而实施贸易保护措施，从而产生贸易摩擦。在 GVC 分工快速发展的背景下，各国在全球价值链中的产业地位存在着明显的位势差，这极易产生贸易逆差，并随之呈现上升趋势。作为世界第一出口大国，中国对很多国家出口大规模、多种类的商品，因此这也导致中国与很多国家之间存在严重的贸易失衡，使得中国长期以来成为遭受贸易摩擦最多的国家。

3.3.1.1　中美贸易失衡情况

随着产品内分工的深化，中国已经深入参与到 GVC 分工中来，且已在很大程度上取代了日本、韩国等东亚经济体对美国的贸易顺差，尤其是中国在 2001 年加入 WTO 后，随着双边贸易额大幅地增长，美国对中国的贸易逆差日益严重。从图 3 - 5 可知，根据中国商务部的数据统计，2012～2018 年美国对中国的贸易逆差从 3551 亿美元增长到了 4192 亿美元，呈现稳步增长态势，年均增长为 3%，其中 2018 年最为突出，增长幅度达到了 11.6%。严重的贸易失衡导致中美贸易摩擦频繁地爆发，尤其是自 2005 年以来人民币升值了 40%，美元兑人民币贬值则导致美国对中国的贸易逆差更加严重。面对中美之间日益扩大的贸易失衡，自 2017 年特朗普上任以来，美国新政府鼓吹单边主义、保护主义和经济霸权主义，企图通过极端压力把自身利益强加于中国。中美贸易的严重失衡更是成为美国挑起 2018 年中美贸易摩擦的直接原因，其直接目的是迫使中国加大对美国市场开放的力度，深层次目的在于试图以中美贸易摩擦来遏制中国经济的崛起。

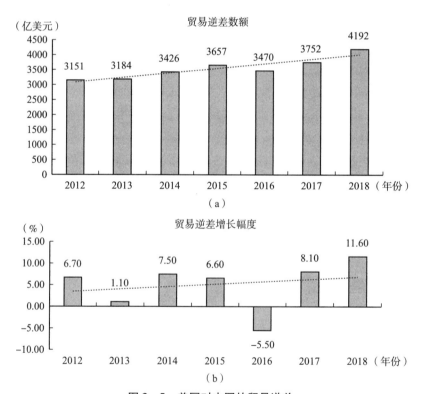

图 3 - 5　美国对中国的贸易逆差

资料来源：中国商务部网站国别报告，https：//countryreport. mofcom. gov. cn/record/index110209. asp。

3.3.1.2　中印贸易失衡情况

长期以来，中国对印度的出口规模呈现增长的态势，而印度对中国的出口规模呈现下降态势，这导致了印度与中国一直以来存在贸易失衡，且贸易失衡程度不断加大。根据中国商务部数据，从图3-6可以看出，2012~2018年印度对中国的贸易逆差呈现飞速上涨的态势，从77亿美元增加到572亿美元，年均增长达到了100.7%，其中2013年、2017年贸易逆差的增长幅度更是超了300%。正因如此，以中印之间的双边贸易严重失衡为由，印度频繁地对中国发起贸易保护主义措施，成为近年来对来源中国的进口商品采取进口限制措施最多的国家之一。

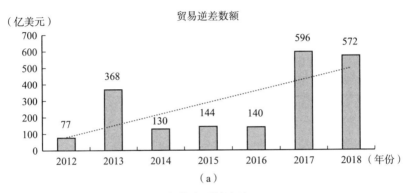
（a）

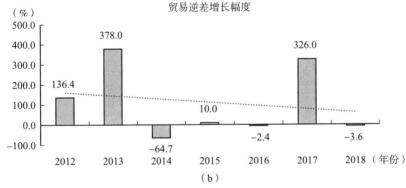
（b）

图3-6 印度对中国的贸易逆差

资料来源：中国商务部网站国别报告，https：//countryreport. mofcom. gov. cn/record/index110209. asp。

3.3.1.3 中欧贸易失衡情况

欧盟与中国一直以来存在巨大的进出口逆差，并且逆差数额在近年来不断地增长。根据中国商务部的数据统计，从图3-7可以看出，

2012～2018 年间欧盟对中国的贸易逆差在各年度呈现稳步增长态势，从 1879 亿美元增加到 2184 亿美元，上涨幅度达到了年均 2.71%。由于欧盟与中国之间存在着日益扩大的贸易失衡，欧盟不断地对中国发起贸易保护，成为近年来对中国商品采取限制进口措施数量位列前三位的国家之一。

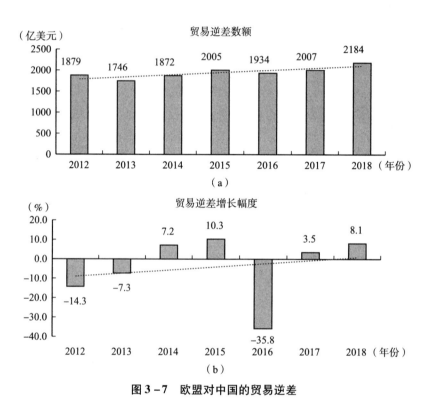

图 3 - 7　欧盟对中国的贸易逆差

资料来源：中国商务部网站国别报告，https：//countryreport. mofcom. gov. cn/record/index110209. asp。

3.3.1.4　中日贸易失衡情况

近几年，中日之间的经贸往来有所放缓，两国之间的贸易逆差也在有所下降，根据中国商务部数据，从图 3 - 8 可以看出，2012～2018 年间随着中日双边贸易规模的递减，日本对中国贸易逆差也有所下滑，从 2012 年的 422 亿美元下降到 2018 年的 315 亿美元，下跌幅度达到了年均 4.23%。由于两国之间的贸易往来放缓，贸易逆差也随之不断缩小，呈现下滑趋势，因此近年来中日贸易摩擦也呈现减少态势。

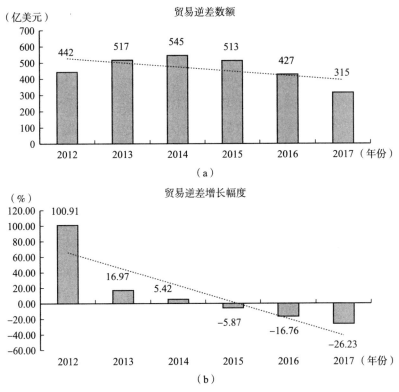

图 3 - 8　日本对中国的贸易逆差

资料来源：中国商务部网站国别报告，https：//countryreport. mofcom. gov. cn/record/index110209. asp。

3.3.2　产业升级

　　根据贸易摩擦理论，从中观层面的产业均衡角度来看，国与国之间的贸易往来如果实现了产业间的结构性互补，则两国之间的贸易往来则中和共赢；相反，如国与国之间的产业结构发生了静态部分重构及动态部分不相匹配，则两国之间的贸易摩擦就会频繁发生。换句话说，当国与国之间的生产水平越接近、产品结构越相似、产品替代性越强，则两国在国际市场上的竞争就会日益激烈，贸易摩擦则会不可避免地存在；反之，则两国之间的贸易摩擦也会相对越少或者不存在。

在 GVC 时代,各国由于经济发展水平的不同而在 GVC 上处于不同的产业位置。很多发达国家由于其掌握着世界上最先进的高新技术而雄踞 GVC 的上游地位,而发展中国家因为主要从事简单的加工制造业而主要处于 GVC 的下游地位。但随着新兴国家的崛起,发达国家与发展中国家出于各种原因,并未按照比较优势理论进行产品分工与贸易往来,发展中国家开始介入高新技术产业,由此引发部分产业结构重构,但动态的结构性连锁变动关系未能形成,梯度技术也未形成良好的链条,因此导致产业分工的链条在国际层次上断开。针对这种情况,发达国家为了保持其在 GVC 上的地位不断地对发展中国家的相关产业甚至其整体经济进行打压和限制,由此加剧了国家之间的竞争与摩擦。

随着垂直专业化分工急速发展,很多国家实施贸易保护的重心从减少本国的贸易赤字转为抑制他国的产业升级,尤其是当新兴经济体的某些产业试图完成 GVC 上的链条升级时,发达国家就会为抑制其生产率的提升对其实施贸易制裁。

自 2012 年以来,在国家对加工贸易转型升级的宏观引导和政策引导下,中国在 GVC 中的地位呈现出增长的趋势,逐渐提升到 GVC 的中上游位置,具体表现为劳动密集型、资源密集型行业的国际竞争力有所下降,而具有高附加值的资本技术密集型行业、现代服务业的国际竞争力却呈现出显著提升的态势,如中国对美国出口的产品在传统的劳动密集型产品的基础上,增加了高附加值的机电产品和高新技术产品。与此同时,中国大多数制造业在 GVC 中的参与度,包括前向参与度与后向参与度都有所提升,这恰恰说明近年来中国的制造业全面参与到 GVC 中,前端中间品生产和后端产品加工制造的工序也都在不断地延伸,中国已变成为全世界生产产品的"世界工厂"。此外,为制造业的发展提供支撑的金融服务业、交通运输、仓储及邮政业、批发零售业等各种服务业部门及农业部门的前向、后向参与度也在快速地增长,这说明中国的各个行业都已加速参与到 GVC 中来。

随着中国在 GVC 地位的不断上升,中国不断地遭遇到更多的贸易保护,而中国的产业升级问题成为很多国家对华挑起贸易争端的根源。"中国制造 2025"为代表的制造业发展计划致使发达国家对中国产生恐惧,这直接导致了西方国家与中国之间的对立,西方国家为阻止中国赶超而不断对华发起贸易争端。以中美贸易摩擦为例,中美之间的贸易关系、双边贸易往来状况、美国失业率、中国经济增长、WTO 等制度变迁都是美国对华发起贸易摩擦的重要影响因素，而经济发展与产业保护则是其中最主要的原因。参与 GVC 对一国所遭遇的贸易摩擦兼有催化剂及润滑剂作用，因此当中国的某个行业与美国在 GVC 分工中的地位越接近，中美两国在此行业引发贸易摩擦的可能性也越高。为了遏制中国因产业升级而引发的 GVC 重构，美国频繁对华采取贸易保护措施，由此也导致中美贸易摩擦呈现常态化，尤其是在特朗普执政期间，美国政府为了遏制中国的经济增长以及抑制中国制造业的产业升级，不断地改变对华经贸政策，通过对华实施关税壁垒、贸易救济措施、技术贸易壁垒等贸易保护措施阻碍中国的出口贸易，同时还多次调整中国企业赴美投资的非常规贸易保护政策。这导致美国对华实施的贸易救济案件数量也出现大幅度增长，在特朗普执政第一年间，美国政府对华发起的贸易救济案件数量大幅提升，与奥巴马政府最后一年相比，总数量提升了62%。

3.3.3　政治因素

在贸易摩擦产生的成因中．不只源于经济因素，还存在着政治原因。贸易摩擦常常与国家的内生性政治约束有关，与利益集团、政府目标、意识形态差异和国家发展战略等政治因素存在着密切的关联。贸易政策是引发贸易摩擦的基础，贸易政策不仅仅要考虑全社会福利，还包含着一定的政治意图，因此贸易政策不仅反映民生问题，还是不同利益受益者博弈的结果。依据各自的既得目标或既得利益，选民或者公众、政府、官僚及利益集团会对新贸易政策产生需求和供给，在政治市场上相互作用，最终形成一个均衡结果，因此，贸易摩擦更多的是由于利益集团的政治游说及贸易报复等行为所引发。以反倾销为例，反倾销措施作为一种贸易保护工具，更多是由于政治动机而非经济动机，很多国家不再单纯是为维护公平贸易而实施反倾销，其中 3/4 反倾销调查申请与利益集团目标相一致，50% 的反倾销调查申请与贸易报复目标相一致。对于已经频繁实施反倾销的国家，经济原因和战略动机都是很重要的影响因素，而对于刚刚开始使用反倾销的国家而言，战略动机比经济原因更重要。

　　以美国的政治制度与政府贸易政策之间的关系为例，政治制度变化对美国贸易保护措施的实施程度具有显著的影响，在制定贸易政策的过程中，美国国内不同的政治利益相关者，如总统、议会、公众和利益集团会在基于既定的制度环境展开持续的竞争、妥协和联合，最后根据博弈的结果出台具有浓厚政治特点的贸易措施。与此同时，美国民主党和共和党的两党议员的意识形态分化为左右两极，共和党议员支持自由贸易并反对政府的介入，而民主党议员则反对自由贸易，支持贸易保护，而民主党相比共和党对宏观经济形势的变动更加敏感，因此其政治偏好对贸易摩擦具有更明显的影响作用。这一特点在特朗普政府时期表现得更为明显。2017 年美国贸易逆差数额再次达到新高，创近九年来的最高纪录，针对这一问题，民主党则呼吁特朗普政府加大对伙伴国进行单边经济制裁的力度，实施更加激进的贸易保护政策。随后，2018 年 3 月美国决定对总价值约 600 亿美元的中国进口产品征收关税，掀开了历史上最大规模的中美贸易摩擦。在此次中美贸易摩擦中，美国抛弃了双方已经达成的合作协定，采取单边主义措施，不断地出尔反尔，单方面撕毁谈判达成的共识协议，并且不断扩大对中国商品的制裁范围，其背后真正反映了美国为了维护世界第一超级大国的地位，本着打压中国的政治目的和维护国内集团的政治利益的目标而挑起中美贸易摩擦。除了美国，受金融危机的影响，世界各国的经济都受到了重创，因此在世界范围内贸易保护主义持续升温，很多国家频频使用贸易保护措施来限制外国商品进入本国市场，以达到保护本国的产业和贸易利益的目的。

　　除了集团的政治利益，一些国家将中国看作政治对手，对中国实现战略遏制。以美国为例，随着中国经济的崛起和综合国力的提升，美国对中国的认知与情绪开始转变，并对中国的地位及中美关系进行重新界定。2018 年美国国防战略报告指出"美国国家安全的首要问题并不是反恐问题，而是大国之间的战略竞争问题"，并把中国和俄罗斯列为美国长期的"首要战略竞争对手"。落实到具体行动上，2018 年 8 月 13 日美国总统特朗普签署了《2019 年国防授权法案》，而签署此法案的目的是为了更大程度地限制高技术出口，同时防范外国企业通过对本国的投资而获取先进技术。同年 8 月 23 日美国对价值 500 亿美元的中国输美产品加征关税，而这次征税的商品主要针对中国的高科技行业，这恰恰反映了美国遏制中国技术追赶的政治意图。以此可以看出，政治因素也是国外对华实施贸易保护从而引发贸易摩擦的重要影响因素。

3.3.4　体制原因

体制问题也是其他国家不断挑起贸易摩擦的重要原因之一，而这其中最为敏感的问题就是国营贸易制度问题，这个问题是引发国家之间贸易摩擦的关键问题之一。国营贸易制度始建于一战后，这是由于一战导致各国的农业受损及农产品价格严重下跌，欧洲诸国、澳大利亚、新西兰及南非等国亟待恢复农业经济和解决农民生活困顿的问题，因此部分国家的政府设立了农产品营销局以振兴疲软的国内农业经济，而这些机构便是国营贸易企业的最初形态。20 世纪 30 年代初，资本主义国家发生了前所未有的经济危机，传统的西方自由市场经济理论受到经济学们的质疑，而凯恩斯提出的"以国家干预为核心"的国家干预理论与自由贸易背道而驰，从而得到了西方国家的认可，由此开展国营贸易，并通过法律形式确立起来。在此之后，政府对国营企业赋予了特权，国营企业拥有经营政府指定商品的进出口贸易权。国营企业的存在使得政府可以间接控制本国的贸易活动，而这种国营贸易制度一旦被滥用，即可成为各国实施贸易保护的国家工具。为了防止这种情况的存在，关贸总协定（GATT）对此进行了限制，在第 17 条中为缔约国的国营贸易企业设定了具体的制约条件，具体包括非歧视原则和透明度原则。

目前，中国依然存在国营贸易，且对部分商品的进出口以国营贸易方式展开，而这其中的原因是多方面的。首先，在抗战时期中国曾经以战时统治经济模式管理国内经济，无论国内物资管理还是国际外贸出口，皆由政府实行统制政策；其次，新中国成立后，中国对私营经济部门进行了改造，建立了强大的国有经济部门，国营贸易对于中国计划经济时代的经济发展发挥了积极作用；最后，近年来中国实行市场经济制度，但很多关乎国计民生的重要商品的进出口贸易仍由国有企业负责。加入 WTO 后，中国的国营贸易受到 WTO 组织的监管和限制，但是以美国为首的西方各国一直对于中国的体制模式持有质疑态度，指责中国对部分商品出口的监管不到位，并没有履行中国加入 WTO 时的承诺。随着中美关系的正常化及双边经贸往来规模不断地扩大，中国在改革开放初期仍保留着浓厚的计划经济色彩，且中国向美国出口的商品大部分是劳动密集型产品，这些商品基本上具有价格低廉的特点，因此中国的出口触动了美国国会议员和劳工组织的神经，以中国的出口损害到美国劳动者利益和美国经济为由频繁挑起中美贸易争端。1980 年美国对华发起了关于薄荷醇的反倾销调查，此次反倾销调查采用了针对非市场经济国家的"第三国成本标准"，这标志着揭开了中美两国在非市场经济问题上博弈的序幕。

随着中美权力转移及国内贸易保护主义势力的抬头，在中国"入世"15 年后，美国更是拒绝承认中国自动享有"市场经济地位"。美国坚持宣称中国在产业政策、行业标准、审批制度、监管制度和市场干预等方面存在着隐形壁垒，因此中国体制中存在的贸易政策和市场经济体系的不完善等问题也成为各国对华不断发起贸易摩擦的借口。

3.4 本章小结

自改革开放以后，中国对外贸易呈现飞速发展的态势，且中国货物贸易规模在全球贸易市场的地位也在不断攀升，2013 年开始成为"全球货物贸易第一大国"。针对中国的经济发展已取得的重大成就，基于政治经济学层面的考虑，很多国家对中国实施贸易保护措施。

长期以来，中国一直是全球遭遇贸易摩擦最多的国家，具体表现在：（1）中国遭遇反倾销调查情况。近年来中国成为遭受反倾销最多国家，1998～2018 年中国遭受反倾销调查高达 642 起，占到全球反倾销调查总数的 30.28%，其中美国、印度、土耳其是对华实施反倾销数量最多的三个国家。（2）中国遭遇反补贴调查情况。中国是遭受反补贴最多的国家，1998～2018 年中国遭受 116 起反补贴调查，占到全球反补贴总数的 53.21%，其中美国、加拿大、澳大利亚是中国发起的反补贴案件数最多的国家。（3）中国遭遇"特保"措施情况。1998～2013 年中国共遭受 32 起特殊保障措施，其中对华实施特保措施数量位于前三位的国家是印度、美国、厄瓜多尔。（4）中国遭受技术壁垒情况。中国已经连续 13 年成为遭受美国"337 调查"最多的国家，在 1986～2014 年美国对中国共发起 206 起"337 调查"。此外，美国曾先后对中国发起 6 次"301 调查"。

对于中国和各国之间的贸易摩擦情况，本书具体介绍了中印贸易摩擦、中美贸易摩擦、中欧贸易摩擦和中日贸易摩擦。具体有以下几个方面：

（1）中美贸易摩擦。美国作为世界第一强国，22 年来一直是中国的第二大贸易伙伴，而中国自 2015 年开始成为美国最大贸易伙伴。随着中美双边贸易规模不断地扩大，美国对中国也产生了巨额的贸易逆差，因此美国不断对中国挑起贸易摩擦，1998 ~ 2018 年间美国是对华反倾销诉讼数量最多的国家及对华反补贴诉讼数量最多的国家。

（2）中印贸易摩擦。印度作为中国的邻国，近年来两国之间的贸易规模保持着递增式增长。自 2013 年以来，中国是印度的最大贸易伙伴，印度是中国前十大贸易伙伴国之一，也是中国在南亚地区最大的贸易伙伴。但由于产业结构所限，印度能够出口到中国的产品较少，导致中印之间贸易失衡呈现飞速上涨的态势。正因如此，印度频繁地对中国发起贸易保护，成为近年来对进口的中国商品采取进口限制措施最多的国家之一，1998 ~ 2018 年间印度对华发起的反倾销调查案件数为 101件，位居国外对华反倾销案件总数的第二位。

（3）中欧贸易摩擦。欧洲作为中国的第一大贸易伙伴与中国一直有着非常密切的经贸往来，但中欧之间的贸易失衡严重。由于欧盟对中国存在着越来越大规模的贸易逆差，欧盟频繁对中国发起贸易摩擦，1998 ~ 2018 年间欧盟对华发起的反倾销调查案件数为 60 件，位于对华反倾销总数的第四位。

（4）日本作为亚洲最重要的经济体之一，由于诸多的政治原因导致近年来中日之间的经贸往来有所放缓，两国之间的贸易逆差也有所下降，2012 ~ 2018 年日本对中国的贸易逆差年均下跌幅度达到了4.23%。在中日两国出现"政冷经冷"的情况下，近年来中日贸易摩擦也较少。

贸易摩擦往往是由贸易保护所直接引发。当出现严重的贸易逆差时，一国为了保护本国的经济及维护贸易公平而实施贸易保护措施，从而引发贸易摩擦。中国作为世界最大的出口国，很多国家与中国存在着严重的贸易逆差，这导致他们频繁对中国实施贸易保护措施，从而引发两国之间的贸易摩擦。与此同时，随着中国在国际和 GVC 中的地位不断提升，以美国为首的西方国家为了维护本国的霸权地位和政治利益，对中国的高新技术产业进行贸易制裁，以此达到对中国经济进行战略遏制的目的。此外，在加入 WTO 15 年后，中国的经济体制仍然受到质疑，中国的市场经济地位也不被认可，这也成为很多国家对中国发动贸易摩擦的主要原因之一。因此，双边贸易失衡是中外贸易摩擦的直接原因，而西方各国的政治利益及中国的产业升级、市场体制问题都是引发中外贸易摩擦的重要影响因素。

第 4 章

全球价值链视角下中外贸易摩擦
对企业生产率的影响

4.1 引言

自 2001 年加入世界贸易组织以来，中国的进出口贸易呈现持续增长的态势，截止到 2019 年中国已连续十年成为全球货物贸易第一出口大国。随着中国出口贸易额的高速增长，中国与包括美国在内的很多国家之间存在着比较大的贸易失衡，这引发了中外双边贸易摩擦频繁地发生。随着传统贸易壁垒的合法使用受到越来越多的限制，现代贸易壁垒则由于具有更强的灵活性和隐蔽性而被广泛应用，其中反倾销由于具有针对性和操作性的特点而成为各国使用频率最高的贸易保护手段。

早期的反倾销主要由美国、欧盟等发达国家或地区组成的全球反倾销的"原使用者"发起，随着贸易保护主义的抬头，印度、墨西哥、阿根廷、巴西等发展中国家开始使用反倾销作为贸易保护手段，成为全球反倾销措施的"新使用者"，并频繁地对中国发起反倾销诉讼。在 1995～2018 年间中国共遭受 642 起反倾销调查，成为遭受反倾销最多的国家。反倾销已然成为中国企业出口所面临的最重要贸易壁垒，成为制约中国出口企业可持续发展的重要因素。

党的十九大报告指出，中国要加快完善市场经济体制。在经济建设中，企业是一个国家经济建设发展的柱石，企业的可持续发展对于一国经济的增长具有重要意义，而企业生产率是评价企业绩效的重要指标。

随着贸易保护主义浪潮不断高涨，中外贸易摩擦是否会对中国制造业企业的生产率的造成负面影响？如果贸易摩擦对企业生产率存在影响，那么其内在作用机制又是什么？本书将尝试对上述问题进行回答。在由经济全球化决定的全球价值链时代，各国都参与到了全球化的产品内分工之中，因此，随着经济全球化的不断深入和产业内分工的不断细化，产品价值链在世界贸易中呈现出前所未有的垂直分离与再构态势，贸易摩擦对企业的现实影响和潜在影响可能比任何时期都更加明显。

在中国遭遇的国外对华贸易保护措施中，近年来对华反倾销案件数位居全球首位。基于此，本书选取 2000～2007 年对华反倾销案例，研究中外贸易摩擦对中国制造业企业生产率的影响。

4.2 理论机制与研究假设

企业生产率一方面是由企业的厂房、设备、技术、原料、劳动力资源等内部因素所决定，然而另一方面也是会受到国内宏观经济政策、行业科技水平以及国际政治环境、贸易政策等外部因素的影响。一方面贸易摩擦带来的经济制裁会减少出口企业的出口规模和出口销售收入，这会导致出口企业的研发投入不足，影响出口企业创新能力，进而影响出口企业生产率（Chandra & Long，2013[23]；谢申祥等，2017[24]）。另一方面，以实施贸易保护措施为表现形式的贸易摩擦会提升出口产品的成本，这会对出口企业的生产率产生不利的影响。此外，贸易摩擦还会导致一些低生产率企业、单产品企业和直接出口商退出出口市场，这些企业在退出出口市场后将出口产品转向国内销售，因此也挤占了非出口企业的国内市场份额，导致国内竞争加剧，导致非出口企业的销售和利润呈下降的态势，进而影响了非出口企业的生产率水平。

随着产业内分工的不断细化，最终品的生产是由各国生产的中间商品为中间投入要素，即每一个最终品的价值链中包含了一系列中间品投入，这意味着以中间品贸易为特征的全球价值链时代的到来，参与中间品贸易的经济体和出口企业嵌入到全球价值链中，各个经济体或企业之间的联系也越来越密切。两国或多国之间的贸易摩擦往往是以生产的某一个环节或某一生产流程为目标，这会导致价值链的一个环节受到贸易摩擦额冲击后由于全球价值链的级联效应向其他环节扩散，进而将国际冲突对经济的负面影响"放大"，使得一个地区或者一个价值链环节所遭受的负面冲击会迅速地被传递到更多的国家和行业，影响到相关行业的 GVC 关联，进而影响到企业生产率的提升。基于以上理论分析，本书得到假设如下。

假说 1：贸易摩擦所带来的负面冲击可能会对企业生产率产生负向影响，导致企业生产率下降。

假说 2：贸易摩擦影响企业生产率的作用机制表现中外贸易摩擦会通过后影响企业所在行业的 GVC 关联，从而带来企业生产率下降。

4.3　贸易摩擦对企业生产率的影响检验

4.3.1　数据说明及统计性描述

为了检验贸易摩擦对企业生产率的影响，本书以对华反倾销调查为例，采用 2000～2007 年的中国工业企业面板数据，数据主要来源有三个，具体包括中国工业企业数据库、中国海关数据库和全球反倾销数据库。考虑到中国工业企业数据库的数据存在很多问题，如数据缺失、数据统计错误及指标数据异常等，本书对中国工业企业数据库的数据做了相关处理，最终得到的研究样本包括 410450 家企业、1076449 个观测值。

各个变量说明及数量来源及统计性表示见表 4 - 1。本书使用的主要指标来源如下：（1）核心解释变量——行业反倾销强度（AD）。本书采用国民经济行业分类中的 4 分位行业的国外对华反倾销强度作为核心解释变量，以此研究反倾销与企业生产率之间的关系，反倾销强度以国民经济行业分类中的 4 分位行业遭遇反倾销产品的总出口值在本行业总产值中的比重衡量。（2）被解释变量——企业生产率（TFP），本书使用全要素生产率（TFP）来衡量企业生产率水平，全要素生产率根据 LP 方法计算而得，其中 LP 方法是指由莱文索恩和佩特林（Levinsohn & Petrin，2003）所提出的用于测算全要素生产率的一种方法[107]。

表 4 - 1   主要变量说明及数据来源

变量	变量说明	数据来源
TFP	全要素生产率	工业企业数据库，作者根据 LP 法计算而得
Profit	企业利润	工业企业数据库，企业利润总额
AD	反倾销强度	工企、海关、BOWN 的合并数据，遭受反倾销产品的出口值/行业总产值，作者计算而得
Size	企业规模	工业企业数据库，企业总资产（取对数）
Age	企业年龄	工业企业数据库，当年年份 - 企业成立年份 + 1
Export	出口行为	工企、海关合并数据，出口企业取值为 1，否则为 0
State	国有企业	工业企业数据库，国有企业取值为 1，否则为 0
Rate_sal	行业销售增长率	工业企业数据库，（当年销售收入 - 上一年销售收入）/上一年销售收入，作者计算而得
HHI	行业集中度	工业企业数据库，企业总资产在所在行业中总资产中占比的平方和，作者计算而得

关于全要素生产率的测算，通常要对生产函数的形式进行设定。一般而言，生产函数采用 Cobb—Douglas 生产函数进行，将其取对数后的线性方程形式如下：

$$y_t = \beta_t + \beta_1 l_t + \beta_k k_t + \beta_m m_t + \omega_t + \eta_t \qquad (4-1)$$

其中，y_t 代表产出，l_t 代表劳动力，k_t 代表资本，m_t 是中间投入，这些变量都进行取对数处理；ω_t 代表全要素生产率，η_t 是随机误差项。

LP 方法的使用要满足三个假设条件：

第一，中间投入只是受到资本和技术的影响，即中间投入函数为 $m_t = m_t(\omega_t, k_t)$；

第二，中间投入是单调递增的，这意味着，在资本不变的情况下，生产率越高的企业需要的中间投入越多，即可对中间需求函数关于全要素生产率取逆，得到 $\omega_t = \omega_t(m_t, k_t)$；

第三，生产率 ω_t 服从一阶马尔科夫过程，即 $\omega_t = E(\omega_t | \omega_{t-1}) + \xi_t$。

基于上述三个假设条件，式（4 - 1）可以设定为：

$$\beta_t = \beta_1 l_t + \varphi_t(m_t, k_t) + \eta_t \qquad (4-2)$$

其中，

$$\phi_t(m_t, k_t) = \beta_0 + \beta_k k_t + \omega_t(m_t, k_t) \qquad (4-3)$$

LP 方法对于全要素生产率的估计具体分为两个阶段，具体如下：

第一阶段，测算 β_l，具体采用 m_t 和 k_t 的三阶多项近似式（4-3），则式（4-2）可以写为：

$$y_t = \delta_0 + \beta_l l_t + \sum_{i=0}^{3}\sum_{j=0}^{3-j}\delta_{ij}k_t^i m_t^j + \eta_t \tag{4-4}$$

根据式（4-4）进行 OLS 回归估计，则可以得到 β_l 的一致估计 $\hat{\beta}_l$。

第二阶段，通过估算 β_k 和 β_m 得到 ω_t。利用已经测算出的 $\hat{\beta}_l$ 通过式（4-2）计算 $\phi = y_t - \hat{\beta}_l l_t$。将 β_k 和 β_m 的任意可能的备选值记为 β_k^* 和 β_m^*，则可以预测 ω_t 每一期的值，即 $\hat{\omega}_t = \hat{\phi}_t - \beta_k^* k_t - \beta_m^* m_t$。根据式（4-5），通过这些预测值即可得到 $E(\omega_t | \hat{\omega}_{t-1})$

$$\hat{\omega}_t = \gamma_0 + \gamma_1 \omega_{t-1} + \gamma_2 \omega_{t-1}^2 + \gamma_3 \omega_{t-1}^3 + \varepsilon_t \tag{4-5}$$

那么，(β_k^*, β_m^*) 的残差计算则可用写作：

$\hat{\eta}_t + \xi_t = y_t - \hat{\beta}_l l_t - \beta_k^* k_t - \beta_m^* m_t - E(\omega_t | \hat{\omega}_{t-1})$，$\hat{\eta}_t + \xi_t$ 关于 k_t、m_{t-1}、l_{t-1}、m_{t-2}、k_{t-1} 的条件矩阵为 0，则 β_k 和 β_m 的一致估计可以通过 $\min\limits_{(\beta_k^*,\beta_m^*)} \sum_t \{(\sum_h \hat{\eta}_t + \xi_t)Z_{ht}\}^2$ 得到，其中，$Z_t = (k_t, m_{t-1}, l_{t-1}, m_{t-2}, k_{t-1})$，h 代表 Z_t 中的元素。

至此，通过两阶段估计获得的 β_l、β_k 和 β_m 的一致有效估计，通过这些参数可以得到全要素生产率 ω_t 的估计值。

各个变量具体统计性描述结果见表 4-2。TFP 的平均值为 6.423，标准差为 1.149，这说明中国企业全要素生产率水平还较低，且企业之间的生产率水平存在着较大的差异。AD 的最小值和最大值分别为 0 和 0.159，这意味着部分产品所遭受的反倾销强度非常大，在一年中遭遇反倾销的出口值占到本行业总产值的比重达到接近 16%。

表 4-2　　　　　　　　主要变量描述性统计

变量	均值	标准差	最小值	最大值
TFP	6.423	1.149	-2.664	13.847
AD	0.008	0.016	0	0.159
Size	9.616	1.398	0	20.151
Age	10.134	10.168	0	71

续表

变量	均值	标准差	最小值	最大值
Export	0.189	0.391	0	1
State	0.082	0.274	0	1
Rate_sal	0.464	1.443	-1	31.338
HHI	0.019	0.030	0	1

4.3.2 计量模型设定

本书以对华反倾销为例考察贸易摩擦对中国工业企业生产率的影响，因此，设定的计量模型如下：

$$TFP_{ijt} = \beta_0 + \beta_{11}AD_{jt} + \beta_{12}X_{ijt} + \beta_{13}I_{jt} + u_t + u_h + \varepsilon_{ijt} \quad (4-6)$$

其中，下标 i 表示企业，j 表示国民经济行业分类中的 4 分位行业，t 表示年份。TFP_{ijt} 表示处于行业 j 的企业 i 在第 t 年的全要素生产率水平。核心变量 AD_{jt} 表示行业 j 在第 t 年所遭受的反倾销强度，其系数 β_{11} 刻画了国外对华发起反倾销调查对中国企业生产率的影响程度。X_{ijt} 表示企业层面的控制变量，本书将企业规模、企业年龄两个变量及国有企业、出口行为等虚拟变量作为控制变量。I_{jt} 表示行业层面的控制变量，本书采用行业销售增长率和行业集中度作为控制变量，其中行业集中度通过赫芬达尔—赫尔曼指数（HHI）计算获得。此外，为了控制各个企业之间存在着不随行业和时间变化的特征差异，特在模型（4-6）中加入了行业固定效应和年份固定效应以反映这些差异，u_h、u_t 分别代表表示行业、年份固定效应。ε_{ijt} 表示随机扰动项。

4.3.3 回归结果

本书根据模型（4-6）检验国外对华反倾销对中国企业生产率的影响，OLS 回归的结果如表 4-3 所示。第（1）列检验对华反倾销对中国企业全要素生产率的影响，结果显示，在控制年份、行业固定效应的情况下，AD 的回归系数显著为负。第（2）列在第（1）列的基础上加入控制变量，从估计结果中可以发现，AD 回归系数的符号没有根本性改变，依然显著为负。综上可以看出，对华反倾销对中国企业的全要素生产率具有明显的负向影响，这意味着国外对华实施反倾销显著地抑制了中国企业生产率的提升。从而也检验了上文的假说1。

表 4 - 3　　　　　　　　　反倾销对企业生产率的影响检验

变量	TFP (1) OLS	TFP (2) OLS	TFP (3) IV
AD	- 7.914*** (0.150)	- 3.379*** (0.128)	- 1.880*** (0.195)
Size	—	0.433*** (0.001)	- 0.004*** (0.000)
Age	—	- 0.004*** (0.000)	0.434*** (0.001)
Export	—	0.015*** (0.003)	0.015*** (0.003)
State	—	- 0.560*** (0.004)	- 0.561*** (0.004)
Rate_sal	—	0.005*** (0.001)	0.005*** (0.001)
HHI	—	0.168*** (0.033)	0.193*** (0.034)
Constant	6.195*** (0.012)	2.359*** (0.013)	2.364*** (0.013)
Cragg – Donald Wald F 统计量	—	—	8.1e + 05 ⌊16.38⌋
Anderson LM 统计量	—	—	4.6e + 05 [0.000]
年份固定效应	是	是	是
行业固定效应	是	是	是
Observations	1076449	1076449	1076449
R²	0.074	0.335	0.335

注：（1）括号内为标准差，***、** 和 * 分别表示 1%、5% 和 10% 显著性水平；（2）Cragg – Donald Wald F 统计量为弱工具变量识别检验，大括号内的数值为 10% 水平的临界值；（3）Anderson LM 统计量为工具变量识别不足检验，中括号内的数值为相应报告的 P 值。

4.3.4　内生性讨论

上面使用 OLS 回归检验对华反倾销对中国企业生产率的影响，这可能存在解释变量与扰动项相关的内生性问题。内生性问题一般是由三个问题产生：（1）遗漏变量。尽管本书在 OLS 回归模型的设定中尽可能控制影响企业生产率活动的多种因素，但仍存在遗漏部分变量的可能性。（2）测量误差。本书使用 LP 方法测算企业生产率水平，采用发起反倾销调查案件衡量反倾销，这些衡量指标都可能存在着由于代理不充分而存在的测量误差。（3）双向因果。反倾销与企业生产率可能存在双向因果关系，即一方面反倾销会对企业生产率产生影响；另外，企业生产率水平过高亦可能引发反倾销报复。对于可能存在的内生性问题，本书进行了 Hausman 检验，结果显示模型（4-6）存在与扰动项相关的内生解释变量。为解决存在的内生性问题，本书使用 4 分位行业反倾销强度的上一级（2 分位行业）均值作为工具变量，以解决内生性问题。这是由于 2 分位行业反倾销强度通过 4 分位行业反倾销强度计算而得到，2 分位行业反倾销强度大小取决于 4 分位行业反倾销强度，4 分位行业反倾销强度越大则 2 分位行业反倾销强度越大，二者具有高度的相关性。采用工具变量法回归的估计结果见表4-3第（3）列，采用 2 分位行业反倾销强度作为工具变量回归的估计结果显示，核心解释变量 AD 的系数符号、显著性都没有发生根本性改变，结果依然成立。

对于所选取的工具变量是否具有合理性，本书对表4-3第（3）列所使用的工具变量法回归进行了相关统计检验：（1）用于"弱工具变量"检验的 Cragg - Donald Wald F 统计量均大于 10% 水平的临界值 16.38，这意味本书所选用的工具变量与内生解释变量存在高度相关关系。（2）用于"识别不足"检验的 Anderson LM 统计量对应的 p 值为 0.001，通过 1% 的显著性水平检验，这表明不存在工具变量个数小于内生解释变量个数的问题。此外，本书在工具变量回归中，由于只选取了一个工具变量，而其数目正好等于内生解释变量个数，因此不存在过度识别问题。以上相关统计检验结果说明本书选取的工具变量是合适的，因此，内生性问题处理的结果仍然表明对华反倾销是影响中国企业生产率提升的重要因素。

4.3.5 稳健性检验

以上结论证明了对华反倾销对中国企业生产率存在显著的负向影响，然而这一结论是否稳健？本书从采用企业生产率的新代理指标、反倾销事件的新度量指标以及剔除样本极端值等方面进行稳健性检验。

4.3.5.1 生产率的其他衡量

在前文中，本书使用 LP 法计算得到了 TFP 的具体值，考虑到 TFP 的测算方法不胜枚举，为了确保研究的稳健性，本书以 OP 法重新测算 TFP。OP 法是指奥利和佩克斯（Olley & Pakes，1996）提出的计算 TFP 的一种方法[108]。本书使用 OP 法计算得到新的 TFP 数据，并将其作为被解释变量重新进行 OLS 回归，其回归结果见表 4 - 3 第（1）列。观察结果发现，对华反倾销导致中国企业生产率水平出现了明显的下降，这说明使用 OP 法得到的 TFP 进行相关检验并不会对本书的核心结论产生显著的影响，因而本书的核心结论是稳健的。

表 4 - 4 稳健性检验

变量	TFP 再度量	反倾销再度量	剔除异常值
	TFP （1）	TFP （2）	TFP （3）
AD	- 3. 410 *** （0. 129）	- 92. 998 *** （33. 229）	- 3. 222 *** （0. 122）
Size	0. 430 *** （0. 001）	0. 434 *** （0. 001）	0. 414 *** （0. 001）
Age	- 0. 004 *** （0. 000）	- 0. 004 *** （0. 000）	- 0. 004 *** （0. 000）
Export	- 0. 004 （0. 002）	0. 014 *** （0. 003）	0. 022 *** （0. 002）
State	- 0. 563 *** （0. 004）	- 0. 561 *** （0. 004）	- 0. 516 *** （0. 004）

续表

变量	TFP 再度量	反倾销再度量	剔除异常值
	TFP （1）	TFP （2）	TFP （3）
Rate_sal	0. 005 *** （0. 001）	0. 005 *** （0. 001）	0. 005 *** （0. 001）
HHI	0. 195 *** （0. 034）	0. 225 *** （0. 033）	0. 105 *** （0. 032）
Constant	2. 175 *** （0. 012）	2. 370 *** （0. 013）	2. 543 *** （0. 012）
年份固定效应	是	是	是
行业固定效应	是	是	是
Observations	1036998	1076449	1076449
R-squared	0. 325	0. 335	0. 336

注：括号内为标准差，***、** 和 * 分别表示 1%、5% 和 10% 显著性水平。

4. 3. 5. 2　反倾销事件的其他衡量

由于反倾销从程序上主要分为两个阶段：发起反倾销调查和反倾销裁定。本书研究显示发起对华反倾销调查对中国企业生产率具有抑制作用，那么对华反倾销裁定阶段是否也会对中国企业生产率产生抑制作用？为了更全面、准确地估计反倾销对企业生产率的影响，本书采用反倾销裁定案件[①]重新检验对华反倾销对中国企业生产率的影响，其 OLS 回归的估计结果如表 4 - 4 第（2）列所示。从结果可以看出，对华反倾销裁定对中国企业生产率也具有明显的抑制作用。这一结果再次验证了本书的结论是稳健的。

4. 3. 5. 3　异常样本点处理

在研究样本中存在与平均值的偏差超过两倍标准差的异常值，即存在 TFP 值异常高或者异常低的企业，那么这些异常值的存在是否会对本

---

① 考虑到反倾销初步裁定的案件数较多，本书重点检验反倾销初步裁定对企业生产率的影响。

书的结论产生影响？为保证对样本估计的准确性，本书对 TFP 分别在样本 1%、99% 分位数处进行缩尾处理。在对进行缩尾处理后的样本重新 OLS 回归后，对应的估计结果见表 4 - 4 第 (3) 列。结果显示，在对样本进行缩尾处理后，AD 系数的符号依然显著为负，因此这些异常值对本书的核心结论没有产生明显的影响。本书的结论在对样本进行缩尾处理后仍然稳健。

4.4　异质性检验

4.4.1　基于出口行为异质性检验

从前面检验结果得知反倾销对企业生产率具有明显的负面影响，那么反倾销对出口企业和非出口企业的生产率的影响是否存在差异？为了揭示这一问题，本书利用模型 (4 - 6) 对出口企业和非出口企业样本分别 OLS 回归，具体的估计结果见表 4 - 5。从第 (1) 列和第 (2) 列的结果可知，在两类子样本中，AD 的系数均显著为负，表明反倾销对出口企业和非出口企业的 TFP 均有抑制作用。为了探究反倾销对出口企业 TFP 的负向影响大还是对非出口企业 TFP 的负向影响大，本书引入交叉项 "AD * Export" 来进行组间差异的检验，其中 Export 代表企业的出口行为，当企业为出口企业时 Export 的取值为 1，否则 Export 的取值为 0。第 (3) 列中交叉项的系数显著为负，这个结果证实了反倾销对两组企业 TFP 的负向影响存在明显的差异，而反倾销对出口企业 TFP 的负向影响与非出口企业相比更明显。

表 4 - 5　　　　　　　　基于出口行为的异质性检验

变量	出口企业	非出口企业	All
	TFP (1)	TFP (2)	TFP (3)
AD	- 0. 959 *** (0. 305)	- 3. 772 *** (0. 141)	- 2. 946 *** (0. 131)

变量	出口企业	非出口企业	All
	TFP (1)	TFP (2)	TFP (3)
AD * Export	—	—	−2.146*** (0.144)
Size	0.506*** (0.002)	0.411*** (0.001)	0.433*** (0.001)
Age	−0.002*** (0.000)	−0.004*** (0.000)	−0.004*** (0.000)
Export	—	—	0.033*** (0.003)
State	−0.239*** (0.012)	−0.591*** (0.004)	−0.559*** (0.004)
Rate_sal	0.002 (0.001)	0.005*** (0.001)	0.005*** (0.001)
HHI	0.398*** (0.076)	0.072* (0.037)	0.168*** (0.033)
Constant	2.019*** (0.158)	2.564*** (0.014)	2.362*** (0.013)
年份固定效应	是	是	是
行业固定效应	是	是	是
Observations	203419	873030	1076449
R^2	0.402	0.306	0.335

注：括号内为标准差，***、**和*分别表示1%、5%和10%显著性水平。

4.4.2 基于所有制性质的异质性检验

为了考察反倾销对不同所有制企业 TFP 的影响，本书对国有企业和非国有企业两个子样本进行了相关检验，对应的回归结果如表 4 - 6 所示。从第（1）列和第（2）列的 OLS 回归的结果可以看出，对于国有企业和在非国有企业而言，AD 的系数都在 1% 显著性水平上为负，这表明反倾销对国有企业和非国有企业的 TFP 均具有明显的负面影响。为了探究反倾销对国有企业 TFP 的影响和对非国有企业 TFP 的影响哪一个更明显，本书引入交叉项"AD * State"来进行组间差异的检验，其中 State 代表企业所有制性质，当企业为国有企业时 State 的取值为 1，否则 State 的取值为 0。第（3）列中交叉项的系数显著为负，这个结果证实了反倾销对两组企业 TFP 的负向影响存在明显的差异，与非国有企业相比，反倾销对国有企业 TFP 的负向影响更明显。

表 4 – 6　　　　　　　　　　基于所有制性质的异质性检验

变量	国有企业	非国有企业	All
	TFP （1）	TFP （2）	TFP （3）
AD	− 8.083 *** （0.690）	− 3.113 *** （0.128）	− 3.537 *** （0.128）
AD * state	—	—	− 5.832 *** （0.325）
Size	0.566 *** （0.002）	0.408 *** （0.001）	0.433 *** （0.001）
Age	− 0.009 *** （0.000）	− 0.003 *** （0.000）	− 0.004 *** （0.000）
Export	0.313 *** （0.015）	0.017 *** （0.002）	0.015 *** （0.003）
State	—	—	− 0.580 *** （0.004）
Rate_sal	0.012 *** （0.002）	0.003 *** （0.001）	0.005 *** （0.001）
HHI	− 0.169 （0.113）	0.153 *** （0.035）	0.161 *** （0.033）
Constant	0.343 *** （0.039）	2.637 *** （0.013）	2.366 *** （0.013）
年份固定效应	是	是	是
行业固定效应	是	是	是
Observations	87746	988703	1076449
R^2	0.535	0.289	0.336

注：括号内为标准差，*** 、** 和 * 分别表示 1%、5% 和 10% 显著性水平。

从前面检验的结果可知，对华反倾销对中国工业企业生产率产生了明显的负向影响。那么，对华反倾销影响中国企业生产率的传导路径是什么呢？反倾销的实施会直接影响到企业所在行业的 GVC 关联。为了检验企业所在行业的 GVC 关联是否是反倾销影响企业生产率的传导机制，本书应用中介效应模型对此进行直接检验和刻画。

参考中介效应模型，反倾销对企业生产率的影响机制通过以下模型进行估计：

$$TFP_{ijt} = \beta_0 + \beta_{11}AD_{jt} + \beta_{12}X_{ijt} + \beta_{13}I_{jt} + u_t + u_h + \varepsilon_{ijt} \quad (4-7)$$

$$GVC_{jt} = \beta_0 + \beta_{21}AD_{jt} + \beta_{22}X_{ijt} + \beta_{23}I_{jt} + u_t + u_h + \varepsilon_{ijt} \quad (4-8)$$

$$TFP_{ijt} = \beta_0 + \beta_{31}AD_{jt} + \beta_{32}GVC_{jt} + \beta_{33}X_{ijt} + \beta_{34}I_{jt} + u_t + u_h + \varepsilon_{ijt}$$

$$(4-9)$$

在以上模型中，模型（4-7）中系数 β_{11} 为反倾销对企业生产率的总效应；模型（4-8）中系数 β_{21} 为反倾销对中介变量 GVC 的影响效应；模型（4-9）中 β_{32} 是在控制了反倾销的影响后中介变量 GVC 关联对企业生产率的效应；若 β_{21} 和 β_{32} 是显著的，则说明中介效应存在；系数 β_{31} 是在控制了中间变量——GVC 关联的影响后，反倾销对企业生产率的影响效应。其中，GVC_{jt} 代表行业 j 的全球价值链关联程度，以行业出口中的国外附加值占该行业总出口的比重衡量，其代表行业出口最终产品中使用的进口中间产品的比重。

表 4-7 是对模型（4-7）~模型（4-9）进行 OLS 回归的估计结果。第（1）列的回归结果表明，从整体来看，对华反倾销对中国出口企业生产率存在显著的负面影响。第（2）列的回归结果显示 AD 的系数显著为负，而第（3）列在第（1）列的基础上加入"GVC"这一中介变量，结果显示 GVC 的系数显著为正，这说明：一方面仍然呈现出对华反倾销对中国行业 GVC 关联存在负向影响，另一方面行业 GVC 关联实际上对于企业生产率具有重要的提升作用。以上三列则说明了一个重要问题：模型中介效应存在，对华反倾销对行业的 GVC 关联带来了负向影响，而变动的行业 GVC 关联带来了企业生产率的下跌。说明以

上检验结果表明，GVC 关联是对华反倾销影响中国企业生产率的传导渠道。从而也说明上文的假说 2 成立。

表 4 – 7　　　　　　　　反倾销对企业生产率的影响机制检验

变量	TFP (1)	GVC (2)	TFP (3)
AD	− 3. 379 *** (0. 128)	− 0. 012 *** (0. 001)	− 3. 457 *** (0. 130)
GVC	—	—	0. 503 *** (0. 087)
Size	0. 433 *** (0. 001)	− 0. 000 *** (0. 000)	0. 434 *** (0. 001)
Age	− 0. 004 *** (0. 000)	0. 000 (0. 000)	− 0. 004 *** (0. 000)
Export	0. 015 *** (0. 003)	—	0. 017 *** (0. 003)
State	− 0. 560 *** (0. 004)	− 0. 000 (0. 000)	− 0. 560 *** (0. 004)
Rate_sal	0. 005 *** (0. 001)	− 0. 000 *** (0. 000)	0. 006 *** (0. 001)
HHI	0. 168 *** (0. 033)	0. 006 *** (0. 000)	0. 188 *** (0. 034)
Constant	2. 359 *** (0. 013)	0. 236 *** (0. 000)	2. 221 *** (0. 024)
年份固定效应	是	是	是
行业固定效应	是	是	是
Observations	1076449	1052498	1052498
R^2	0. 335	0. 957	0. 337

注：括号内为标准差，*** 、** 和 * 分别表示 1%、5% 和 10% 显著性水平。

4.6　本章小结

为了从企业生产率视角探究了贸易摩擦的影响并考察了其内在影响

机制。本书利用 2000～2007 年中国工业企业数据库、中国海关数据库和全球反倾销数据库的数据，以国外反倾销为例，实证检验了中外贸易摩擦对中国企业生产率的影响，主要研究发现如下：

第一，贸易摩擦对企业生产率具有明显的负面影响，即贸易摩擦对企业生产率的提升产生了明显的抑制作用。

第二，这一结论在采用企业生产率的新度量指标、反倾销事件的新替代指标以及剔除样本极端值等多种稳健性以及内生性检验下均成立。

第三，进一步的企业异质性研究发现，贸易摩擦对不同特征企业的 TFP 的影响存在着显著的差异：（1）贸易摩擦对于出口、非出口两类企业 TFP 都具有明显的抑制作用，而与出口企业相比，贸易摩擦对非出口企业的影响程度更大；（2）贸易摩擦导致国有企业和非国有企业的 TFP 水平呈现明显的下滑态势，而与国有企业，贸易摩擦对非国有企业的 TFP 的负向影响更明显。

第四，贸易摩擦与企业生产率之间之所以会表现出上述关系，与贸易摩擦影响企业生产率的作用机制密切相关：贸易摩擦作为外部冲击引发行业的 GVC 关联下降，进而导致企业生产率下降，即 GVC 关联是中外贸易摩擦影响中国企业生产率的传导渠道。

从以上结论可以得知，随着中国对外贸易规模的不断增长，各国对华发起贸易保护的频率越来越高，贸易摩擦对企业的破坏效应也愈加明显，尤其是对于企业生产率的影响。因此，我们认为中国工业企业的当务之急是不断加大研发投入，积极进行有益于生产率提升的创新活动，通过技术效率提升与技术进步两个方面来共同驱动企业全要素生产率的提升。

第 5 章

全球价值链视角下中外贸易摩擦
对企业出口份额的影响

5.1 引言

目前中国正处于中华民族的伟大复兴之中，经济正在稳步地增长，出口规模也保持着高速增长的态势。随着出口量不断地攀升，中国为世界市场提供了更多的货物和服务出口，"一带一路"倡议更是推动了中国与中亚国家之间的经济合作更加地紧密。随着企业出口规模的不断增长，中国在抢占世界市场的过程中不可避免地会与美国等出口大国发生贸易摩擦。

作为全球第一大经济体和第二大经济体，美中之间的贸易摩擦不断，2018 年中美贸易摩擦爆发，且一直持续至今。在此次贸易摩擦中，美国对中国输美商品不断加征关税，而中国也被迫进行了反制，对美国输华商品进行了进口限制。此次中美贸易摩擦是历史上最大规模的贸易摩擦，并呈现出规模大、反制力度强及外溢效应明显的特点。由于在此次中美贸易摩擦中，美国对中国输美商品加征关税的规模前所未有，所涉及的范围也是史无前例，这导致中国的出口贸易及进口贸易都受到的极大程度的影响，抑制了中国进出口贸易规模的增长。

在经济建设中，出口贸易是一个国家经济建设发展的重要组成部分，各国频繁对中国实施贸易保护壁垒，发起贸易摩擦，这是否会对中国出口企业的出口份额的造成消极的影响？如果贸易摩擦对出口企业的出口份额存在影响，那么其内在作用机制又是什么？本书将尝试对上述问题进行回答。近年来，作为最大的发展中国家及世界最大出口国，中国已经成为遭遇贸易摩擦最多国家。在中国遭遇的贸易救济措施中，反倾销的使用频率最高，基于此，本书选取 2000～2007 年对华反倾销案例，研究中外贸易摩擦对中国出口企业的出口份额的影响。

5.2 理论机制与研究假设

企业的出口份额一方面是由出口企业本身的竞争优势所决定，然而另一方面也是会受到外部环境的影响。从企业本身来看，贸易摩擦可能直接影响了出口企业的绩效（杜威剑和李梦洁，2018）[103]。贸易摩擦往往伴随着贸易政策的调整，更严重的贸易争端可能带来经济制裁甚至经贸联系的中断。贸易政策作为意识形态的重要表现，直接受到了贸易摩擦的影响。贸易政策的调整会直接造成出口企业的出口绩效的变动。这是由于出口企业的依赖于出口贸易，贸易摩擦会直接带来企业出口份额的下降。

贸易摩擦的主要目的是通过对某种进口商品加征关税以抵制其在国内市场的销售，而在全球价值链时代，中间品贸易在全球贸易中的比重不断加大，据 OECD 发布的 2018 年报告——《贸易政策对全球价值链的影响》中的数据统计，自 2011 年以来，中间品贸易在全球贸易中的比重已超过了 60%，而 2018 年这一比重已经达到了 70%。因此说，贸易摩擦会影响到相关国家的贸易往来，尤其是会影响到中间品贸易，而中间品贸易是经济联动的传导渠道（Giovanni & Levchenko，2010[67]），外部的经济冲击往往会通过中间品跨境贸易进行传递，不同国家之间以中间品贸易为特征的 GVC 关联度越大，双边贸易对两国部门产出联动的正向促进作用就越明显。因此当中外贸易摩擦发生时，贸易摩擦会引起相关企业所在行业的 GVC 关联度的变化，从而直接影响其绩效。这是由于全球价值链本身所特有的"级联效应"使得一个地区或者一个价值链环节所遭受的负面冲击会迅速地被传递到整个体系，进而将外部冲击的负面影响"放大"，致使冲突对经济的冲击与过去相比其影响程度更深，影响范围也更广。此外，垂直专业化所具有的风险传导效应

（代谦和何祚宇，2015）[104]也使得全球价值链关联的冲击传导效应更加明显。随着国际垂直专业化分工程度的不断加深，多次跨境的中间品贸易将融入全球价值链的经济体关联起来，通过中间品贸易的传递作用（方希桦等，2004；李小平等，2006）[105][106]将负面冲击传递到更多的国家、行业及相关企业，影响到相关行业的 GVC 关联，进而导致企业出口份额呈现下跌态势。

基于以上理论分析，本书考察中外贸易摩擦对中国出口企业的出口份额的影响，得到假设如下：

假说 1：贸易摩擦所带来的负面冲击可能会对出口企业的出口份额产生不利影响，导致企业出口份额下滑。

假说 2：贸易摩擦影响出口企业的出口份额的作用机制表现为贸易摩擦会影响企业所在行业的 GVC 关联，主要表现为贸易摩擦影响了GVC 关联，从而导致出口企业的出口份额下跌。

5.3　中外贸易摩擦对中国企业出口份额的影响

5.3.1　数据说明及统计性描述

本书以对华反倾销调查为例，采用 2000 ~ 2007 年中国出口企业的面板数据。数据主要来源有三个，具体包括中国工业企业数据库、中国海关数据库和全球反倾销数据库。考虑到中国工业企业数据库的数据存在数据缺失、数据统计错误及指标数据异常等问题，本书对中国工业企业数据库的数据做了相关处理，最终得到的研究样本包括 71900 家出口企业、1590289 个观测值。

本书使用的主要指标来源如下：（1）核心解释变量——行业反倾销强度（AD）。本书采用国民经济行业分类中的 4 分位行业的国外对华反倾销强度作为核心解释变量，以此研究反倾销与企业出口份额之间的关系，行业反倾销强度以国民经济行业分类中的各个 4 分位行业遭遇反倾销产品的总出口值在本行业总产值中的比重衡量。（2）被解释变量——企业出口份额（Share），本书使用全要素生产率（TFP）来衡量企业生产率水平，全要素生产率根据 LP 方法计算而得，其中 LP 方法是指由莱文索恩和佩特林（2003）所提出的用于测算全要素生产率的一种方法。

各个变量具体统计性描述结果见表 5 – 1。出口份额的平均值为 0.126，标准差为 0.248，这说明中国企业出口到各国的出口额占到总出口的平均份额为 12.6%，且企业之间的出口份额存在着的差异性也较小。

表 5 – 1 主要变量描述性统计

变量	含义	均值	标准差	最小值	最大值
Share	出口份额	0.126	0.248	1.04e – 08	1
AD	行业反倾销强度	0.008	0.017	0	0.159
Size	企业规模	10.712	1.527	5.198	18.728
Age	企业年龄	9.893	8.200	0	71
State	国有企业	0.029	0.169	0	1
Rate_sal	销售利润率	0.409	1.267	– 0.999	31.338
HHI	行业集中度	0.020	0.029	0.001	1

5.3.2 计量模型设定

本书以对华反倾销为例考察中外贸易摩擦对中国出口企业的出口份额影响，因此，设定的计量模型如下：

$$Share_{ijgt} = \beta_0 + \beta_{11}AD_{jt} + \beta_{12}X_{ijt} + \beta_{13}I_{jt} + u_t + u_h + \varepsilon_{ijt} \qquad (5 – 1)$$

其中，$Share_{ijgt}$ 表示处于行业 j 的企业 i 在第 t 年出口到国家 g 的出口份额，其值通过"企业出口到各国的出口值/企业出口总额"得到；核心变量 AD_{jt} 表示行业 j 在第 t 年所遭受的反倾销强度；X_{ijt} 表示企业层面的控制变量；I_{jt} 表示行业层面的控制变量。此外，为了控制各个企业之间存在着不随行业和时间变化的特征差异，特在此模型中加入了行业固定效应 u_h 和年份固定效应 u_t。ε_{ijt} 表示随机扰动项。

5.3.3　回归结果

根据模型（5-1）检验对华反倾销对中国出口企业的出口份额的影响，OLS 回归结果如表 5-2 所示。第（1）列考察反倾销对企业出口份额的影响，结果显示，在加入控制变量的情况下，AD 的回归系数显著为负。第（2）列继续加入年份和行业固定效应，OLS 回归的估计结果显示，AD 的回归系数依然显著为负。综上可以看出，对华反倾销对中国出口企业的出口份额具有明显的负面影响，这意味着对华反倾销的实施导致了中国出口企业的出口份额呈现有明显的下降态势。从而也检验了上文的假说 1。

表 5-2　　　　　　　　反倾销对企业出口份额的影响检验

变量	（1）OLS	（2）OLS	（3）IV
AD	-0.479*** (0.012)	-0.461*** (0.028)	-2.821*** (0.678)
Size	-0.023*** (0.000)	-0.026*** (0.000)	-0.025*** (0.000)
Age	0.000*** (0.000)	0.000*** (0.000)	0.000*** (0.000)
State	0.049*** (0.001)	0.035*** (0.001)	0.033*** (0.001)
Rate_sal	0.003*** (0.000)	0.000*** (0.000)	-0.000 (0.000)
HHI	-0.145*** (0.007)	-0.066*** (0.007)	0.011 (0.017)
Constant	0.377*** (0.001)	0.765*** (0.027)	0.773*** (0.030)
Cragg-Donald Wald F 统计量	—	—	2714.267 {16.38}
Anderson LM 统计量	—	—	2709.651 [0.000]

续表

变量	（1） OLS	（2） OLS	（3） IV
年份固定效应	否	是	是
行业固定效应	否	是	是
Observations	1590289	1590289	1562941
R^2	0.021	0.049	0.041

注：（1）括号内为标准差，***、**和*分别表示1%、5%和10%显著性水平；（2）Cragg - Donald Wald F 统计量为弱工具变量识别检验，大括号内的数值为10%水平的临界值；（3）Anderson LM 统计量为工具变量识别不足检验，中括号内的数值为相应报告的 P 值。

5.3.4　内生性讨论

上文使用 OLS 回归检验对华反倾销对中国企业出口份额的影响，这可能存在解释变量与扰动项相关的内生性问题。为解决存在的内生性问题，本书使用滞后一期的行业反倾销强度作为工具变量，并采用 2SLS 进行回归估计，回归的结果见表 5 - 2 第（3）列，结果显示，核心解释变量 AD 的系数符号、显著性都没有发生根本性改变，结果依然成立。

对于所选取的工具变量是否具有合理性，本书对表 5 - 2 第（3）列所使用的工具变量法回归进行了相关统计检验：（1）用于"弱工具变量"检验的 Cragg - Donald Wald F 统计量均大于 10% 水平的临界值 16.38，这意味本书所选用的工具变量与内生解释变量存在高度相关关系。（2）用于"识别不足"检验的 Anderson LM 统计量对应的 p 值为 0.001，通过 1% 的显著性水平检验，这表明不存在工具变量个数小于内生解释变量个数的问题。此外，本书在工具变量回归中，由于只选取了一个工具变量，而其数目正好等于内生解释变量个数，不存在过度识别问题。以上相关统计检验结果说明本书选取的工具变量是合适的，因此，内生性问题处理的结果仍然表明对华反倾销是影响中国企业出口份额提升的重要因素。

5.3.5　稳健性检验

以上结论证明了对华反倾销对中国出口企业的出口份额存在显著的

负向影响，然而这一结论是否稳健？本书从采用剔除加工贸易企业样本、反倾销事件的新度量指标以及剔除样本极端值等方面进行稳健性检验。

5.3.5.1　剔除加工贸易企业样本

在前面中，本书以所有出口企业为样本检验反倾销对出口企业的出口份额的影响。考虑到中国出口企业中存在大量的加工贸易企业，而这些企业并不是国外对华反倾销的真正实施对象，这些加工贸易企业的存在类似与异常值，有可能会影响到估计结果的准确性。因此，本书将加工贸易企业剔除，只保留一般贸易企业并重新进行 OLS 回归，估计结果见表 5－3 第（1）列。观察结果发现，对华反倾销会导致中国一般贸易企业的出口份额出现了明显的下降。这说明使用新样本重新进行检验并不会对本书的核心结论产生显著的影响，因而本书的核心结论是稳健的。

表 5－3　　　　　　　　　　　　稳健性检验

变量	剔除加工贸易	反倾销再度量	剔除异常值
	（1）	（2）	（3）
AD	－0.363 *** (0.031)	35.490 *** (6.311)	－0.418 *** (0.026)
Size	－0.024 *** (0.000)	－0.026 *** (0.000)	－0.025 *** (0.000)
Age	0.000 *** (0.000)	0.000 *** (0.000)	0.000 *** (0.000)
State	0.036 *** (0.001)	0.035 *** (0.001)	0.033 *** (0.001)
Rate_sal	0.002 *** (0.000)	0.000 *** (0.000)	0.000 *** (0.000)
HHI	－0.028 *** (0.008)	－0.056 *** (0.007)	－0.061 *** (0.007)

续表

变量	剔除加工贸易	反倾销再度量	剔除异常值
	（1）	（2）	（3）
Constant	0.698 *** （0.026）	0.766 *** （0.027）	0.706 *** （0.025）
年份固定效应	是	是	是
行业固定效应	是	是	是
Observations	1204346	1590289	1590289
R-squared	0.043	0.049	0.049

注：括号内为标准差，*** 、** 和 * 分别表示1%、5% 和10% 显著性水平。

5.3.5.2　反倾销事件的其他衡量

本书研究显示发起对华反倾销调查对中国出口企业的出口份额具有抑制作用，那么对华反倾销裁定阶段是否也会对中国出口企业的出口份额产生抑制作用？本书为了准确地估计对华反倾销对中国企业出口份额的影响，采用反倾销裁定案件①进行重新 OLS 回归检验，具体的估计结果如表5–3第（2）列所示。从结果可以看出，对华反倾销裁定对中国出口企业的出口份额也具有明显的抑制作用。这一结果再次验证了本书的结论是稳健的。

5.3.5.3　异常样本点处理

在研究样本中可能会存在异常值，即存在出口份额异常高或者异常低的企业，那么这些异常值的存在是否影响本书结论的准确性？为保证对样本估计的准确性，本书对企业出口份额分别在样本1%、99% 分位数处进行缩尾处理。对进行缩尾处理后的样本重新进行 OLS 回归，对应的估计结果报告在表5–3第（3）列。结果显示，在对样本进行缩尾处理后，从结果可以看出，AD 系数的符号没有改变，因此这些异常值对本书的核心结论没有产生明显的影响。本书的结论在对出口份额变量进行缩尾处理后仍然稳健。

---

① 考虑到反倾销初步裁定的案件数较多，本书重点检验反倾销初步裁定对企业出口份额的影响。

5.4　异质性检验

5.4.1　基于贸易方式的异质性检验

从上面检验结果得知反倾销对企业出口份额具有明显的负面影响，那么反倾销对不同贸易方式的企业出口份额的影响是否存在差异？为了揭示这一问题，本书利用模型（5-1）对出口企业和非出口企业样本分别 OLS 回归，结果见表 5-4。从第（1）列和第（2）列的结果可知，在两类子样本中，AD 的系数均显著为负，表明反倾销对一般贸易企业和加工贸易企业的出口份额均有负向影响。为了探究反倾销对一般贸易企业出口份额的负向影响大还是对加工贸易企业出口份额的负向影响大，本书引入交叉项"AD * Process"来进行组间差异的检验，其中 Process 代表企业的贸易方式，当企业为加工贸易企业时 Process 的取值为 1，当企业为一般贸易企业时 Process 的取值为 0。第（3）列中 AD * Trademode 交叉项的系数显著为负，这个结果证实了反倾销对两组企业出口份额的负向影响存在明显的差异，与一般贸易企业相比，反倾销对加工贸易企业出口份额的负向影响更明显。

表 5-4　　　　　　　　基于贸易方式的异质性检验

变量	加工贸易企业	一般贸易企业	All
	（1）	（2）	（3）
AD	-0.685 *** (0.063)	-0.363 *** (0.031)	-0.402 *** (0.029)
AD * Trademode	—	—	-0.218 *** (0.030)
Trademode	—	—	0.036 *** (0.001)

续表

变量	加工贸易企业	一般贸易企业	All
	（1）	（2）	（3）
Size	-0.037*** (0.000)	-0.024*** (0.000)	-0.028*** (0.000)
Age	0.000*** (0.000)	0.000*** (0.000)	0.000*** (0.000)
State	0.041*** (0.003)	0.036*** (0.001)	0.040*** (0.001)
Rate_sal	-0.002*** (0.000)	0.002*** (0.000)	0.000** (0.000)
HHI	-0.223*** (0.016)	-0.028*** (0.008)	-0.060*** (0.007)
Constant	1.540*** (0.186)	0.698*** (0.026)	0.778*** (0.027)
年份固定效应	是	是	是
行业固定效应	是	是	是
Observations	385943	1204346	1590289
R^2	0.082	0.043	0.052

注：括号内为标准差，***、**和*分别表示1%、5%和10%显著性水平。

5.4.2　基于所有制性质的异质性检验

为了考察反倾销对不同所有制企业出口份额的影响，本书对国有企业和非国有企业两个子样本进行了相关检验，对应的OLS回归结果如表5-5所示。从第（1）列和第（2）列的回归结果可以看出，对于国有企业和非国有企业，AD的系数在1%显著性水平上为负，这表明反倾销对国有企业和非国有企业的出口份额均具有明显的负面影响。为了探究反倾销对国有企业出口份额的影响和对非国有企业出口份额的影响哪一个更明显，本书引入交叉项"AD * State"来进行组间差异的检验，其中State代表企业所有制性质，当企业为国有企业时State的取值为1，否则State的取值为0。第（3）列中交叉项的系数显著为负，这个结果证实了反倾销对两组企业出口份额的负向影响存在明显的差异，与非国有企业相比，反倾销对国有企业出口份额的负向影响更明显。

表 5 - 5　　　　　　　　　　基于所有制性质的异质性检验

变量	国有企业	非国有企业	All
	（1）	（2）	（3）
AD	- 1. 262 *** （0. 292）	- 0. 449 *** （0. 028）	- 0. 461 *** （0. 028）
AD * state	—	—	- 0. 484 *** （0. 136）
Size	- 0. 030 *** （0. 001）	- 0. 026 *** （0. 000）	- 0. 026 *** （0. 000）
Age	0. 000 *** （0. 000）	0. 000 *** （0. 000）	0. 000 *** （0. 000）
State	—	—	0. 034 *** （0. 001）
Rate_sal	0. 000 （0. 001）	0. 001 *** （0. 000）	0. 000 *** （0. 000）
HHI	0. 057 ** （0. 028）	- 0. 077 *** （0. 007）	- 0. 066 *** （0. 007）
Constant	0. 960 *** （0. 041）	0. 657 *** （0. 037）	0. 766 *** （0. 027）
年份固定效应	是	是	是
行业固定效应	是	是	是
Observations	46605	1543684	1590289
R^2	0. 066	0. 049	0. 049

注：括号内为标准差，***、** 和 * 分别表示 1%、5% 和 10% 显著性水平。

5.5 全球价值链下影响机制检验

从前面检验的结果可知，对华反倾销对中国出口企业的出口份额产生了明显的负向影响。那么，反倾销影响中国企业出口份额的传导路径是什么呢？

为了考察对华反倾销对中国出口企业的出口份额的影响机制，参考中介效应模型，通过以下模型进行估计：

$$\text{Share}_{ijgt} = \beta_0 + \beta_{11}\text{AD}_{jt} + \beta_{12}X_{ijt} + \beta_{13}I_{jt} + u_t + u_h + \varepsilon_{ijt} \qquad (5-2)$$

$$\text{GVC}_{jt} = \beta_0 + \beta_{21}\text{AD}_{jt} + \beta_{22}X_{ijt} + \beta_{23}I_{jt} + u_t + u_h + \varepsilon_{ijt} \qquad (5-3)$$

$$\text{Share}_{ijgt} = \beta_0 + \beta_{31}\text{AD}_{jt} + \beta_{32}\text{GVC}_{jt} + \beta_{33}X_{ijt} + \beta_{34}I_{jt} + u_t + u_h + \varepsilon_{ijt}$$

$$(5-4)$$

以上模型中，模型（5-2）中 AD 的系数 β_{11} 为反倾销对企业出口份额的总效应；模型（5-3）中 AD 的系数 β_{21} 为反倾销对中介变量的效应；模型（5-4）中系数 β_{32} 是在控制了反倾销的影响后，中介变量对企业出口份额的效应；若 β_{21} 和 β_{32} 是显著的，则说明中介效应存在。系数 β_{31} 是在控制了中间变量 GVC 的影响后，反倾销对企业出口份额的效应，若系数 β_{31} 显著，这说明存在部分中介效应，若不显著则存在完全中介效应。其中，GVC_{jt} 代表行业 j 的全球价值链关联，以行业出口中的国外附加值占该行业总出口的比重衡量，其代表行业出口最终产品中使用的进口中间产品的比重。

表5-6汇报了对模型（5-2）～模型（5-4）进行 OLS 回归的估计结果。第（1）列表明，从整体看，对华反倾销对中国出口企业的出口份额的影响显著为负；第（2）列显示 AD 的系数显著为负，第（3）列在第（1）列的基础上加入"GVC"这一中介变量，结果显示 GVC 的系数显著为正，这说明：一方面仍然呈现出对华反倾销对中国行业GVC 关联存在负向影响，另一方面行业 GVC 关联实际上对于企业出口份额具有重要的提升作用。以上三列则说明了一个重要问题：模型存在中介效应，对华反倾销对 GVC 关联带来了负向影响，而变动的 GVC 关联带来了企业出口份额的下跌。此外，第（3）列中的 AD 的系数显著为负，这说明存在着部分中介效应。以上检验说明，GVC 关联是对华

反倾销影响中国企业出口份额的主要传导渠道。这证明了假说 2 成立。

表 5 - 6   反倾销对企业出口份额的影响机制检验

变量	（1）	（2）	（3）
AD	- 0. 461 *** （0. 028）	- 0. 003 *** （0. 001）	- 0. 431 *** （0. 029）
GVC			0. 120 *** （0. 020）
Size	- 0. 026 *** （0. 000）	0. 000 *** （0. 000）	- 0. 027 *** （0. 000）
Age	0. 000 *** （0. 000）	- 0. 000 *** （0. 000）	0. 000 *** （0. 000）
State	0. 035 *** （0. 001）	- 0. 000 *** （0. 000）	0. 035 *** （0. 001）
Rate_sal	0. 000 *** （0. 000）	0. 000 *** （0. 000）	0. 000 *** （0. 000）
HHI	- 0. 066 *** （0. 007）	0. 003 *** （0. 000）	- 0. 069 *** （0. 007）
Constant	0. 765 *** （0. 027）	0. 240 *** （0. 001）	0. 746 *** （0. 027）
年份固定效应	是	是	是
行业固定效应	是	是	是
Observations	1590289	1503315	1503315
R-squared	0. 049	0. 965	0. 050

注：括号内为标准差，*** 、** 和 * 分别表示 1% 、5% 和 10% 显著性水平。

5.6 本章小结

为了从企业出口份额视角探究了贸易摩擦的影响并考察了其内在影响机制。本书利用 2000 ~ 2007 年中国工业企业数据库、中国海关数据库和全球反倾销数据库的数据，以对华反倾销为例，实证检验了中外贸易摩擦对中国企业出口份额的影响，主要研究发现如下：

第一，贸易摩擦对企业出口份额具有明显的负面影响，即贸易摩擦导致出口企业的出口份额呈现了明显的下跌态势。

第二，这一结论在剔除加工贸易企业样本、采用反倾销事件的新度量指标以及剔除样本极端值等多种稳健性检验下均成立。

第三，基于企业异质性研究发现，贸易摩擦对不同特征的企业出口份额的影响存在着显著的差异：（1）贸易摩擦对于加工贸易和一般贸易两类企业的出口份额都具有明显的抑制效果，其中对一般贸易企业的影响程度更大；（2）贸易摩擦对国有企业和非国有企业的出口份额具有明显负向影响，其中贸易摩擦对非国有企业的出口份额的负向影响更明显。

第四，进一步探究中外贸易摩擦对企业出口份额的影响机制，研究结果发现，中外贸易摩擦作为外部冲击影响了中国出口企业在全球产品内分工的参与度，引发相关行业的 GVC 关联下降，导致企业出口份额下降，即 GVC 关联是中外贸易摩擦影响中国出口企业的出口份额的传导渠道。

已有文献中关于贸易摩擦对出口绩效影响的实证研究成果较为丰富，但还没有基于企业—产品—目的国层面对此问题进行实证检验。本书在一定程度上丰富了贸易摩擦与出口产绩效的相关研究，有助于从贸易保护视角来理解中国工业企业近年来的出口稳定与持续发展。随着中国出口规模的不断扩大，越来越多的国家或地区发起对华贸易摩擦，贸易摩擦对中国出口贸易的损害也越来越明显，如何稳定出口份额是中国出口企业亟待解决的问题。本研究对于出口企业在遭遇贸易摩擦时，能够转变其所处的被动地位，维持出口贸易的平稳和持续发展具有非常重要的实践意义。

第 6 章

全球价值链视角下中外贸易摩擦 对企业创新的影响

6.1 引言

长期以来科技创新都是中国重点关注的领域。从提出"科学技术是第一生产力"的思想，到确立"创新是引领发展的第一动力"的创新驱动发展战略，中国始终坚持走具有中国特色的自主创新道路。近年来中国对创新发展又提出了更高的要求，强调要把创新摆在国家发展全局的核心位置，加快推进以科技创新为核心的全面创新。党的十八届五中全会提出了"创新、协调、绿色、开放、共享"五大发展理念，十九大报告也指出要把"加快建设创新型国家"作为贯彻新发展理念、建设现代化经济体系的一项重大战略任务。当前，中国企业的创新能力迅速增长，根据世界知识产权组织（WIPO）的统计，2016 年中国专利申请数量达到了 125.7 万件，与 2007 年相比增长了 7.8 倍，而美国同期专利申请数量仅增长 1.07 倍，而从全球创新指数而言，2018 年中国首次迈进了前 20 行列，达到全球第 17 位，相比较而言，美国却呈现出了下跌趋势。

中国创新水平的迅速提高震惊了美国等西方国家，因此导致很多发达国家加大了对华贸易保护的力度，例如美国以"维护国家安全""保护知识产权"之名对中国的高档数控机床和工业机器人、航空航天设备、新能源装备、高铁装备等行业实施 301 调查，其目的就是阻止中国推动创新和实现产业结构升级。此外，随着中国创新性科技企业的不断崛起，受到美国制裁的事件也不断增多，如 2018 年 4 月 16 日美国对中兴通讯实施制裁七年禁令；同年 8 月，美国将涉及准防空系统、卫星通信系统、半导体和航空航天领域的 44 家中国企业列入出口管制清单；2019 年 5 月 16 日美国将华为公司及其 70 家附属公司纳入出口管制"实体名单"。美国对华频繁发起贸易摩擦，而反倾销成为重要的表现形式，截止到 2017 年中国已经连续 23 年成为全球遭遇反倾销调查最多的国家，据全球反倾销数据库的数据统计显示，2000～2015 年中国遭遇反倾销调查年均达到 47 起。2018 年美国对中国实施了较大规模的反倾销，其中涉及化学品、光伏产品及部件、车船运输设备及部件等中高端产品，成为近年来实施反倾销较多的年份之一。因此，在这种背景下探讨国外反倾销对中国企业创新的影响效果及影响路径是迫切的。

企业是一国经济发展的微观基础，是实施创新的重要力量，在一国的创新能力和综合国力的提升中扮演着重要角色。本研究将进一步深入到企业层面进行考察。频繁的中外贸易摩擦对中国企业创新存在何种影响？异质企业下中外贸易摩擦对中国企业创新存在差异吗？中外贸易摩擦对中国企业创新存在动态影响吗？影响的作用机制又是什么？本书将尝试对以上问题进行回答。本研究一方面从理论层面对于拓展贸易摩擦的相关理论具有重要作用，另一方面对于如何在贸易保护背景下避免中外贸易摩擦对中国企业创新的消极影响具有较强的现实意义。

为了研究中外贸易摩擦如何影响中国企业创新，本书以 2000～2007 年对华反倾销为例，实证检验了中外贸易摩擦对中国企业创新的影响效应。

6.2　理论机制与研究假设

企业创新是由企业盈利能力、创新投入、人力资源、企业家职能等企业自身因素所决定，但是也会受到外部环境的制约，具体包括知识产权保护制度、融资约束、市场竞争程度以及政府创新补贴政策等因素。聚焦到国际贸易领域，贸易政策、进出口成长以及外商直接投资等方面都会影响到企业创新。随着国际贸易保护主义的抬头，两国之间、甚至多国之间频繁发生贸易摩擦，各国的进出口业务随之受到冲击。以反倾销为例，对外反倾销通过对进口商品加征反倾销税而提高进口商品的价格，而进口商品价格的上升会促使国内消费者转向购买本地产品，这会导致被诉讼国出口产品进入本国市场的大幅下降，而目标企业受到出口规模下降的影响，在收入减少的前提下，企业就会相应的减少研发投入，从而影响到企业创新能力（Gao & Miyagiwa，2005）[38]。

在垂直专业化分工下，中间品贸易在全球贸易中的比重不断加大，因此贸易摩擦不仅会影响最终品贸易，也会影响中间品贸易。这是由于存在"结构效应"，即当价值链条在全球各个国家分割时，各个链条之间彼此都非常重要，外部冲击对某个环节的经济冲击往往会通过中间品跨境贸易导致整体链条都受到影响（方希桦等，2004）[105]，其传导路径与传统的传导路径存在差别，外部冲击效应的传导是从上游企业向下游企业传导，其负面冲击通过价值链传递到更多的国家、行业及相关企业，影响到相关行业的 GVC 关联。因此，当外部冲击来临时，其影响效应会通过 GVC 关联严重影响到中间品的供给和需求，进而导致企业创新呈现下跌态势。

基于以上理论分析，本书考察中外贸易摩擦对中国企业创新的影响，得到假设如下：

假说1：贸易摩擦所带来的负面冲击可能会对企业创新产生负面影响，导致企业创新能力下降。

假说2：贸易摩擦影响企业创新的作用机制表现为贸易摩擦会影响企业所在行业的 GVC 关联，主要表现为贸易摩擦通过影响 GVC 关联而导致企业创新能力下降。

反倾销对企业创新的影响效应可能存在"时间效应"，其原因主要表现在以下两个方面：

一方面，从反倾销的角度来看，反倾销本身的影响具有动态性。以反倾销影响出口为例，在理论层面上反倾销存在对企业的动态特征，如唐帅和宋维明（2013）指出对华反倾销对中国加工贸易出口的影响具有长期性，该影响随着时间递进而不断增强[109]；唐宜红和张鹏杨（2016）发现对华反倾销对中国企业出口规模和出口价格的影响也呈现出动态变化[110]。以上探讨了反倾销影响出口的理论，出口是企业绩效的重要体现形式，反倾销对出口的动态影响事实上也反映了反倾销对企业绩效的动态影响，因此这个反映在创新上就具有了动态特征。

另一方面，从创新本身看，企业创新也是一种长期现象。企业创新需要长期的、稳定的研发投入，而研发投入受到企业的内源融资能力和外部融资能力的影响。企业的融资能力受到企业规模、企业年龄、所有制性质等企业自身特征影响，同时任何外部冲击都有可能成为影响企业融资能力的重要因素。中外贸易摩擦以限制进口中国商品为目的，这直接导致中国出口企业的出口规模下降和利润减少。与此同时，中外贸易摩擦由于影响到中国相关行业的国际贸易环境进而影响到其金融环境，加重相关行业的融资约束。中外贸易摩擦会在一定时期内影响到中国企业内源融资和外源融资能力，继而导致中国企业的研发投入不足，影响相关企业的长期研发活动。

基于以上两点分析，本书得到假设如下：

假说3：贸易摩擦对企业创新的影响在事件发生后在较长时期内一直存在，存在"时间效应"。

6.3 事实描述

6.3.1 中国遭受反倾销的事实描述

本书结合全球反倾销数据库和中国工业企业数据库的合并样本，计算得到 2000 ~ 2007 年中国各行业遭受的反倾销情况，将该统计结果绘制在图 6 - 1 中。仔细观察这期间国外对华反倾销的行业分布，发现中国制造业中的部分特定行业遭遇反倾销的频率较高，这些产业涉及具有比较优势的劳动密集型和资源密集型行业，例如金属制品、纺织、黑色金属冶炼、橡胶制造和造纸等行业，还涉及具有比较劣势的技术密集型行业，例如化学制品、电气机械制造和交通运输设备制造等行业。传统国际贸易理论对这种反倾销调查的行业分布特征很难做出解释，这是由于近年来中国综合国力的不断增长，而这种增长不仅只是出口贸易的增长，还表现为中国的科技创新水平的不断提升，因此很多国家不仅是为了保护国内产业对中国的优势产业实施反倾销，基于经济和政治的双重考虑，为了遏制中国企业科技创新水平的提升，西方各国往往还针对中国技术密集型行业展开反倾销调查。

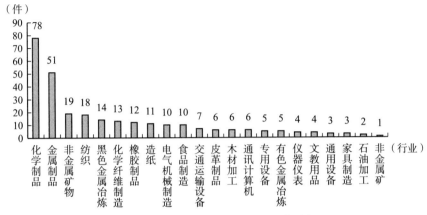

图 6-1　各行业遭遇反倾销调查案件数

资料来源：根据全球反倾销数据库数据统计。

6.3.2　中国企业创新的事实描述

以上对中国遭受反倾销进行了典型事实描述，说明中国在许多行业上均遭受了反倾销，但由于行业内的企业具有异质性特征，因此面临反倾销，不同企业受到的影响可能存在差异，尤其是在对创新的影响上差异明显。接下来本书对中国不同特征企业的创新水平进行统计描述，以期初步考察对华反倾销可能对何种类型的中国企业创新存在影响。本书根据企业异质性特征进行分组，统计了 2000～2007 年各类型中国企业的新增发明专利和总发明专利数量的均值。

6.3.2.1　出口行为与创新

首当其冲，对华反倾销对中国的出口企业和非出口企业创新的影响可能存在差异，因此本书对中国的出口企业和非出口企业进行分组，统计其相应的创新水平，结果在图 6-2 中显示。图 6-2 表明，出口企业与非出口企业的创新产出水平呈现明显的差异，从绝对数值看，出口企业的创新水平远高于非出口企业；而从增长率而言，出口企业的创新水平虽然整体增速明显，但具有较大的波动性，而非出口企业增速较为平稳。由此可见，出口企业相比非出口企业在同样面临反倾销的冲击时可能受到影响更大，这其中的原因可能是出口企业是反倾销的直接影响主体，而非出口企业遭受的影响可能为间接影响。当然以上仅为在统计性描述下的初步推断，事实上还应当在控制更多的其他变量的基础上进行。

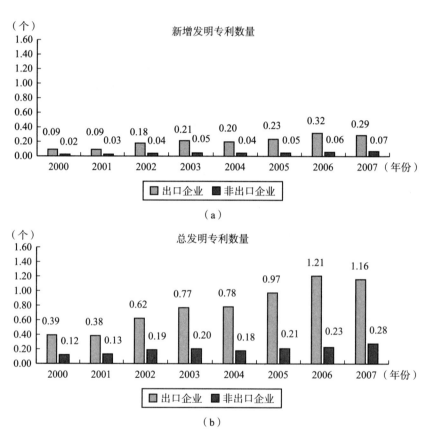

图6-2 出口与非出口企业的创新情况

资料来源：根据中国科技部资料整理得到。

6.3.2.2 生产率与创新

其次，本书从不同生产率水平层面考察其与企业创新的关系。为了统计不同生产率水平企业的创新情况，本书对按全要素生产率

（TFP）值①从低到高顺序排列的样本以十分位数为临界点，将研究样本划分为 10 组，并对每组企业发明专利的平均数量情况进行了统计，如图 6 - 3 所示。图 6 - 3 表明，高生产率企业在创新上具有绝对优势，尤其是 2007 年生产率最高的 10% 企业的新增发明专利和总发明专利数量的平均值分别高达 0. 45 个、1. 71 个，这一数字在 2000 年也分别达到 0. 13 个、0. 46 个。相比而言，2007 年生产率最低的 10% 企业发明专利的新增数量和总数量的平均值分别仅为 0. 04 个、0. 13 个，而在 2000 年分别只有 0. 01 个、0. 08 个。从增速上看，高生产率企业增速明显，如 2000 ~ 2007 年生产率较高的三组企业（生产率最高的 10% 企业、生产率在分位数 80% ~ 90% 和 70% ~ 80% 的企业）的新增发明专利和总发明专利数量整体分别上升了 199% 、201% ，相比而言生产率较低的三组企业（生产率最低的 10% 企业，生产率在分位数 10% ~ 20% 和 20% ~ 30% 的企业）同期新增发明专利数量和总发明专利数量整体分别增长了 176% 、48% 。由此可见，低生产率企业的创新无论绝对值还是增速上均较低，由此本书可能推断反倾销可能对低生产率企业存在一定程度的影响，其中的原因可能是低生产率企业本身具有融资约束等劣势条件，在遭受反倾销等负面冲击后受到的负面影响更大。

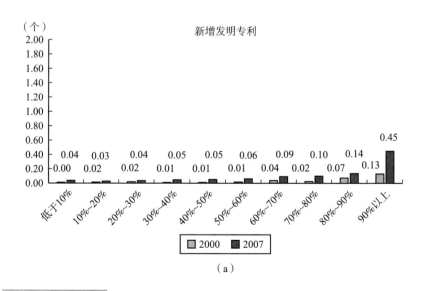

（a）

①　TFP 由本书作者根据 LP 方法计算得到，LP 方法是由莱文索恩和佩特林（2003）提出测算全要素生产率的一种方法，下文介绍了其具体算法。

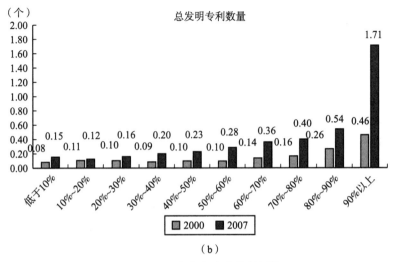

图 6 - 3   不同生产率企业的创新情况

资料来源：根据中国科技部资料整理得到。

6.3.2.3　所有制性质与创新

最后本书统计不同所有制企业的创新情况，从而初步考察反倾销对不同所有制企业创新的影响。本书根据控股份额将样本企业分为国有企业和非国有企业，并对两类企业创新的情况进行了统计，如图 6 - 4 所显示。从绝对值上看，国有企业的创新能力总体上要高于非国有企业，如以 2005 ~ 2007 年新增发明专利为例，每个国有企业发明专利的平均新增数量分别为 0.15 个、0.19 个和 0.18 个，相比而言，同期每个非国有企业发明专利的平均新增数量则分别为 0.09 个、0.12 个和 0.1 个；从增速上看，虽然 2000 ~ 2007 年国有企业和非国有企业的创新能力都在稳步增长，然而国有企业在这 8 年间新增专利数量和总发明专利数量分别增长了 5 倍、2.43 倍，相比而言，非国有企业同期仅增长了 2.33 倍、1.85 倍。通过以上统计可见，非国有企业的创新水平无论在绝对值还是增速上与国有企业相比均较低，由此本书推断反倾销可能对非国有企业存在一定程度的影响，可能的原因是非国有企业相比国有企业本身具有融资约束等劣势条件，在遭受反倾销等负面冲击后受到的负面影响更大。

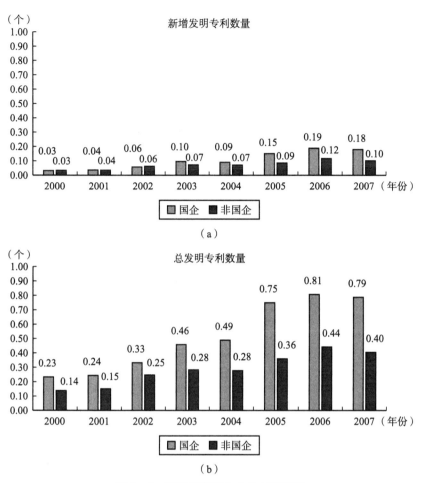

图 6 – 4 不同所有制企业的创新情况

资料来源：根据中国科技部资料整理得到。

6.4 实证检验

近年来，随着世界经济复苏步伐的加快，贸易保护政策盛行，各国之间的贸易摩擦频繁发生。作为世界第二大经济体，中国已经成为遭受贸易保护最严重的国家，2000～2007 年中国遭受全球反倾销案件高达289 起。这些对华反倾销调查针对中国的多个行业，涉及范围广泛，影响程度深远。基于此，本书选取在此期间发生的对华反倾销案例，研究这些反倾销行为对中国企业创新的影响。

6.4.1 数据说明

本书利用 2000～2007 年的面板数据，数据主要来源于中国科技部、中国工业企业数据库、中国海关数据库和全球反倾销数据库。对于数据库之间的关联，全球反倾销数据库与中国海关数据库之间根据商品 HS_6 位码进行数据匹配；中国海关数据库与中国工业企业数据库之间通过企业中文名称进行数据匹配。中国工业企业数据库在学术界作为研究样本被广泛使用，但其数据也存在诸多的问题，具体包括数据缺失、数据统计错误及指标数据异常等。考虑到中国工业企业数据库中存在的问题，参考相关文献（谢千里等，2008[111]；Bai et al.，2009[112]），本书对数据做了如下处理：（1）剔除职工人数少于 8 人的企业；（2）剔除财务指标不符合会计准则的企业，如总资产小于零，固定资产小于零，流动资产小于零，总资产小于流动资产，总资产小于固定资产；（3）剔除销售利润率低于 -100% 及销售利润率大于 100% 的企业。最终得到的研究样本包括 410450 家企业、1076449 个观测值。

6.4.2 计量模型设定

为了考察对华反倾销对中国企业创新产生了何种影响，参考钱德拉和朗（2013）[23]、科宁斯和范登布舍（Konings & Vandenbussche，2013）[113]的方法，本书将计量模型设定如下：

$$\text{Inno}_{m,i,j,t} = \beta_0 + \beta_1 \text{AD}_{j,t} + \beta_2 X_{i,j,t} + \beta_3 I_{j,t} + u_t + u_h + \varepsilon_{i,j,t} \quad (6-1)$$

其中，下标 i 表示企业，j 表示国民经济行业分类中的 4 分位行业，t 表示年份。$\text{Inno}_{m,i,j,t}$ 表示处于行业 j 的企业 i 在第 t 年的创新水平，m = 1 时以新增发明专利数目衡量，记为 InvPat；m = 2 时以总发明专利数目衡量，记为 TotPat。核心变量 $\text{AD}_{j,t}$ 表示行业 j 在第 t 年所遭受的反倾销程度，其系数 β_1 刻画了对华反倾销对中国企业创新的影响程度，本书采用对华发起反倾销调查案件进行相关研究。$X_{i,j,t}$ 表示企业层面的控制变量，参考相关文献（毛其淋和许家云，2014[114]；吕越等，2017[115]），本书主要选取了企业规模、企业年龄、利润率、全要素生产率等变量及国有企业、出口行为等虚拟变量作为企业层面的控制变量。$I_{j,t}$表示行业层面的控制变量，本书选择行业销售增长率和行业集中度作为行业层面的控制变量，其中行业集中度在国民经济行业分类中4分位行业层面采用赫芬达尔—赫尔曼指数（HHI）计算得到，HHI值越大则说明该行业的垄断程度越高。鉴于各个企业之间存在不随行业和时间变化而变化的特征差异，故模型通过控制行业固定效应和年份固定效应以反映这些差异，u_h、u_t是行业、年份固定效应。ε_{ijt}是随机干扰项。

各个变量说明及数量来源见表6-1。本书使用的主要指标来源如下：（1）企业创新能力的代理指标。相关研究认为，创新产出水平与研发投入相比而言更能综合反映企业创新能力，而创新产出采用专利申请数量来衡量（He & Tian，2013[116]；Cornaggia et al.，2015[117]）。专利具体包括发明专利、实用新型专利和外观设计专利三种，其中发明专利由于具有创新难度最大和申请数量较少的特征而被认为更能代表企业创新产出水平（王永钦等，2018）[118]，因而本书采用企业发明专利水平作为企业创新的代理变量。（2）行业反倾销强度。本书采用4分位行业遭遇的对华反倾销强度作为核心解释变量研究对华反倾销与中国企业创新之间的关系，对华反倾销强度以中国各行业遭遇反倾销产品的总出口值在本行业总产值中的比重衡量。

表6-1　　　　　　　　　主要变量说明及数据来源

变量	变量说明	数据来源
InvPat	新增发明专利申请数目	中国科技部
TotPat	总发明专利申请数目	中国科技部
AD	反倾销强度	工企海关、BOWN合并数据，行业层面（4分位），作者计算而得
Size	企业规模	工业企业数据库，企业总资产（取对数）
Age	企业年龄	工业企业数据库，当年年份－企业成立年份＋1
Rate_pro	利润率	工业企业数据库，利润总额/销售值
TFP	全要素生产率	工业企业数据库，作者根据LP法计算而得
Export	出口行为	工企海关合并数据，出口企业取值为1，否则为0

续表

变量	变量说明	数据来源
State	国有企业	工业企业数据库，国有企业取值为 1，否则为 0
Rate_sal	行业销售增长率	工业企业数据库，作者计算而得
HHI	行业集中度	工业企业数据库，企业总资产在所在行业中总资产中占比的平方和，行业层面（4 分位），作者计算而得

具体统计性描述结果见表 6 - 2。新增发明专利数量和总发明专利数量的平均值分别为 0.086、0.348，标准差分别为 1.841、5.81，这说明中国企业的发明专利水平较低，且企业之间的创新能力还存在着较大的差异。行业遭受的对华反倾销强度的最小值和最大值分别为 0 和 0.159，这意味着部分行业受到的反倾销强度较高，受反倾销影响的产品出口值在本行业产值中的比重接近百分之十六。

表 6 - 2　　　　　　　　主要变量描述性统计

变量	均值	标准差	最小值	最大值
InvPat	0.086	1.841	0	530
TotPat	0.348	5.81	0	1454
AD	0.008	0.016	0	0.159
Size	9.616	1.398	0	20.151
Age	10.134	10.168	0	71
Rate_pro	0.031	0.104	-0.999	0.999
TFP	6.423	1.149	-2.664	13.847
Export	0.189	0.391	0	1
State	0.082	0.274	0	1
Rate_sal	0.464	1.443	-1	31.338
HHI	0.019	0.030	0	1

6.4.3　回归结果

对华反倾销对中国企业创新影响的 OLS 回归结果如表 6 - 3 所示。

第（1）～（2）列考察对华反倾销对中国企业新增发明专利数量的影响，结果显示，在控制年份、行业固定效应和其他控制变量不变的情况下，行业反倾销强度每提高 1%，企业新增发明专利数量下降 0.57 个。第（3）～（4）列考察对华反倾销对中国企业总发明专利数量的影响，结果显示，行业反倾销强度每提高 1%，企业总发明专利数量减少 2.4 个。综上可以看出，对华反倾销对中国企业创新水平具有明显的负向影响，对华反倾销保护措施的实施显著地抑制了中国企业创新水平的提升。这证明了假说 1 成立。

表 6 - 3　　　　　　　　反倾销对企业创新的影响

变量	InvPat		TotPat	
	（1）	（2）	（3）	（4）
AD	- 2.064 ***	- 0.569 ** (0.249)	- 7.866 ***	- 2.404 *** (0.785)
Size	—	0.079 *** (0.002)	—	0.293 *** (0.005)
Age	—	0.002 *** (0.000)	—	0.015 *** (0.001)
Rate_pro	—	0.108 *** (0.018)	—	0.305 *** (0.057)
TFP	—	0.041 *** (0.002)	—	0.135 *** (0.006)
Export	—	0.081 *** (0.005)	—	0.321 *** (0.015)
State	—	0.001 (0.008)	—	0.016 (0.025)
Rate_sal	—	- 0.003 ** (0.001)	—	- 0.012 *** (0.004)
HHI	—	1.235 *** (0.065)	—	4.264 *** (0.206)
Constant	- 0.054 *** (0.020)	- 1.096 *** (0.025)	- 0.189 *** (0.064)	- 4.085 *** (0.078)

变量	InvPat		TotPat	
	（1）	（2）	（3）	（4）
年份固定效应	是	是	是	是
行业固定效应	是	是	是	是
Observations	1076449	1076449	1076449	1076449
R^2	0.007	0.015	0.010	0.020

注：（1）括号内为标准差，***、**和*分别表示1%、5%和10%显著性水平；（2）第1~2列使用新增发明专利数量作为被解释变量，第3~4列使用总发明专利数量作为被解释变量。

控制变量的符号也基本符合预期。企业规模和企业年龄的系数显著为正，即规模越大和成立时间越久的企业拥有越强的核心竞争力和越雄厚的资金实力，创新能力也越强。利润率的系数显著为正，这意味着对于利润水平越高的企业，创新成果也越多。全要素生产率的系数显著为正，这说明生产率对企业创新具有明显的正向影响。出口行为的系数显著为正，表明出口企业与非出口企业相比而言具有更高的创新产出。行业销售增长率的系数显著为负，表明企业所处行业的经营状况越好，创新动力越不足。行业集中度的系数显著为正，这意味着企业所处行业的市场垄断程度越高，企业规模越大，企业创新能力也越强。

6.4.4 内生性讨论

OLS成立的前提是解释变量与扰动项不相关。上文使用OLS回归检验对华反倾销对中国企业创新的影响，这可能存在解释变量与扰动项相关的内生性问题，而内生解释变量是由遗漏变量、测量偏差及双向因果等问题所导致。为避免存在内生性问题，本书需要解决的问题有三个：（1）遗漏变量。尽管本书采用面板数据，在OLS回归模型的设定中尽可能控制影响企业创新活动的多种因素，包括具有企业特征和行业特征的多个控制变量，并同时控制了时间和行业固定效应，但仍存在遗漏部分变量的可能性。（2）测量误差。本书使用发明专利申请数衡量企业创新产出水平，采用发起反倾销调查案件衡量反倾销，这些衡量指标都可能存在由于代理不充分而存在的测量误差。（3）双向因果。反倾销与企业创新可能存在双向因果关系,即一方面反倾销会对企业创新产生影响;另一方面,企业创新能力过高亦可能引发反倾销报复。这些问题都可能造成内生性问题,导致 OLS 回归的估计值与真实值之间的偏差较大,从而造成 OLS 估计量不会收敛到真实参数。

对于可能存在的内生性问题,本书进行了 Hausman 检验,结果显示模型 (6-1) 存在与扰动项相关的内生解释变量。为解决存在的内生性问题,本书采取了两种方法进行处理:(1) 参考高翔等 (2018) 选择内生解释变量的上一层级均值作为工具变量的做法[119],本书使用国民经济行业分类中的 2 分位行业所遭受的对华反倾销强度作为工具变量,其值以 4 分位行业反倾销强度的均值来衡量。(2) 采用其他国家行业遭受的反倾销强度作为工具变量。借鉴阿诺德等 (Arnold et al., 2011)[120] 的思路,中国优势产业的发展与经济发展历史进程相似的邻国具有一定的相似性,而中国的企业行为并不会受到他国遭遇反倾销的影响,因此本书选择同为发展中国家、具有相似的人口规模和产品结构、中国的邻国——印度优势行业所遭受的反倾销强度作为工具变量,并且印度和中国同样也是遭受反倾销调查较多的国家 (齐俊妍, 2010)[121]。具体地,本书采用 WIOD 数据库公布的各行业产出数据及全球反倾销数据库的数据,构建印度资源密集型和劳动密集型产业,如纺织、服装、皮革、家具、塑料、橡胶和造纸等行业遭受的反倾销强度,利用商品 HS_4 位编码匹配到国民经济行业分类中,将其作为中国优势行业遭受反倾销强度的工具变量,以解决内生性问题。

采用工具变量法回归的估计结果见表 6-4,其中第 (1)~(2) 列采用 2 分位行业反倾销强度作为工具变量,其中第 (1) 列采用新增发明专利数量作为企业创新的代理指标,第 (2) 列采用总发明专利数量作为企业创新的代理指标。采用工具变量法回归的估计的显示,核心解释变量 AD 的系数符号、显著性都没有发生根本性改变,结果依然成立。第 (3)~(4) 列采用印度优势行业所遭受的反倾销强度作为工具变量,回归结果显示,核心解释变量 AD 的系数都依然显著为负,本书核心结论没有改变。

对于所选取的工具变量是否具有合理性,本书对表 6-4 所使用的工具变量法回归进行了相关统计检验:(1) 用于"弱工具变量"检验的 Cragg - Donald Wald F 统计量均大于 10% 水平的临界值 16.38,

这意味着本书所选用的工具变量与内生解释变量存在高度相关关系。
（2）用"识别不足"检验的 Anderson LM 统计量对应的 p 值均为 0，通
过 1% 的显著性水平检验，这表明不存在工具变量个数小于内生解释变
量个数的问题。此外，本书在工具变量回归中，由于只选取了一个工具
变量，而其数目正好等于内生解释变量个数，因此不存在过度识别问
题。以上相关统计检验结果说明本书选取的工具变量是合适的，因此，
内生性问题处理的结果仍然表明对华反倾销是影响中国企业创新提升的
重要因素。

表 6 - 4   内生性问题

变量	InvPat	TotPat	InvPat	TotPat
	（1）IV1	（2）IV1	（3）IV2	（4）IV2
AD	- 0.640 * (0.380)	- 4.136 *** (1.198)	- 1.372 * (0.789)	- 2.349 * (3.247)
Size	0.079 *** (0.002)	0.293 *** (0.005)	0.024 ** (0.001)	0.100 *** (0.004)
Age	0.002 *** (0.000)	0.015 *** (0.001)	0.001 ** (0.000)	0.008 *** (0.000)
Rate_pro	0.108 *** (0.018)	0.307 *** (0.057)	0.063 ** (0.011)	0.103 ** (0.047)
TFP	0.041 *** (0.002)	0.135 *** (0.006)	0.007 ** (0.001)	0.034 *** (0.004)
Export	0.081 *** (0.005)	0.322 *** (0.015)	0.021 ** (0.002)	0.098 *** (0.010)
State	0.001 (0.008)	0.016 (0.025)	0.014 ** (0.005)	0.085 *** (0.021)
Rate_sal	- 0.003 ** (0.001)	- 0.012 *** (0.004)	- 0.001 (0.001)	- 0.005 (0.004)
HHI	1.234 *** (0.065)	4.234 *** (0.206)	- 0.036 (0.052)	- 0.148 (0.213)
Constant	- 1.097 *** (0.025)	- 4.089 *** (0.078)	- 0.331 *** (0.028)	- 1.547 *** (0.115)

续表

变量	InvPat	TotPat	InvPat	TotPat
	(1) IV1	(2) IV1	(3) IV2	(4) IV2
年份固定效应	是	是	是	是
行业固定效应	是	是	是	是
Cragg – Donald Wald F 统计量	8.1e + 05 {16.38}	8.1e + 05 {16.38}	1.2e + 04 {16.38}	1.2e + 04 {16.38}
Anderson LM 统计量	4.6e + 05 [0.000]	4.6e + 05 [0.000]	1.2e + 04 [0.000]	1.2e + 04 [0.000]
Observations	1076449	1076449	369568	369568
R^2	0.015	0.020	0.006	0.009

注：（1）括号内为标准差，***、**和*分别表示1%、5%和10%显著性水平；（3）第1、3列使用新增发明专利数量作为被解释变量，其他列使用总发明专利数量作为被解释变量；（4）第1、2列使用上一层级反倾销强度作为工具变量，第3、4列使用印度反倾销强度作为工具变量；（5）Cragg – Donald Wald F 统计量为弱工具变量识别检验，大括号内的数值为10%水平的临界值；（6）Anderson LM 统计量为工具变量识别不足检验，中括号内的数值为相应报告的 P 值。

6.4.5　稳健性检验

以上结论证明了对华反倾销对中国企业创新存在显著的负向影响，然而这一结论是否稳健？本书从采用创新能力的不同代理指标、反倾销事件的新度量指标以及剔除样本极端值等方面进行稳健性检验。

6.4.5.1　企业创新的其他衡量

在前文中，本书以发明专利水平衡量企业创新，但这在一定程度上能否代表企业的创新产出水平？企业创新与全要素生产率密不可分，技术进步是科技创新的结果，会直接导致企业全要素生产率的显著提升，因此很多文献直接将全要素生产率作为企业创新能力的代理变量（王永钦等，2018）[118]。为了确保本书研究的稳健性，本书使用企业全要素生产率作为企业创新能力的代理变量重新进行 OLS 回归检验，其结果报告在表6-5第（1）列，观察结果发现，反倾销对企业全要素生产率具有明显的负向影响，反倾销强度越高会导致企业全要素生产率水平越低。这说明使用企业全要素生产率衡量企业创新能力并不会对本书的核心结论产生显著的影响，因而本书的核心结论是稳健的。

表6－5 稳健性检验

变量	创新的其他衡量	反倾销的其他衡量		异常值处理	
	TFP （1）	InvPat （2）	TotPat （3）	InvPat （4）	TotPat （5）
AD	− 3.582*** （0.123）	− 9.086* （5.258）	− 35.911** （16.570）	− 0.107*** （0.032）	− 0.274** （0.134）
Size	0.419*** （0.001）	0.079*** （0.002）	0.294*** （0.005）	0.016*** （0.000）	0.101*** （0.001）
Age	− 0.002*** （0.000）	0.002*** （0.000）	0.015*** （0.001）	0.000*** （0.000）	0.007*** （0.000）
Rate_pro	2.471*** （0.009）	0.108*** （0.018）	0.303*** （0.057）	0.034*** （0.002）	0.087*** （0.010）
TFP		0.042*** （0.002）	0.136*** （0.006）	0.005*** （0.000）	0.024*** （0.001）
Export	0.031*** （0.002）	0.081*** （0.005）	0.321*** （0.015）	0.027*** （0.001）	0.147*** （0.003）
State	− 0.426*** （0.004）	0.001 （0.008）	0.016 （0.025）	0.003*** （0.001）	0.046*** （0.004）
Rate_sal	0.005*** （0.001）	− 0.003** （0.001）	− 0.012*** （0.004）	− 0.000* （0.000）	− 0.003*** （0.001）
HHI	0.127*** （0.032）	1.243*** （0.065）	4.300*** （0.205）	0.145*** （0.008）	0.941*** （0.035）
Constant	2.262*** （0.012）	− 1.095*** （0.025）	− 4.079*** （0.078）	− 0.209*** （0.003）	− 1.303*** （0.013）
年份固定效应	是	是	是	是	是
行业固定效应	是	是	是	是	是
Observations	1076449	1076449	1076449	1076449	1076449
R^2	0.383	0.015	0.020	0.037	0.083

注：①括号内为标准差，***、**和*分别表示1%、5%和10%显著性水平；②第（1）列使用全要素生产率作为被解释变量，第（2）、（4）列使用新增发明专利数量作为被解释变量，第（3）、（5）列使用总发明专利数量作为被解释变量。

6.4.5.2 反倾销事件的其他衡量

反倾销从程序上分为发起反倾销调查和反倾销裁定两个阶段。本书研究显示发起对华反倾销调查对中国企业创新具有抑制作用，那么对华反倾销裁定是否也会对中国企业创新产生负向影响？本书聚焦反倾销对企业的影响效应，为了更全面、准确地估计反倾销的影响，参考唐宜红和张鹏杨（2016）的做法[110]，本书采用反倾销裁定案件①重新检验对华反倾销对中国企业创新的影响，数据来源、计量模型、被解释变量及行业层面、企业层面的控制变量均与前文一致。采用反倾销裁定案件研究反倾销对企业创新影响的 OLS 回归的估计结果如表 6 – 5 第（2）~第（3）列所示。从结果可以看出，无论是对华反倾销对中国企业新增发明专利的影响，还是对华反倾销对中国企业总发明专利的影响，结果仍都显著为负，这意味着反倾销裁定对企业创新也具有明显的抑制作用，且将 AD 的系数值进行比较，对华反倾销裁定与对华发起反倾销调查相比而言对中国企业创新的负向影响程度较大。这一结果再次验证了本书的结论是稳健的。

6.4.5.3 异常样本点处理

在本书的样本中存在一些发明专利申请数量异常高或者异常低的企业，那么这些异常点的存在是否会对本书的结论产生影响？为保证对样本估计的准确性，本书对新增发明专利数量和总发明专利数量分别在样本 1%、99% 分位数处进行缩尾处理。本书对进行缩尾处理后的样本重新 OLS 回归，结果报告在表 6 – 5 第（4）~第（5）列。结果显示，在对样本进行缩尾处理后，结果显示 AD 系数的符号都没有根本性改变，因此这些异常点对本书的核心结论没有产生明显的影响。本书的结论在对样本进行缩尾处理后仍然稳健。

---

① 考虑到反倾销初步裁定的案件数较多，本书重点检验反倾销初步裁定对企业创新的影响。

6.5 异质性检验

上面关于企业创新的基本事实描述表明不同特征企业的创新存在着非常显著的差异，这意味着企业创新具有异质性。为了更加深入考察对华反倾销与中国企业创新之间的关系，本书基于企业的异质性进一步研究对华反倾销对不同特征中国企业创新的影响差异。基于企业异质性的存在，本书根据模型（6-1）分别从出口行为、全要素生产率和所有制性质等方面开展对华反倾销对中国企业创新的差异性影响检验。

6.5.1 出口行为异质性检验

本书对出口企业和非出口企业进行基本事实统计后发现，出口企业的创新能力明显高于非出口企业。那么反倾销对这两类企业创新的影响是否也存在差异？为了揭示这一问题，本书利用模型（6-1）对出口企业和非出口企业样本分别进行 OLS 回归，结果见表 6-6。从结果可知，在两类子样本中，AD 的系数均显著为负，表明反倾销对出口企业和非出口企业的创新均有抑制作用。但是相比非出口企业，出口企业的 AD 系数明显要高，以新增发明专利为例，出口企业在 OLS 回归中 AD 系数分别为 2.446，而非出口企业的 AD 系数则只有 0.519；而以总发明专利进行验证，出口企业和非出口企业之间 AD 系数的差异则更为明显。本书参照连玉君和廖俊平（2017）提出的方法[122]，采用"费舍尔组合检验"（Fisher's Permutation test）对分组回归后的组间系数差异进行检验，结果进一步证实了上述差异在统计上存在显著性：在反倾销对企业新增发明专利影响检验中，由经验 p 值（0.040）可知，出口企业组和非出口企业组存在的差异在 5% 水平上显著；在反倾销对企业总发明专利的影响检验中，经验 P 值（0.070）表明两组之间的差异在 10% 水平上显著。反倾销对出口企业创新的负向影响要大于非出口企业，主要原因可能是出于两个方面：一方面从反倾销的直接和间接影响效应看，当面临反倾销时，出口企业首当其冲受到直接冲击，而出口企业在遭受反倾销后开始转向国内生产销售，因此也挤占了非出口企业的国内市场，降低了非出口企业的利润和创新水平，从而也间接影响了非出口企业，由此表现为虽然两类企业的创新均受到了影响，但对出口企业的直接影响相对更大；另一方面从融资约束的视角看，中国的加工贸易企业约占据了出口企业的半壁江山，而这类企业面临着较大的融资约束，因此反倾销进一步加剧了出口企业尤其是加工贸易企业的融资约束水平，影响了相关企业的创新，相比而言，非出口企业由于受到的影响较为间接，因此负向影响相对较小。

表6-6　　　　　　　基于出口行为异质性的检验

变量	InvPat		TotPat	
	出口(1)	非出口(2)	出口(3)	非出口(4)
AD	-2.446**(1.139)	-0.519***(0.181)	-10.137***(3.634)	-2.118***(0.552)
Size	0.177***(0.007)	0.050***(0.001)	0.626***(0.023)	0.190***(0.004)
Age	0.004***(0.001)	0.001***(0.000)	0.039***(0.003)	0.008***(0.000)
Rate_pro	0.411***(0.079)	0.049***(0.013)	1.607***(0.253)	0.049(0.040)
TFP	0.108***(0.009)	0.019***(0.001)	0.343***(0.028)	0.061***(0.004)
State	-0.095**(0.044)	0.013**(0.006)	-0.350**(0.139)	0.075***(0.017)
Rate-sal	-0.011**(0.006)	-0.001(0.001)	-0.041**(0.018)	-0.006**(0.003)
HHI	5.234***(0.284)	0.440***(0.048)	17.440***(0.907)	1.615***(0.146)
Constant	-3.459***(0.589)	-0.628***(0.018)	-12.723***(1.880)	-2.437***(0.054)

变量	InvPat		TotPat	
	出口 （1）	非出口 （2）	出口 （3）	非出口 （4）
年份固定效应	是	是	是	是
行业固定效应	是	是	是	是
观测值	203419	873030	203419	873030
R^2	0.066	0.007	0.082	0.013
经验 p 值	0.040 **		0.070 *	

注：①括号内为标准差，***、** 和 * 分别表示1%、5%和10%显著性水平；②第1~2列使用新增发明专利数量作为被解释变量，第3~4列使用总发明专利数量作为被解释变量；③"经验 P 值"用于组间检验 AD 系数差异的显著性，通过自体抽样（Boot-strap）100 次得到。

6.5.2 生产率异质性检验

不同生产率水平企业的创新能力存在显著的差异是中国企业的一个特征性事实，因此各种生产率水平企业很有可能在反倾销中面临着不同的影响效应。本书对样本企业按照全要素生产率值从高到低的顺序排序，采用分位数法截取研究样本中前 20% 和后 20% 企业作为高生产率企业和低生产率企业。本书对两组子样本企业分别进行了回归估计，表 6-7 显示了具体的 OLS 回归结果。从结果发现，对于高生产率企业，AD 的系数都不显著，这说明反倾销对高生产率企业创新没有产生明显的影响；而对于低生产率企业，AD 的系数都显著为负，这说明了反倾销对于低生产率企业创新具有明显的抑制作用。这是因为与高生产率企业相比，低生产率企业的获利能力较低，且外源融资能力较弱。反倾销的实施会对引发国内市场因出口减少而使竞争变得更加激烈，同时导致相关产业的融资约束变得更为严重，企业获得外部融资的难度加大。在此情形下，低生产率企业与高生产率企业相比其销售收入和利润也会受到更加明显的影响，进而影响其对创新的投入。与此同时，反倾销导致相关行业面临更加严重的融资约束，低生产率企业因外源融资的减少而缩减研发投入，抑制了企业创新水平的提升。

表 6 – 7　　　　　　　　　　基于企业生产率异质性的检验

变量	InvPat		TotPat	
	高生产率 （1）	低生产率 （2）	高生产率 （3）	低生产率 （4）
AD	0. 238 （1. 035）	− 0. 505 *** （0. 166）	− 2. 508 （3. 294）	− 0. 913 ** （0. 421）
Size	0. 138 *** （0. 007）	0. 012 *** （0. 001）	0. 479 *** （0. 021）	0. 072 *** （0. 002）
Age	0. 007 *** （0. 001）	− 0. 000 ** （0. 000）	0. 041 *** （0. 003）	0. 004 *** （0. 000）
Rate_pro	0. 164 * （0. 093）	0. 026 *** （0. 007）	0. 768 *** （0. 296）	− 0. 013 （0. 018）
TFP	0. 378 *** （0. 015）	− 0. 003 ** （0. 001）	1. 290 *** （0. 048）	− 0. 009 *** （0. 003）
Export	0. 193 *** （0. 021）	0. 029 *** （0. 003）	0. 696 *** （0. 065）	0. 103 *** （0. 008）
State	− 0. 144 *** （0. 036）	− 0. 002 （0. 004）	− 0. 534 *** （0. 115）	0. 015 * （0. 009）
Rate − sal	− 0. 010 （0. 007）	− 0. 000 （0. 001）	− 0. 033 （0. 021）	− 0. 003 * （0. 002）
HHI	3. 710 *** （0. 277）	0. 121 *** （0. 036）	11. 914 *** （0. 882）	0. 648 *** （0. 091）
Constant	− 4. 686 *** （0. 154）	− 0. 102 *** （0. 016）	− 16. 468 *** （0. 489）	− 0. 730 *** （0. 040）
年份固定效应	是	是	是	是
行业固定效应	是	是	是	是
Observations	215289	215289	215289	215289
R^2	0. 027	0. 006	0. 032	0. 026

注：①括号内为标准差，*** 、** 和 * 分别表示 1% 、5% 和 10% 显著性水平；②第（1）~（2）列使用新增发明专利数量作为被解释变量，第（3）~（4）列使用总发明专利数量作为被解释变量。

6.5.3　所有制异质性检验

不同所有制企业在激励、约束、监督管理机制和融资渠道等方面存在不同之处，导致反倾销对不同所有制企业创新的影响也可能存在差异。本书对国有企业和非国有企业两个子样本进行了相关检验，对应的OLS 回归结果如表 6 – 8 所示。从结果中可以看出，在国有企业样本中，反倾销无论是对于新发明专利还是对于总发明专利的影响均不显著，这表明反倾销对国有企业的创新没有产生明显的影响。而对于非国有企业，AD 的系数都显著为负，这说明反倾销对非国有企业创新具有显著的负面影响，行业反倾销强度增加 1%，非国有企业的新增发明专利数量下降约 0.64 个，总专利数量下降约 2.6 个。对此的解释是，反倾销会导致企业相关产品的销售收入和企业利润受到影响，进而影响到其内部融资，此时企业会寻求外源融资以缓解财务困境。在反倾销所导致的相关行业金融环境恶化的情况下，非国有企业会面临更为严重的融资约束，获得外部融资的可能性更小，资金不足导致非国有企业对研发投入的减少，抑制了其创新水平的提升。而国有企业由于其产权性质具有较强的外部融资能力，极易获得政府的直接投资，因而在面临融资约束加重的情况下，国有企业与非国有企业相比获得外部融资的可能性较大，因此反倾销对其创新的影响不明显。

表 6 – 8　　　　　　基于企业所有制异质性的检验

变量	InvPat		TotPat	
	国企（1）	非国企（2）	国企（3）	非国企（4）
AD	1.506 (1.188)	-0.635** (0.255)	3.280 (3.290)	-2.602*** (0.813)
Size	0.072*** (0.005)	0.081*** (0.002)	0.283*** (0.014)	0.296*** (0.005)
Age	0.001 (0.000)	0.002*** (0.000)	0.009*** (0.001)	0.016*** (0.001)
Rate_pro	0.038 (0.040)	0.142*** (0.021)	-0.028 (0.110)	0.462*** (0.066)

变量	InvPat		TotPat	
	国企 （1）	非国企 （2）	国企 （3）	非国企 （4）
TFP	0.036 *** （0.006）	0.043 *** （0.002）	0.109 *** （0.017）	0.139 *** （0.007）
Export	0.220 *** （0.027）	0.074 *** （0.005）	0.860 *** （0.074）	0.299 *** （0.016）
Rate – sal	– 0.003 （0.004）	– 0.003 ** （0.001）	– 0.012 （0.011）	– 0.012 *** （0.004）
HHI	1.400 *** （0.195）	1.217 *** （0.070）	4.318 *** （0.539）	4.236 *** （0.222）
Constant	– 0.927 *** （0.066）	– 1.133 *** （0.027）	– 3.718 *** （0.184）	– 4.156 *** （0.087）
年份固定效应	是	是	是	是
行业固定效应	是	是	是	是
观测值	87746	988703	87746	988703
R^2	0.016	0.016	0.035	0.021

注：（1）括号内为标准差，***、** 和 * 分别表示 1%、5% 和 10% 显著性水平；（2）第（1）~（2）列使用新增发明专利数量作为被解释变量，第（3）~（4）列使用总发明专利数量作为被解释变量。

6.6　全球价值链视角下作用机制检验

为了检验在 GVC 视角下反倾销影响企业创新的机制，本书采用中介效应模型进行相关检验。

在确定反倾销对企业创新存在明显的负面效应后，本书采用如下中介效应模型识别反倾销通过全球价值链关联影响企业创新的作用机制，即反倾销是否通过全球价值链关联影响其创新水平。本书设立中介效应计量模型如下：

$$\text{Inno}_{m,i,j,t} = \beta_0 + \beta_{11}\text{AD}_{j,t} + \beta_{12}X_{i,j,t} + \beta_{13}I_{j,t} + u_t + u_h + \varepsilon_{i,j,t} \quad (6-2)$$

$$\text{GVC}_{j,t} = \beta_0 + \beta_{21}\text{AD}_{j,t} + \beta_{22}X_{i,j,t} + \beta_{23}I_{j,t} + u_t + u_h + \varepsilon_{i,j,t} \quad (6-3)$$

$$\text{Inno}_{m,i,j,t} = \beta_0 + \beta_{31}\text{AD}_{j,t} + \beta_{32}\text{GVC}_{j,t} + \beta_{33}X_{i,j,t} + \beta_{34}I_{j,t} + u_t + u_h + \varepsilon_{i,j,t}$$

$$(6-4)$$

其中，GVC_{jt} 代表行业 j 在 t 年的全球价值链关联程度，以行业出口中的国外附加值占该行业总出口的比重衡量，其代表行业出口最终产品中使用的进口中间产品的比重；系数 β_{11} 显著为负，说明存在中介效应的可能性；β_{21} 显著为负，β_{32} 显著为正，则表明反倾销通过影响制全球价值链关联而抑制了企业创新的提升；β_{31} 通过显著性水平检验则说明存在部分中介效应，若不显著则表明存在完全中介效应。

根据模型（6-2）~（6-4）得到的 OLS 回归结果见表 6-9，其中第（1）~（3）列使用新增发明专利衡量企业创新，第（4）~（6）列使用总发明专利衡量企业创新。在第（1）~（3）列中，第（1）列 AD 的系数显著为负表明对华反倾销对中国企业的新增发明专利存在负向影响，这是存在中介效应的前提；第（2）列 AD 的系数显著为负，第（3）列 GVC 的系数显著为正，这表明企业所在行业的全球价值链关联对中国企业创新具有显著的正向影响，而对华反倾销会抑制全球价值链关联对中国企业创新的提升作用，即存在中介效应；第（3）列中 AD 的系数显著，这说明存在着部分中介效应，对华反倾销对中国企业新增发明专利数量的抑制作用是部分通过降低全球价值链关联而实现的。在第（4）~（6）中，第（4）列 AD 的系数显著为负；第（5）列 AD 的系数显著为负，第（6）列 GVC 的系数显著为正，这些都说明存在中介效应，而第（6）列的 AD 系数不显著，这说明存在完全中介效应，对华反倾销对中国企业总发明专利数量的抑制作用是全部通过降低全球价值链关联而实现的。根据表 6-9 的结果，本书认为全球价值链关联是对华反倾销影响中国企业创新活动的中介变量，即对华反倾销致使中国相关行业的全球价值链关联下降，通过影响中国行业全球价值链关联对中国企业创新活动产生了抑制效应。这证明了假说 2 成立。

表 6-9　　　　　　　　反倾销影响企业创新的作用机制

变量	InvPat (1)	GVC (2)	InvPat (3)	TotPat (4)	GVC (5)	TotPat (6)
AD	-0.569 ** (0.249)	-4.797 *** (0.024)	-0.119 (0.260)	-2.404 *** (0.785)	-4.797 *** (0.024)	-0.843 (0.818)

续表

变量	InvPat (1)	GVC (2)	InvPat (3)	TotPat (4)	GVC (5)	TotPat (6)
GVC	—	—	0.092 *** (0.010)	—	—	0.332 *** (0.032)
Size	0.079 *** (0.002)	− 0.002 *** (0.000)	0.080 *** (0.002)	0.293 *** (0.005)	− 0.002 *** (0.000)	0.296 *** (0.005)
Age	0.002 *** (0.000)	0.000 (0.000)	0.002 *** (0.000)	0.015 *** (0.001)	0.000 (0.000)	0.015 *** (0.001)
Rate_pro	0.108 *** (0.018)	− 0.000 (0.002)	0.107 *** (0.018)	0.305 *** (0.057)	− 0.000 (0.002)	0.303 *** (0.058)
TFP	0.041 *** (0.002)	0.000 (0.000)	0.042 *** (0.002)	0.135 *** (0.006)	0.000 (0.000)	0.137 *** (0.006)
Export	0.081 *** (0.005)	0.001 * (0.000)	0.083 *** (0.005)	0.321 *** (0.015)	0.001 * (0.000)	0.329 *** (0.016)
Stata	0.001 (0.008)	0.001 * (0.001)	0.000 (0.008)	0.016 (0.025)	0.001 * (0.001)	0.012 (0.025)
Rate − sal	− 0.003 ** (0.001)	− 0.004 *** (0.000)	− 0.004 *** (0.001)	− 0.012 *** (0.004)	− 0.004 *** (0.000)	− 0.015 *** (0.004)
HHI	1.235 *** (0.065)	− 0.290 *** (0.006)	1.271 *** (0.066)	4.264 *** (0.206)	− 0.290 *** (0.006)	4.381 *** (0.209)
Constant	− 1.096 *** (0.025)	1.058 *** (0.002)	− 1.204 *** (0.027)	− 4.085 *** (0.078)	1.058 *** (0.002)	− 4.470 *** (0.086)
年份固定效应	是	是	是	是	是	是
行业固定效应	是	是	是	是	是	是
Observations	1076449	1052933	1052933	1076449	1052933	1052933
R^2	0.015	0.866	0.015	0.020	0.866	0.020

注：①括号内为标准差，***、** 和 * 分别表示 1%、5% 和 10% 显著性水平；②第（2）、（5）列使用 GVC 作为被解释变量，第（1）、（3）列使用新增发明专利数量作为被解释变量，第（4）、（6）列使用总发明专利数量作为被解释变量。

6.7 "时间效应"检验

为了考察对华反倾销对企业创新的影响是否存在时间效应,本书继续延长研究区间,分别选取了事件发生以后 1~5 年考察对华反倾销对中国企业新增发明专利和总发明专利数量的持续影响效应,图 6-5 显示了 OLS 回归的估计系数和置信区间。从结果可以看出,在事件发生后 1~5 年内对华反倾销对中国企业的新增发明专利数量和总发明专利数量的负向影响在较长时期内一直存在。由此证明了对华反倾销对企业创新的抑制作用存在"时间效应"。这证明了假说 3 成立。

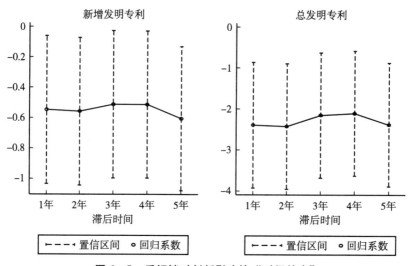

图 6-5 反倾销对创新影响的"时间效应"

6.8 本章小结

随着贸易保护主义重返世界舞台,贸易摩擦对一国乃至世界各国的影响越来越大,本书从企业创新视角探究了贸易摩擦的影响并考察了其内在机制。本书利用 2000~2007 年中国工业企业数据库、中国海关数据库和全球反倾销数据库的数据,以对华反倾销为例,实证检验了中外贸易摩擦对中国企业创新的影响，主要研究发现如下：

第一，中外贸易摩擦可以有效地抑制中国企业创新，这一结论在考虑内生性及采用创新能力的不同代理变量、反倾销事件的新度量指标以及剔除样本极端值等多种稳健性检验下均成立。

第二，进一步的企业异质性研究发现，中外贸易摩擦对不同特征中国企业创新的影响存在着显著的差异：（1）中外贸易摩擦对于中国出口、非出口两类企业创新都具有明显的抑制效果，但对中国出口企业的影响程度更大。（2）中外贸易摩擦对中国低生产率企业创新具有显著的负向影响，而对中国高生产率企业的影响不明显。（3）中外贸易摩擦导致中国非国有企业创新水平呈现明显的下滑态势，而对中国国有企业的影响不明显。

第三，探讨中外贸易摩擦影响中国企业创新的"时间效应"发现，中外贸易摩擦对中国企业创新在长期内具有显著的负面影响，即在发起反倾销调查后 1~5 年，中外贸易摩擦对中国企业创新的抑制作用仍然存在。

第四，基于 GVC 视角探讨中外贸易摩擦影响中国企业创新的作用机制发现，中外贸易摩擦致使中国相关行业的全球价值链关联下降，通过影响中国行业的全球价值链关联而对其企业创新活动产生了抑制效应。

以上结论对当前国际贸易政策以及国家相关产业政策的实施具有重要启示：随着贸易保护主义的抬头，反倾销作为贸易救济措施而被越来越多的国家频繁地使用，反倾销对企业的影响也愈加明显，尤其是对于企业创新的影响。在这一背景下，一方面，由于贸易保护对中国企业创新存在较大的负面影响，且影响较为长期和持续，因此在未来的国际贸易协商中，各国应当尽可能以谈判为主要原则，而引发贸易摩擦并不断升级是不可取的，对于双边的企业创新和发展均是不利的，因此要防止开展双边贸易保护，甚至防止扩大为全球性贸易保护；另一方面，在贸易保护背景下提高企业创新能力，则需要政府增强对企业融资方面的扶持。融资约束是贸易保护抑制创新的重要影响机制，企业在负面外部冲击下若要存活和发展，甚至增强创新能力，获得融资是关键，政府方面应当充分利用金融、财政等多种手段，以此缓解企业融资约束，从而提高企业创新力。

第 7 章

全球价值链视角下中外贸易摩擦
对出口产品质量的影响

7.1 引言

近年来，全球贸易增速放缓，全球贸易增速自 2011 年开始已经连续 6 年低于 3%①，中国出口贸易虽也受到全球贸易低迷的波及，但长期以来仍保持高速增长。根据中国海关总署的统计，1978～2017 年间中国出口总额保持年均增速为 19.1% 的高速增长，而这一现象也被称为"中国贸易增长之谜"（吴福象和刘志彪，2009)[123]。随着货物贸易总量的提升，中国在全球的国际地位也在不断地提升，自 2009 年起中国连续 9 年位居货物贸易第一大出口国地位，其中 2015 年中国贸易出口占到在全球出口市场份额的 13.8%②，达到近 50 年来全球最高点。随着以中国为首的发展中国家的经济实力逐步提升，世界面临着前所未有的大变局。根据"修昔底德陷阱"，一个新崛起的大国必然会威胁到现存大国的霸主地位，而现存大国也必然会对这种威胁采取回应，因此以美国为首的西方国家认为中国已经对其国际地位产生了威胁，并频繁

---

① 资料来源：文静. WTO 总干事阿泽维多：预计今年全球贸易增速为 2.4%［EB/OL］. FX168 财经网，https：//www.fx168.com/fx168_t/1708/2339960.shtml。

② 资料来源：贸易金融. 我国出口占全球份额 13.8% 蝉联货物贸易第一大国［EB/OL］. 贸易金融网，2016－08－25，http：//www.sinotf.com/GB/News/1003/2016－08－25/3MMDAw MDIwODk3MQ.html。

地对中国实施贸易保护措施。

质量是经济发展的立足点。"中国制造"长期以来一直遭受着产品质量的困扰，因此中国政府一直非常重视产品质量升级问题。党的十八大报告中曾经有九次提到"质量"，而党的十九大报告也提出了"质量强国"和"质量第一"的建设理念。自 2012 年以来，在对加工贸易转型升级的宏观指导和政策引导下，中国制造业在全球价值链中的地位逐渐提升到中上游位置，具体表现为劳动密集型、资源密集型行业的国际竞争力有所下降，而具有高附加值的资本技术密集型行业、现代服务业的国际竞争力却呈现出显著提升的态势，例如在中美贸易中，中国对美国出口的产品在传统劳动密集型产品的基础上，增加了机电产品和高新技术产品。中国制造业发展致使发达国家对中国产生恐惧，这直接导致了西方国家与中国之间的对立，也造成了对华贸易保护的增加。

为遏制中国经济的增长及制造业产品质量的升级，各国频繁对中国采取贸易保护措施。根据全球反倾销数据库统计显示，2017 年总计 21个国家（地区）对中国发起 75 起贸易救济调查，涉案金额高达 110 亿美元。在各种贸易救济措施中反倾销的使用频率最高，而中国成为遭遇反倾销调查最多的国家，连续 23 年居于全球首位。持续不断的反倾销在很大程度上损害了中国出口贸易，中国因此遭受的直接经济损失累计达到数百亿美元，而丧失的市场份额和其他间接损失则更是难以计算。2018 年以来中美贸易呈现愈演愈烈的势头，在美国政府先后对中国输美价值 340 亿美元、160 亿美元、2000 亿美元商品加征关税后，2019 年9 月 1 日美国再次对中国输美商品中价值 3000 亿美元 A 清单商品开始加征 15% 关税①。此外，2018 年美国还对中国实施了较大规模的反倾销。因此，在这种背景下探讨国外反倾销对中国出口产品质量的影响效果及影响路径是迫切的。

企业是一国经济发展的柱石，而产品质量更是一个企业立足的根本，产品质量升级对于企业的成长和发展具有重要意义。各国频繁对中国实施贸易保护壁垒，这是否会对中国企业出口产品质量造成消极的影响？如果贸易摩擦对出口产品质量存在影响，那么传导路径又是什么？随着全球贸易的飞速发展和产品内分工的细化，各经济体由于参与进口

---

① 资料来源：特朗普称将于 9 月 1 日起对华 3000 亿美元商品加征 10% 的关税，美股全线暴跌 ［EB/OL］，雨果网，2019－08－02，https：//www.cifnews.com/article/48037。

中间品贸易而嵌入全球价值链，进口中间品也由于各国间的跨境贸易成为产品质量提升的重要渠道。在全球价值链上，进口中间品所蕴含的先进技术随着价值链而向下一个环节传递，某一个环节上技术的提高会带动下一个环节技术的改进，形成技术的垂直溢出效应（Goldberg & Pavcnik，2007）[124]，而这种技术溢出效应直接表现为企业通过吸收进口中间品所隐含的先进技术而促进出口产品质量升级。因此，随着产业内分工的不断细化，贸易摩擦对出口产品质量的影响可能比任何时期都更加广泛。

7.2 理论机制与研究假设

反倾销的主要目的是通过加征进口关税而提升进口产品价格，这意味着反倾销的实施会直接导致进口产品的价格上升，从而导致出口企业在进行竞争时与进口国同类产品相比，其产品不再具有竞争优势，从而带来出口企业的市场规模急剧下降，企业利润的急剧下降，影响企业研发投入（谢建国和章素珍，2017）[37]，进而抑制企业出口产品质量的提升。此外，在我国出口的产品中，劳动密集型和资源密集型产品比重较高，这些产品的技术含量不高，产品升级的空间也较小，在遭遇反倾销后产品质量基本保持不变，甚至会出现下降态势。

在反倾销实施后，出口企业对反倾销发起国的出口数量呈现明显的下降，这也导致出口企业的绩效出现全面下滑，进而影响了企业出口能力，导致企业对其他地区的出口数量也出现了明显的下降。反倾销抑制了出口企业的出口规模，进而导致相关企业对进口中间品需求的也随之下降，导致进口中间品规模呈现明显下降态势，而且还有可能会影响到进口中间品的质量。而对于进口中间品与出口产品质量之间的关系，进口中间品对于出口产品质量具有重要的提升作用。这是因为，对于出口企业而言，进口核心零部件、高技术含量的中间品是提升产品质量的一条重要途径，进口中间品利用本身所特有的"质量效应""成本效应""技术溢出效应"对促进企业出口产品质量的升级具有重要的影响。进口中间品促进出口产品质量升级的机制具体包括以下三个方面：

第一，进口中间品"质量效应"影响出口产品质量。随着生产分工日益细化，作为生产过程中必不可少的组成部分，中间品越来越多地参与到生产过程中。进口中间品是国外先进技术和创新水平的体现，与国内中间品相比具有更高的技术含量，代表着世界较高的质量水平，而高质量的中间品对企业出口产品质量的提升作用也非常明显（Bas & Strauss，2015）[125]。中间投入品质量是产出质量的保证，投入中间品的质量越高，最终品的质量也越高（Kugler & Verhoogen，2012[126]）。

第二，进口中间品"成本效应"影响出口产品质量。国内中间品和进口中间品之间具有不完全可替代性，而进口中间投入品拥有更低的成本优势，这意味企业可以通过选择进口中间品而降低生产成本，从而获得更多的收入和利润（许家云等，2017）[127]。在企业的初始资金约束内，生产成本越低，企业研发资金也越充足，可以通过研发创新提升产品质量（Goldberg et al.，2010）[128]。

第三，进口中间品借助"技术溢出效应"提升产品质量。进口中间品中蕴含了来源国的先进技术和先进工艺，企业通过对进口中间品所蕴含的先进技术进行使用、吸收和转换，以此提升企业自身的研发水平，促进出口产品质量升级（石小霞和刘东，2019[129]）。此外，多元化的进口中间品增加了企业进口中间品的种类，而不同种类的中间品通过组合能够产生互补效果，这种"整体大于局部"效应能够进一步带来技术溢出，在产品研发与设计、生产工序及流程管理等领域带来创新联动效应，有助于企业出口产品质量升级（Shepherd & Stone，2012）[130]。

一国的全球价值链关联程度主要通过进口中间品进行衡量，因此，进口中间品对出口产品质量的影响作用，即为一国在 GVC 关联对出口产品质量的影响。因此，本书可以得出：对华反倾销通过减少中国企业的 GVC 关联而影响了其出口产品质量的提升。

基于以上理论分析，本书考察中外贸易摩擦对中国出口产品质量的影响，得到假设如下：

假说 1：中外贸易摩擦的负面冲击可能会带来中国相关企业的出口产品质量下降。

假说 2：中外贸易摩擦影响中国出口产品质量的机制还表现为贸易摩擦会影响企业的 GVC 关联，主要表现为贸易摩擦会直接影响进口中间品从而带来出口产品质量下降。

7.3 计量模型、变量与数据

7.3.1 模型设定

本书以对华反倾销为例，考察中外贸易摩擦对中国企业出口产品质量的影响，本书将计量模型设定如下：

$$Q_{ifet} = \beta_{11} + \beta_{12}AD_{fet} + \beta_{14}X_{ijt} + \beta_{15}I_{jt} + u_t + u_h + \varepsilon_{ifet} \qquad (7-1)$$

其中，i 代表企业，f 代表产品，c 代表进口国，t 代表年度；Q_{ifet} 表示出口产品质量；核心变量 AD_{fet} 表示反倾销案件数量，其系数 β_1 刻画了对华反倾销对中国企业出口产品质量的影响程度；X_{ijt} 表示企业层面的控制变量；I_{jt} 表示行业层面的控制变量，行业使用国民经济行业分类（ICNEA）4 位码行业；u_t、u_h 分别表示年份、行业固定效应；ε_{ifet} 为随机干扰项。

7.3.2 变量选取与测算

7.3.2.1 被解释变量

对于出口企业产品质量的测算，本书借鉴哈拉克和西瓦达桑（Hallak & Sivadasan，2009）[131]、施炳展和邵文波（2014）[132]的方法，采用事后反推法测算产品质量。他们认为消费者效用水平由产品的数量和质量决定，因此可以通过产品的价格、数量和市场占有率等信息估计产品需求函数，然后借此反推出产品质量。事后反推法测算产品质量的步骤如下：

在消费者效用函数中加入质量因素，则某一种产品的消费者效用函数为：

$$U_{fet} = \Big[\sum_{fet} (\lambda_{fet}q_{fet})^{\frac{\sigma-1}{\sigma}} \Big]^{\frac{\sigma}{\sigma-1}} \qquad (7-2)$$

其中，q_{fet} 和 λ_{fet} 分别代表出口产品的数量和质量；σ 代表不同种类产品之间的替代弹性，且 σ 大于 1。基于效应最大化条件，由效用函数推导出的对应产品价格指数 P_t 为：

$$P_t = \sum_{fet} P_{fet}^{1-\sigma} \lambda_{fet}^{\sigma-1} \qquad (7-3)$$

其中，P_{fet} 为出口产品价格，那么产品 f 对应的产品需求

$$q_{fet} = P_{fet}^{-\sigma} \lambda_{fet}^{\sigma-1} \frac{E_t}{P_t} \qquad (7-4)$$

其中，E_t 为该产品的消费者总支出，P_t 为效应函数对应的产品价格指数，E_t/P_t 表示市场规模。

对式（7-4）两边取自然对数，整理后得到如下计量回归方程：

$$Lnq_{fet} = \chi_{fet} - \sigma lnP_{fet} + \varepsilon_{fet} \qquad (7-5)$$

令 $\chi_{fet} = LnE - LnP$，将其设置为年份 – 国家两维虚拟变量，以控制国家间的地理距离等仅随进口国变化的变量，以及人均 GDP、汇率、政策改革等同时随时间和进口国变化的变量。残差项 $\varepsilon_{fet} = (\sigma - 1)Ln\lambda_{fet}$ 包含企业在 t 年对 c 国出口产品 f 的质量 λ_{fet}。特别要说明的是，式（7-5）是基于产品层面测算每一种 HS 产品质量的回归方程式，因此控制了产品技术水平、资本密集度、要素禀赋等产品特征。对式（7-5）进行回归可以得到价格的系数 σ 和 ε_{fet} 残差，由此可以推导出产品 f 的质量：

$$quality_{fet} = Ln\hat{\lambda}_{fet} = \frac{\hat{\varepsilon}_{fet}}{(\sigma - 1)} = \frac{Lnq_{fet} - Ln\hat{q}_{fet}}{(\sigma - 1)} \qquad (7-6)$$

式（7-6）可以测算每个企业在产品—年度—进口国层面的出口产品质量。为了使不同种类产品的质量具有可比性，将出口产品质量进行标准化处理以获得相对质量。企业每一种产品在每一个进口国当年的标准化质量的测算方法如下：

$$r\_quality_{fet} = \sum \frac{quality_{fet} - minquality_{fet}}{maxquality_{fet} - minquality_{fet}} \qquad (7-7)$$

其中，$maxquality_{fet}$ 和 $mixquality_{fet}$ 代表某一种 HS 产品在所有企业、所有年度、所有进口国层面上质量的最大值和最小值。r_quality 介于 [0，1] 之间，能够在不同层面进行比较。

质量标准化后可以在各个层面上进行质量指标的加权平均加总，以得到整体产品质量指标。HS 产品在某一层面在 t 年的整体质量指标则定义如下：

$$TQ = \sum \frac{v_{fet}}{\sum_{fet \in \Omega} v_{fet}} \times r\_quality \qquad (7-8)$$

其中，TQ 为某一层面每个年度的出口产品整体质量情况，且位于

[0，1] 之间；v_{fct} 代表企业某一种 HS 产品 f 在 t 年对 c 国的出口额，Ω 表示某一整体如企业、行业、国家、年度等层面的样本集合。

根据式（7-5），本书利用海关数据对 HS_6 位码商品样本进行 OLS 回归，提取回归的残差和价格系数，根据式（7-6）、式（7-7）计算得到每一个 HS_6 产品 f 在 t 年出口到 c 国的产品质量和标准化质量，然后根据式（7-8）在单个产品层面进行加权加总处理，得到每一个 HS_6 位码产品在 t 年的总体质量指标，并据此绘制了 2000～2007 年间中国出口产品质量的变化趋势。从图 7-1 可以发现：中国出口产品的整体质量在 2000～2006 年整体呈现上升趋势，2005 年、2006 年到达最高点，2007 年产品质量出现急速下降。这一趋势变化的可能原因是：（1）中国在 2001 年加入 WTO 后，贸易自由化为中国企业提高了参与国际贸易的机会，也带了更加剧烈的市场竞争，出口企业为获得产品竞争优势而倾向于产品质量升级。（2）随着大量中间品涌入，出口企业使用进口中间品替代国内中间品参与商品生产，有助于提升产品质量。（3）受到全球金融危机的影响，2007 年企业出口产品质量出现下跌趋势。

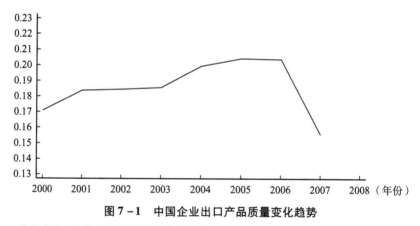

图7-1　中国企业出口产品质量变化趋势

资料来源：根据中国海关数据库计算得到。

7.3.2.2　解释变量

本书的核心解释变量是各国对华反倾销案件数量。本书使用全球反倾销数据库数据统计了 2000～2007 年各国针对 HS_8 位码商品对华发起的反倾销案件数量，将此结果在 HS_6 位码商品层面进行汇总后得到国外对华实施的反倾销调查数量。为了更清楚了解各国在 HS_6 码商品上实施的对华反倾销情况，本书以商品的 HS_6 码为关键变量，将全球反倾销数据库数据与中国海关数据进行匹配后，统计了国外对华反倾销数量的变化。从图 7 - 2 中可以发现，各国对华反倾销数量整体呈现倒"U"型发展趋势，中国从 2001 年加入 WTO 后，对华反倾销数量开始不断地攀升，其中 2004 年到达最高点之后反倾销数量有所下降。

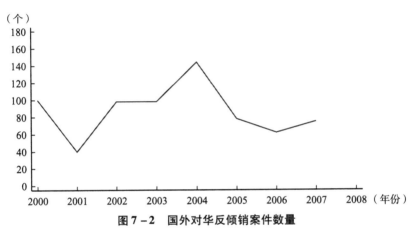

图 7 - 2　国外对华反倾销案件数量

资料来源：根据全球反倾销数据库数据统计。

7.3.2.3　控制变量

本书主要选取了企业规模、企业年龄等变量作为企业层面的控制变量，同时选择行业竞争度和行业进入壁垒作为行业层面的控制变量。

企业层面的控制变量主要包括：（1）企业年龄（Age）。企业年龄意味着企业的存续时间，一方面，企业年龄越大，意味着企业可能已经具有了较强的竞争能力，产品本身也具有其自身的优势，且更熟悉企业产品质量的提升和改进；另一方面，企业年龄越大，企业的生产设施也可能处于陈旧和老化状态，这阻碍了产品质量的提升。企业年龄用"当年年份 - 成立年份 + 1"衡量。（2）企业规模（Size）。根据新贸易理论，企业规模可以衡量企业自身是否具有成本优势。企业规模越大，其资金、人力资源等方面可能存在更多的资源优势，科学技术水平也可能更为先进，因此其产品质量方面也可能存在着更大的优势。本书以总资产衡量企业规模。（3）企业创新（Innovation）。企业创新情况能够直接反映企业的科技水平，企业的技术水平越先进，则其产品质量则可能越高。鉴于专利能够代表企业创新产出情况，本书采用创新难度更高的发明专利申请数量来衡量企业创新水平。（4）资本密集度（Capital）。资本密集度反映企业资本投入水平，资本密集度越高的企业，质量阶梯可能也越长，出口产品质量也越低。资本密集度以固定资产总额与企业从业人数的比值来衡量。（5）融资约束（SA）。企业融资约束代表企业外部融资情况，融资约束对出口产品质量升级具有明显的抑制作用。本书采用哈德洛克和皮尔斯（Hadlock & Pierce，2010）提出的融资约束 SA 指数作为代理变量[133]，其值根据公式 $0.737 * Size + 0.043 * Size^2 - 0.04 * Age$ 计算获得①。（6）国有企业（State）。鉴于国有企业是中国特色社会主义经济的"顶梁柱"，国家对国有企业的产品质量监管更为严格，因此本书加入企业所有制性质虚拟变量，国有企业赋值为 1，否则其值为 0。

行业层面的控制变量包括：（1）行业集中度（HHI）。行业集中度体现了整个行业内市场竞争和垄断程度，行业垄断过高，不利于行业内竞争，这明显不利于产品质量提升。行业竞争度使用赫芬达尔—赫尔曼指数（HHI）作为测量指标，具体由企业市场规模在所在行业市场总规模中占比的平方和表示，$HHI = \sum_{i=1}^{n}(X_i/X)^2$，其中，n 表示 ICNEA 4 分位行业的企业数量；X_i 表示第 i 个企业市场规模，本书选取企业销售产值衡量市场规模；X 表示行业市场规模。（2）行业进入壁垒（Entrybarrier）。行业进入壁垒具有保护产业内已有企业的作用，直接反映潜在进入企业成为现实进入者所遇障碍的大小，若行业进入壁垒较高，则意味着潜在进入企业必须在规模经济、资金需求、转换成本、技术转换等方面克服更多的困难，这不利于产品质量提升，本书的行业进入壁垒以 ICNEA_4 位码行业的企业年均固定资产进行衡量。

---

① 在 SA 指数的计算中，Size 代表企业规模的自然对数，需要把企业总资产的单位由千元调整为百万元后计算，即 Size = Ln（企业总资产/1000）；Age 代表企业的成立年限。

7.3.3　数据处理与描述性统计

本书选用 2000～2007 年面板数据进行回归检验，主要数据来源于三个数据库：一是中国工业企业数据库，二是中国海关数据库，三是全球反倾销数据库。关于数据库之间的数据匹配，中国工业企业数据库与中国海关数据库两个数据库通过企业中文名称进行匹配，中国海关数据库与全球反倾销数据库之间根据产品 HS_6 位码进行匹配。

中国工业企业数据库提供了非常详细的企业信息数据，中国海关数据库记录了出口企业每一笔贸易往来的交易记录，而全球反倾销数据库则统计了各国基于 HS 商品对进口国实施的反倾销案件。中国工业企业数据库虽被广泛使用，但其数据存在诸多的问题，针对中国工业企业数据库中存在的数据遗漏、统计错误、指标数据异常等问题，本书对其数据做如下处理：（1）删除企业职工人数少于 8 人的企业；（2）剔除企业销售利润率过高或过低企业，如企业销售利润率 >1、企业销售利润率 <−1；（3）剔除企业年龄不合理的企业，如企业年龄 <0、企业年龄 >60；（4）剔除财务指标不符合会计准则的企业，如总资产 <0，固定资产 <0，流动资产 <0，总资产 < 流动资产，总资产 < 固定资产；（5）剔除主要变量数据缺失的样本。最终得到的研究样本包括 72818 家出口企业，2439764 个观测值。

各个变量的具体统计性描述结果见表 7−1。出口产品质量的平均值分别为 5.032，标准差为 9.328，这说明中国企业出口产品质量水平还较低，且企业之间的产品质量还存在着较大的差异。各国针对 HS_6 位码商品实施的对华反倾销案件数的最小值和最大值分别为 0 和 30，这意味着部分产品受到的反倾销次数非常之多，在一年中遭遇的反倾销竟高达三十次。

表 7−1　　　　　　　　　主要变量描述性统计

变量	含义	均值	标准差	最小值	最大值
Q	出口产品质量	5.032	9.328	0.055	69.803
AD	反倾销案件	0.003	0.091	0	30

变量	含义	均值	标准差	最小值	最大值
Age	企业年龄	8.841	7.678	0	60
Size	企业规模	10.887	1.624	3.689	18.728
Innovation	企业创新	3.975	46.760	0	2499
Capital	资本密集度	91.224	234.059	0.004	72396.7
SA	融资约束	-2.492	0.185	-5.547	2.658
State	国有企业	0.035	0.178	0	1
HHI	行业集中度	0.004	0.012	0	1
Entrybarrier	行业进入壁垒	10.643	1.069	5.889	17.676

7.4　实证检验

7.4.1　基本估计结果

本书根据模型（7-1）进行 OLS 回归，估计结果如表 7-2 第（1）～
（3）列所示。第（1）列未加入控制变量，结果显示，反倾销变量 AD
的系数值为 -0.270，并在 1% 水平上显著，这意味着反倾销对企业出
口产品质量确实存在着抑制作用。第（2）列中加入控制变量，AD 的
回归系数值与符号基本没有改变，且二者的影响系数仍然在 1% 水平上
显著。第（3）列中结果显示，在进一步控制年份、行业固定效应后，
AD 的系数依然显著为负。对此问题可能的解释有两个：一方面，对华
反倾销的实施提升了中国出口产品的价格，使得进口国对该产品的消费
量减少，进而导致出口规模降低和企业生产数量减少，严重阻碍了产品
质量升级；另一方面，对华反倾销导致中国出口企业的贸易成本加大，
阻碍了中间品的贸易自由化，中国出口企业使用国内中间品代替国外中
间品，导致产品质量下跌。这证明了假说 1 成立。

表 7 - 2　　　　　　　　反倾销对出口产品质量的影响

变量	(1) OLS (AD)	(2) OLS (AD)	(3) OLS (AD)	(4) OLS (AD_lag)	(5) IV (AD)
AD	- 0. 270 *** (0. 065)	- 0. 293 *** (0. 065)	- 0. 104 * (0. 060)	- 0. 108 * (0. 064)	- 9. 790 *** (2. 023)
Age	—	0. 052 *** (0. 002)	0. 047 *** (0. 002)	0. 056 *** (0. 002)	0. 047 *** (0. 002)
Size	—	1. 571 *** (0. 015)	1. 139 *** (0. 014)	1. 233 *** (0. 015)	1. 138 *** (0. 014)
Innovation	—	0. 005 *** (0. 000)	0. 002 *** (0. 000)	0. 002 *** (0. 000)	0. 002 *** (0. 000)
Capital	—	- 0. 002 *** (0. 000)	- 0. 001 *** (0. 000)	- 0. 001 *** (0. 000)	- 0. 001 *** (0. 000)
SA	—	2. 226 *** (0. 038)	1. 559 *** (0. 036)	1. 757 *** (0. 039)	1. 555 *** (0. 036)
State	—	- 1. 618 *** (0. 034)	- 0. 754 *** (0. 032)	- 0. 717 *** (0. 037)	- 0. 755 *** (0. 032)
HHI	—	3. 568 *** (0. 501)	3. 615 *** (0. 480)	3. 528 *** (0. 571)	3. 479 *** (0. 484)
Entrybarrier	—	0. 285 *** (0. 007)	- 0. 094 *** (0. 007)	- 0. 055 *** (0. 007)	- 0. 092 *** (0. 007)
Constant	5. 034 *** (0. 006)	- 9. 837 *** (0. 087)	- 4. 304 *** (0. 096)	- 5. 163 *** (0. 105)	- 4. 226 *** (0. 098)
年份固定效应	否	否	是	是	是
行业固定效应	否	否	是	是	是
Cragg – Donald Wald F 统计量	—	—	—	—	2172. 26 ｛16. 38｝
Anderson LM 统计量	—	—	—	—	2170. 36 ［0. 000］

变量	(1) OLS (AD)	(2) OLS (AD)	(3) OLS (AD)	(4) OLS (AD_lag)	(5) IV (AD)
Observations	2439764	2439764	2439764	2151118	2439764
R^2	0.000	0.025	0.158	0.160	0.149

注：(1) 括号内为标准差，***、** 和 * 分别表示 1%、5% 和 10% 显著性水平；(2) 第 1 列使用 OLS 回归，第 2～4 列使用固定效应回归，第 5 列使用工具变量回归；(3) 第 4 列使用反倾销滞后 1 期作为解释变量，其他列使用反倾销作为解释变量；(4) Cragg - Donald Wald F 统计量为弱工具变量识别检验，大括号内的数值为 10% 水平的临界值；(5) Anderson LM 统计量为工具变量识别不足检验，中括号内的数值为相应报告的 P 值。

7.4.2　内生性讨论

上文使用 OLS 回归检验对华反倾销对中国企业出口产品质量的影响，这可能导致内生性问题存在，而若存在内生性问题则会导致上文中基本回归的估计结果是有偏的或不一致的。内生性问题是指解释变量与扰动项之间存在相关关系，它一般是由遗漏变量、测量偏差及双向因果等问题所导致。对于可能存在的内生性问题，本书进行了 Hausman 检验，结果显示 Hausman 检验统计量对应 p 值为 0.0001，这说明模型 (7-1) 中存在内生性变量。基于此，本书采用两种方法以控制内生性问题。

第一，采用滞后 1 期内生解释变量替代内生解释变量以缓解内生性问题。若计量模型的扰动项之间不存在较强的序列关联性，则扰动项由当期值所决定，则可以采用滞后 1 期反倾销 (AD_1) 替换反倾销 (AD) 以缓解内生性问题。表 7-2 第 (4) 列报告了滞后 1 期反倾销 (AD_1) 对企业出口产品质量的影响，OLS 回归的结果显示 AD 的系数仍显著为负。

第二，采用工具变量法 (IV) 以解决内生性问题。参考阿诺德等 (Arnold et al.，2011) 的做法[120]，本书采用其他国家行业反倾销案件数量作为工具变量。中国的经济发展与印度具有一定的相似性，这是因为：一是中国和印度同为最大的发展中国家；二是中国与印度是相邻国家，在地理位置和自然资源上具有相似性；三是中国和印度是世界人口数量最多的两个国家，具有劳动力优势；四是印度和中国同样也是遭受反倾销调查较多的国家之一。此外，中国的企业行为并不会受到印度遭遇反倾销的影响，因此本书选择印度所遭受的反倾销案件数作为工具变量。本书根据全球反倾销数据库构建印度 HS_6 位编码商品所遭受的反倾销案件数，将其作为中国遭受反倾销强度的工具变量，以解决内生性问题。

使用印度遭受反倾销案件数作为工具变量回归的估计结果见表 7 - 2 第（5）列。从结果可以看出，使用工具变量法（IV）的估计结果与基准回归结果相一致，对华反倾销显著地抑制了中国企业出口产品质量的升级。对于所选取的工具变量是否具有合理性，本书对表 7 - 2 第（5）列的工具变量进行了相关统计检验：（1）用于"弱工具变量"检验的 Cragg - Donald Wald F 统计量均大于 10% 水平的临界值 16.38，强烈拒绝"存在弱工具变量问题"的原假设。（2）用于"识别不足"检验的 Anderson LM 统计量值通过 1% 的显著性水平检验，这表明拒绝"存在弱工具变量问题"的原假设。（3）本书选用的工具变量个数正好等于内生解释变量个数，因此不存在过度识别问题。以上相关统计检验结果说明本书选取的工具变量是合适的，因此，在考虑了内生性问题后，对华反倾销是影响中国企业出口产品质量提升的重要因素。

7.4.3 稳健性检验

以上结论证明了对华反倾销对中国企业出口产品质量存在明显的抑制作用，然而这一结论稳健性如何？为了考察这一问题，本书从采用反倾销的新度量指标、产品质量的其他代理指标以及分位数回归法分别进行稳健性检验。鉴于工具变量回归能够很好地抑制内生性问题，本书在稳健性检验及后续分析中也都加入了工具变量法进行相关检验，且均使用印度 HS_6 位码商品遭遇的反倾销案件数作为工具变量。

7.4.3.1 反倾销的其他衡量

在基本回归中，本书使用 HS_6 位码产品所遭受的反倾销调查案件数量作为解释变量，衡量国外对华反倾销调查对于中国出口产品质量的影响。为了更深入、全面研究反倾销对企业出口产品质量的影响，本书将遭受反倾销产品与没有遭受反倾销产品的质量进行对比，重新设置 AD 为虚拟变量，若中国出口的 HS_6 位码商品在当年遭遇到进口国的反倾销调查，则取值为 1，反之则取值为 0。表 7 - 3 第（1）~（2）列给出了采用 OLS 回归和工具变量法回归的估计结果，其中第（2）列使用印度 HS_6 位码商品是否遭遇进口国反倾销作为工具变量。从结果中可以看出，在改变了反倾销的衡量方法后，对华反倾销对中国企业出口产品质量仍具有显著的抑制作用，这说明本书基本回归中的核心结论依然成立。

表 7 - 3　　　　　　　　　稳健性检验（1）

变量	反倾销的其他衡量		产品质量的其他衡量		剔除异常值	
	（1）OLS	（2）IV	（3）OLS	（4）IV	（5）OLS	（6）IV
AD	- 0.852 *** (0.142)	- 41.920 *** (2.908)	- 0.004 *** (0.001)	- 0.230 *** (0.024)	- 0.105 * (0.060)	- 9.855 *** (2.010)
Age	0.047 *** (0.002)	0.046 *** (0.002)	0.001 *** (0.000)	0.001 *** (0.000)	0.046 *** (0.002)	0.046 *** (0.002)
Size	1.139 *** (0.014)	1.131 *** (0.014)	0.030 *** (0.000)	0.030 *** (0.000)	1.127 *** (0.014)	1.126 *** (0.014)
Innovation	0.002 *** (0.000)	0.002 *** (0.000)	0.000 *** (0.000)	0.000 *** (0.000)	0.002 *** (0.000)	0.002 *** (0.000)
Capital	- 0.001 *** (0.000)	- 0.001 *** (0.000)	- 0.000 *** (0.000)	- 0.000 *** (0.000)	- 0.001 *** (0.000)	- 0.001 *** (0.000)
SA	1.559 *** (0.036)	1.540 *** (0.036)	0.041 *** (0.000)	0.041 *** (0.000)	1.536 *** (0.036)	1.532 *** (0.036)
State	- 0.754 *** (0.032)	- 0.755 *** (0.032)	- 0.020 *** (0.000)	- 0.020 *** (0.000)	- 0.749 *** (0.032)	- 0.751 *** (0.032)
HHI	3.614 *** (0.480)	3.487 *** (0.489)	- 0.024 *** (0.006)	- 0.027 *** (0.006)	3.558 *** (0.477)	3.420 *** (0.480)
Entrybarrier	- 0.094 *** (0.007)	- 0.087 *** (0.007)	- 0.002 *** (0.000)	- 0.002 *** (0.000)	- 0.095 *** (0.007)	- 0.092 *** (0.007)
Constant	- 4.304 *** (0.096)	- 4.254 *** (0.097)	- 0.139 *** (0.001)	- 0.137 *** (0.001)	- 4.222 *** (0.095)	- 4.144 *** (0.097)
Cragg - Donald Wald F 统计量	—	5990.64 ｛16.38｝	—	2172.26 ｛16.38｝	—	2172.26 ｛16.38｝

续表

变量	反倾销的其他衡量		产品质量的其他衡量		剔除异常值	
	（1）OLS	（2）IV	（3）OLS	（4）IV	（5）OLS	（6）IV
Anderson LM 统计量	—	5976.07 [0.000]	—	2170.36 [0.000]	—	2170.36 [0.000]
年份固定效应	是	是	是	是	是	是
行业固定效应	是	是	是	是	是	是
Observations	2439764	2439764	2439764	2439764	2439764	2439764
R^2	0.158	0.129	0.171	0.137	0.158	0.148

注：①括号内为标准差，*** 、** 和 * 分别表示1%、5%和10%显著性水平；②第（1）、（3）、（5）列使用固定效应回归，第（2）、（4）、（6）列使用工具变量回归；③第（2）列使用印度是否遭遇反倾销作为工具变量，第（4）、（6）列使用印度遭遇反倾销案件数作工具变量；④第（3）～（4）列使用企业总体质量作为被解释变量，其他列使用HS_6位编码的产品质量作为被解释变量；⑤Cragg – Donald Wald F统计量为弱工具变量识别检验，大括号内的数值为10%水平的临界值；⑥Anderson LM统计量为工具变量识别不足检验，中括号内的数值为相应报告的P值。

7.4.3.2　产品质量的其他衡量

本书使用为企业—产品 - 目的国层面的产品质量数据，并以此估计反倾销的影响，这种方法虽在现有文献中被广泛使用，但由于使用产品层面数据会使得观测值数量扩大，这将导致标准误差缩小，从而影响结果的可靠性。为了保证回归结果的准确性，本书参考克里恩和奥利亚里（Crinò & Ogliari，2017）的做法[134]，将数据改为企业层面数据，并根据公式（7 - 8）计算企业层面的出口产品整体质量。表7 - 3第（3）～（4）列分别显示了OLS回归和工具变量法回归的估计结果。从结果中可以看出，将出口产品质量的衡量方法从企业—产品—出口国层面转变为企业层面后，AD的回归系数值仍然为负且通过了1%水平的显著性检验，表明对华反倾销导致中国企业整体出口产品质量水平出现了明显的下降，这说明本书的估计结果是稳健的。

7.4.3.3　剔除异常值

在本书的样本中存在一些异常高或者异常低的产品质量值，那么这些异常点的存在是否会对本书的结论产生影响？为保证对样本估计的准

确性，参考王海成等（2019）对可能存在的被解释变量的异常值分别
做了缩尾处理的做法[135]，本书对出口产品质量在1%、99%水平进行
了双边缩尾处理。表7－3第（5）~（6）列报告了处理异常值的稳健性
检验的回归结果。在对样本进行缩尾处理后，进行OLS回归和工具变
量法回归的结果显示，AD系数仍然显著为负，这说明这些异常值对本
书的核心结论没有产生明显的影响，本书的结论在对样本进行异常值处
理后仍然稳健。

7.4.3.4 产品质量差异检验

本书所使用的固定效应回归和工具变量回归都只能描述反倾销对出
口产品质量的平均影响，缺少对二者之间关系的整体描述。为了考察不
同产品质量水平下，反倾销对出口产品质量的影响，参考余淼杰和张睿
（2007）[136]、杨逢珉和程凯（2019）[137]的做法，本书依据产品质量的高
低划分子样本，并根据子样本分别对模型（7－1）进行重新估计。为
了保证结果的稳健性，本书分别取变量q的25%、50%和75%分位数
作为门限值划分子样本，分别对子样本进行OLS回归的估计结果列于
表7－4。由表7－4的回归结果可知，反倾销对出口产品质量的抑制作
用非常稳健。通过观察发现，反倾销对出口质量的抑制效应在质量差异
化较高的企业中表现得非常明显，即反倾销对高质量产品的抑制作用大
于低质量产品（第（1）列＞第（2）列、第（3）列＞第（4）列、第
（5）列＞第（6）列）。此外还可以发现，随着分位数的增加，反倾销
对出口产品质量的抑制作用也在不断地提升（第（1）列＜第（3）列
＜第（5）列），即出口产品的质量越高，反倾销对出口产品质量升级
的抑制效应越强。

表7－4 稳健性检验（2）

变量	(1) OLS >25%	(2) OLS <25%	(3) OLS >50%	(4) OLS <50%	(5) FE >75%	(6) OLS <75%
AD	-0.183 ** (0.078)	-0.011 ** (0.005)	-0.299 *** (0.110)	0.006 (0.008)	-0.416 * (0.224)	0.032 *** (0.010)
Age	0.051 *** (0.002)	-0.000 ** (0.000)	0.057 *** (0.003)	-0.002 *** (0.000)	0.059 *** (0.005)	-0.004 *** (0.000)

续表

变量	(1) OLS >25%	(2) OLS <25%	(3) OLS >50%	(4) OLS <50%	(5) FE >75%	(6) OLS <75%
Size	1.185*** (0.018)	0.001 (0.001)	1.262*** (0.024)	0.010*** (0.002)	1.353*** (0.040)	0.029*** (0.003)
Innovation	0.001*** (0.000)	−0.000 (0.000)	−0.001*** (0.000)	−0.000 (0.000)	−0.002*** (0.000)	0.000*** (0.000)
Capital	−0.001*** (0.000)	0.000 (0.000)	−0.001*** (0.000)	0.000*** (0.000)	−0.001*** (0.000)	0.000*** (0.000)
SA	1.638*** (0.045)	−0.005 (0.003)	1.758*** (0.063)	−0.019*** (0.005)	1.868*** (0.108)	−0.066*** (0.007)
State	−0.702*** (0.041)	0.001 (0.003)	−0.555*** (0.058)	−0.011*** (0.004)	−0.088 (0.105)	−0.062*** (0.006)
HHI	4.543*** (0.618)	−0.020 (0.042)	5.799*** (0.874)	−0.027 (0.062)	8.529*** (1.511)	0.120 (0.087)
Entrybarrier	−0.051*** (0.009)	−0.003*** (0.001)	−0.031** (0.012)	−0.015*** (0.001)	−0.109*** (0.022)	−0.041*** (0.001)
Constant	−3.993*** (0.120)	0.762*** (0.009)	−3.402*** (0.167)	1.468*** (0.013)	−0.980*** (0.287)	2.188*** (0.018)
年份固定效应	是	是	是	是	是	是
行业固定效应	是	是	是	是	是	是
Observations	1821658	626057	1198511	1249204	584298	1863417
R^2	0.181	0.028	0.212	0.020	0.260	0.017

注：①括号内为标准差，***、**和*分别表示1%、5%和10%显著性水平；②第（1）、（3）、（5）列使用OLS回归，第（2）、（4）、（6）列使用工具变量法回归；③Cragg-Donald Wald F统计量为弱工具变量识别检验，大括号内的数值为10%水平的临界值；④Anderson LM统计量为工具变量识别不足检验，中括号内的数值为相应报告的P值。

为了更直观地查看回归结果，本书在10%～90%分位数中，以10的倍数为单位取分位数，然后对每一个分数上样本的反倾销影响进行估计，并将各个分位数上反倾销影响的估计参数绘制成趋势变化图。图7-3的结果显示，除80%和90%分位数外，AD的回归系数通过显著性水平检验，这表明反倾销对所有出口企业的产品质量具有显著的抑制效应。对回归结果进行比较，可以发现，随着分位数的递增，AD的回归系数整体呈现出明显的下降趋势。

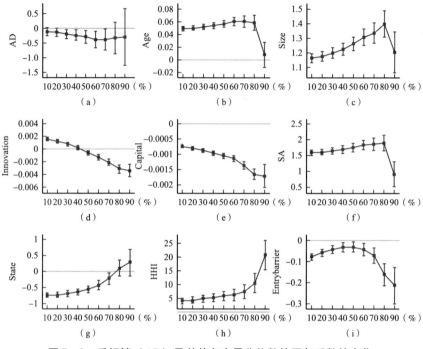

图 7-3　反倾销（AD）及其他各变量分位数的回归系数的变化

7.5　拓展分析

反倾销对出口产品质量升级的影响是否会因反倾销实施国类型或企业类型的差异而有所不同？为了更深入考察反倾销与出口产品质量之间的关系，本书分别将总样本区分为不同的反倾销实施国、国有企业和非国有企业、高生产率型和低生产率型企业，并基于模型（7-1）进行分组估计。

7.5.1　不同反倾销实施国（地区）分组

为了考察不同经济发展水平国家（地区）所实施反倾销对中国出

口产品质量的影响,本书将反倾销实施国(地区)分成发达国家(地区)与发展中国家(地区),并以此为标准将研究样本分成两个子样本,分别进行 OLS 回归和工具变量法回归的结果见表 7-5。从结果可知,在发达国家(地区)对华实施的反倾销中,反倾销对出口企业产品质量的抑制作用非常明显,而发展中国家(地区)对华实施的反倾销对企业出口产品质量的影响不明显。可能的存在原因有两方面:一是发达国家(地区)对华反倾销的力度更大。根据全球反倾销数据库数据统计,2000~2007 年间发达国家(地区)针对 HS_6 位码商品实施的对华反倾销案件数高达 709 起,而发展中国家(地区)对华反倾销则为 544 起。这说明,与发展中国家(地区)相比,发达国家(地区)对华所展开的反倾销调查更频繁,这在一定程度上阻碍了中国出口产品质量的提升;二是发达国家(地区)对华出口中间品的障碍更多。为了阻碍中国技术水平提升,一些发达国家(地区)对向中国出口的高新技术中间品设置了诸多限制,导致其相关产品对中国出口增长缓慢(见图 7-4),而中国出口企业使用来自发达国家的高技术含量的进口中间投入品越少,则导致出口产品质量也越低(汪建新等,2015)[138]。

表 7-5　　　　　基于不同国家(地区)的异质性检验

变量	发达国家		发展中国家	
	(1) OLS	(2) IV	(3) OLS	(4) IV
AD	-0.129* (0.071)	-33.353*** (10.818)	-0.128 (0.122)	-7.150*** (1.962)
Age	0.054*** (0.003)	0.053*** (0.003)	0.043*** (0.002)	0.043*** (0.002)
Size	1.253*** (0.026)	1.236*** (0.030)	1.088*** (0.017)	1.088*** (0.017)
Innovation	-0.000 (0.000)	-0.000 (0.000)	0.003*** (0.000)	0.003*** (0.000)
Capital	-0.001*** (0.000)	-0.000*** (0.000)	-0.001*** (0.000)	-0.001*** (0.000)
SA	1.706*** (0.065)	1.665*** (0.074)	1.483*** (0.043)	1.482*** (0.043)

续表

变量	发达国家		发展中国家	
	（1）OLS	（2）IV	（3）OLS	（4）IV
State	-0.761 ***	-0.835 ***	-0.742 ***	-0.737 ***
	(0.059)	(0.070)	(0.038)	(0.038)
HHI	1.572 *	0.948	4.573 ***	4.546 ***
	(0.910)	(1.042)	(0.563)	(0.564)
Entrybarrier	-0.071 ***	-0.046 ***	-0.107 ***	-0.105 ***
	(0.012)	(0.016)	(0.008)	(0.008)
Constant	-5.569 ***	-4.789 ***	-3.744 ***	-3.758 ***
	(0.176)	(0.322)	(0.114)	(0.114)
年份固定效应	是	是	是	是
行业固定效应	是	是	是	是
Cragg – Donald Wald F 统计量	—	45.43 ｛16.38｝	—	6266.60 ｛16.38｝
Anderson LM 统计量	—	45.43 ［0.000］	—	6242.31 ［0.000］
Observations	840106	840106	1599658	1599658
R^2	0.148	-0.075	0.164	0.162

注：①括号内为标准差，***、** 和 * 分别表示1%、5%和10%显著性水平。②第（1）、（3）列使用 OLS 回归，第（2）、（4）列使用工具变量法回归；③Cragg – Donald Wald F 统计量为弱工具变量识别检验，大括号内的数值为10%水平的临界值；④Anderson LM 统计量为工具变量识别不足检验，中括号内的数值为相应报告的 P 值。

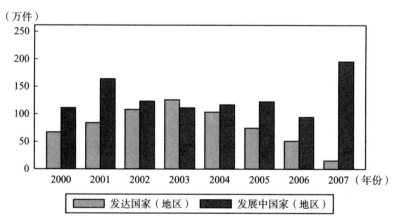

图7-4 中国从不同国家（地区）进口中间品数量

资料来源：根据中国海关数据库数据计算得到。

7.5.2 不同所有制企业分组

考察反倾销对不同所有制企业产品质量的影响,这对于中国具有格外重要的意义。本书对国有企业和非国有企业两个子样本进行了相关检验,对应的回归结果如表7-6所示。在 OLS 回归和工具变量法回归的结果中可以看出,对于国有企业,AD 的系数不显著,这意味着反倾销对国有企业出口产品质量没有显著的影响;在非国有企业中,AD 的系数都显著为负,这表明反倾销对非国有企业出口产品质量具有明显的负面影响。这可能是因为,不同所有制性质企业的进口中间品数量不同,进口中间品较少的企业一则对于进口中间品内涵的技术知识的吸收也较少,不利于提升产品质量,二则使用国内中间品代替进口中间品,由于中间品本身质量较低而影响产品质量升级。为了清晰地了解不同所有制企业的进口中间品情况,本书对国有企业和非国有企业的进口中间品情况进行了统计。从图7-5可以看出:(1)非国有企业进口中间品数量的增长幅度相对较小,由 2000 年的 250.52 万件上升到 2007 年的 362.77 万件,年均增长 14%;(2)对于国有企业而言,除了 2007 年之外,进口中间产品的数量不断地上升,企业平均进口中间品的数量由 2000 年的 292.23 万件上升到 2006 年的 2314.62 万件,年均增长 86.21%。由此可以看出,非国有企业的进口中间品数量增长幅度明显小于国有企业,这可能阻碍了非国有企业出口产品质量的提升。

表7-6   基于不同所有制企业的异质性检验

变量	国有企业		非国有企业	
	(1) OLS	(2) IV	(3) OLS	(4) IV
AD	-0.178 (0.234)	-9.230 * (4.926)	-0.103 * (0.062)	-8.806 *** (2.186)
Age	-0.013 ** (0.006)	-0.011 * (0.007)	0.067 *** (0.002)	0.067 *** (0.002)

续表

变量	国有企业		非国有企业	
	（1）OLS	（2）IV	（3）OLS	（4）IV
Size	0.052 (0.047)	0.058 (0.048)	1.339*** (0.015)	1.338*** (0.015)
Innovation	−0.001 (0.003)	−0.001 (0.003)	0.001*** (0.000)	0.001*** (0.000)
Capital	−0.000*** (0.000)	−0.000*** (0.000)	−0.001*** (0.000)	−0.001*** (0.000)
SA	0.070 (0.152)	0.095 (0.154)	2.016*** (0.038)	2.013*** (0.038)
HHI	7.075*** (1.145)	6.860*** (1.160)	2.913*** (0.523)	2.807*** (0.526)
Entrybarrier	−0.164*** (0.029)	−0.159*** (0.029)	−0.085*** (0.007)	−0.083*** (0.007)
Constant	4.429*** (0.341)	4.464*** (0.345)	−5.554*** (0.101)	−5.486*** (0.103)
年份固定效应	是	是	是	是
行业固定效应	是	是	是	是
Cragg – Donald Wald F 统计量		198.61 {16.38}		1903.82 {16.38}
Anderson LM 统计量		198.25 [0.000]		1902.31 [0.000]
Observations	86108	86108	2353656	2353656
R^2	0.157	0.142	0.159	0.152

注：①括号内为标准差，***、**和*分别表示1%、5%和10%显著性水平；②第（1）、（3）列使用OLS回归，第（2）、（4）列使用工具变量法回归；③Cragg – Donald Wald F 统计量为弱工具变量识别检验，大括号内的数值为10%水平的临界值；④Anderson LM 统计量为工具变量识别不足检验，中括号内的数值为相应报告的P值。

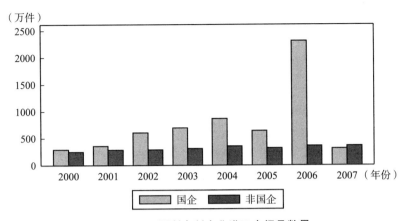

图 7 - 5 不同所有制企业进口中间品数量

资料来源：根据全球反倾销数据库数据统计得到。

7.5.3 不同生产率企业分组

不同生产率水平的企业产品质量水平存在明显的差异，因此各种生产率水平的企业很有可能在反倾销中面临着不同的影响效应。借鉴毛其淋和许家云（2016）的做法[139]，设置相对生产率虚拟变量 iftfp，以全要素生产率（TFP)① 的中位数作为分界点，如果企业的 TFP 大于中位数则为高生产率企业，则 iftfp 取值为 1，反之则为低生产率企业，iftfp 取值为 0。本书对两组子样本企业分别进行了 OLS 回归和工具变量法回归检验，表 7 - 7 显示了具体的估计结果。从结果发现，反倾销对高生产率企业的产品质量没有产生明显的影响；而对低生产率企业的产品质量具有明显的抑制作用。这可能是因为，进口中间品对企业生产率具有明显的提升作用（陈勇兵等，2012[140]），高生产率企业使用了更多的进口中间品，因而其产品质量更高。为了全面地了解不同生产率水平企业的进口中间品情况，本书分别对高、低生产率企业的进口中间品情况进行了统计。从图 7 - 6 可以看出：高生产率企业进口中间品的平均数量由 2000 年的 461.82 万件上升到 2007 年的 665.34 万件，年均增长 5.51%，而低生产率企业中间品的进口平均数量却从 2000 年的 89.40

① TFP 由本书作者根据 LP 方法计算得到，LP 方法是由 Levinsohn 和 Petrin（2003）提出测算全要素生产率的一种方法。

万件下降到 2007 年的 63.21 万件, 年均下跌 3.66%。由此可以看出, 低生产率企业的进口中间品数量要远远低于高生产率企业, 这可能阻碍了中间品对低生产率企业出口产品质量升级的促进作用。

表 7 - 7 　　　　基于不同生产率水平的异质性检验

变量	高 TFP 企业		低 TFP 企业	
	(1) OLS	(2) IV	(3) OLS	(4) IV
AD	0.027 (0.090)	-3.599 (2.380)	-0.281 *** (0.077)	-21.710 *** (4.170)
Age	0.046 *** (0.003)	0.046 *** (0.003)	0.079 *** (0.004)	0.078 *** (0.004)
Size	1.077 *** (0.019)	1.077 *** (0.019)	1.264 *** (0.046)	1.256 *** (0.047)
Innovation	0.001 *** (0.000)	0.001 *** (0.000)	-0.011 *** (0.002)	-0.010 *** (0.002)
Capital	-0.001 *** (0.000)	-0.001 *** (0.000)	-0.000 *** (0.000)	-0.000 *** (0.000)
SA	1.693 *** (0.058)	1.693 *** (0.058)	1.885 *** (0.096)	1.863 *** (0.100)
State	-0.905 *** (0.042)	-0.907 *** (0.042)	0.094 * (0.050)	0.099 * (0.052)
HHI	4.871 *** (0.759)	4.802 *** (0.761)	2.710 *** (0.582)	2.520 *** (0.602)
Entrybarrier	-0.116 *** (0.010)	-0.115 *** (0.010)	0.004 (0.009)	0.010 (0.009)
Constant	-3.250 *** (0.131)	-3.210 *** (0.134)	-5.964 *** (0.295)	-5.824 *** (0.305)
年份固定效应	是	是	是	是
行业固定效应	是	是	是	是
Cragg - Donald Wald F 统计量		1777.00 {16.38}		433.900 {16.38}
Anderson LM 统计量		1774.51 [0.000]		433.758 [0.000]

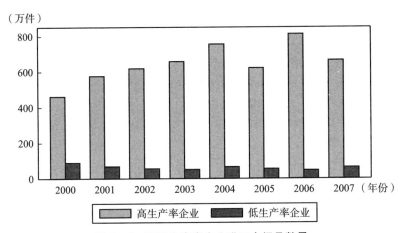

续表

变量	高 TFP 企业		低 TFP 企业	
	（1）OLS	（2）IV	（3）OLS	（4）IV
Observations	1237728	1237728	1202036	1202036
R^2	0.203	0.202	0.084	0.025

注：①括号内为标准差，＊＊＊、＊＊ 和 ＊ 分别表示 1%、5% 和 10% 显著性水平；②第（1）、（3）列使用 OLS 回归，第（2）、（4）列使用工具变量法回归；③Cragg – Donald Wald F 统计量为弱工具变量识别检验，大括号内的数值为 10% 水平的临界值；④Anderson LM 统计量为工具变量识别不足检验，中括号内的数值为相应报告的 P 值。

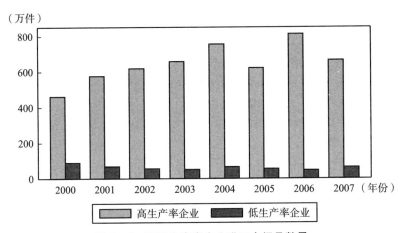

图 7 - 6　不同生产率企业进口中间品数量

资料来源：根据全球反倾销数据库数据统计得到。

7.6　全球价值链视角下影响机制检验

基于全球价值链视角，本书使用中介效应模型进行中外贸易摩擦影响中出口产品质量的影响机制检验，设立中介效应模型如下：

$$q_{ijeft} = \beta_{21} + \beta_{22}AD_{fct} + \beta_{23}X_{ijt} + \beta_{24}I_{jt} + u_t + u_h + \varepsilon_{ijeft} \qquad (7-7)$$

$$GVC_{ijt} = \beta_{31} + \beta_{32}AD_{fct} + \beta_{33}X_{ijt} + \beta_{34}I_{jt} + u_t + u_h + \varepsilon_{ijct} \qquad (7-8)$$

$$q_{ijeft} = \beta_{41} + \beta_{42}AD_{fct} + \beta_{43}GVC_{ijt} + \beta_{44}X_{ijt} + \beta_{45}I_{jt} + u_t + u_h + \varepsilon_{ijeft}$$

$$(7-9)$$

以上模型中，模型（7-7）的系数 β_{22} 为中外贸易摩擦对中国出口产品质量的总效应；模型（7-8）的系数 β_{32} 为中外贸易摩擦对中介变量的效应；模型（7-9）的系数 β_{43} 是在控制了中外贸易摩擦的影响后，中介变量 GVC 关联对中国出口产品质量的效应；系数 β_{42} 是在控制了中介变量 GVC 关联的影响后，中外贸易摩擦对中国出口产品质量的效应。其中，GVC_{ijt} 使用中国企业进口中间品的贸易额（取自然对数处理）衡量。

对于是否存在中介效应，参考温忠麟和叶宝娟（2014）的做法[141]，中介效应的检验具体步骤如下：第一步，中介效应立论检验。检验模型（7-7）的回归系数 β_{22}，如果显著则继续下一步，否则终止检验。第二步，部分中介效应检验。依次检验方程（7-8）的系数 β_{32} 和方程（7-9）的系数 β_{43}，如果二者都显著，则说明存在中介效应，转到第四步；如果 β_{32}、β_{43} 二者中至少有一个不显著，则进行第三步。第三步 Sobel 检验。在 Sobel 检验的结果中，如果有一个显著，则说明存在中介效应，进行第四步；否则，说明中介效应不显著，检验结束。第四步，完全中介效应检验。检验系数 β_{42}，如果不显著，说明存在完全中介效应，即 AD 对 q 的影响全部通过中介变量 GVC 关联实现；如果显著，说明只存在部分中介效应，即 AD 对 q 的影响只有一部分是通过中介变量 GVC 关联实现的。

表7-8 第（1）~（3）列报告了对模型（7-7）~（7-9）依次进行 OLS 回归和工具变量法回归的结果。第（1）列中 AD 的回归系数显著为负，这表明可能存在中介效应，可以进行后续的中介效应检验。第（2）列中 AD 的回归系数显著为负，第（3）列中 GVC 的回归系数显著为正，二者的系数都显著则意味着存在中介效应。第（3）列中 AD 的系数在加入中间变量 GVC 关联后不显著，说明存在完全中介效应，即反倾销对出口产品质量的影响都是通过 GVC 关联实现的。此外，本书还使用工具变量法对反倾销影响出口产品质量的作用机制重新进行了检验（见表7-8 第（4）~（6）列），结论没有改变。因此，中介效应模型的检验结果充分说明了 GVC 关联是中外贸易摩擦影响中国出口产品质量的传导渠道，GVC 关联对出口产品质量具有明显的提升作用，而中外贸易摩擦会带来 GVC 关联的下降，即中外贸易摩擦通过降低中国企业的 GVC 关联从而抑制了中国出口产品质量的升级。从而也检验了上面的假说2。

表 7 - 8　　　　　反倾销影响企业出口产品质量的作用机制

变量	OLS			IV		
	(1) Q	(2) GVC	(3) Q	(4) Q	(5) GVC	(6) Q
AD	-0.104* (0.060)	-0.046** (0.022)	-0.055 (0.077)	-9.790*** (2.023)	-7.385*** (0.807)	-4.131 (2.742)
GVC	—	—	0.245*** (0.003)	—	—	0.245*** (0.003)
Age	0.047*** (0.002)	0.039*** (0.001)	0.035*** (0.002)	0.047*** (0.002)	0.039*** (0.001)	0.035*** (0.002)
Size	1.139*** (0.014)	1.497*** (0.005)	0.750*** (0.017)	1.138*** (0.014)	1.496*** (0.005)	0.750*** (0.017)
Innovation	0.002*** (0.000)	-0.001*** (0.000)	0.002*** (0.000)	0.002*** (0.000)	-0.001*** (0.000)	0.002*** (0.000)
Capital	-0.001*** (0.000)	-0.000*** (0.000)	-0.001*** (0.000)	-0.001*** (0.000)	-0.000*** (0.000)	-0.001*** (0.000)
SA	1.559*** (0.036)	1.573*** (0.013)	1.265*** (0.045)	1.555*** (0.036)	1.569*** (0.013)	1.263*** (0.045)
State	-0.754*** (0.032)	-0.995*** (0.011)	-0.620*** (0.038)	-0.755*** (0.032)	-0.997*** (0.011)	-0.621*** (0.038)
HHI	3.615*** (0.480)	-5.129*** (0.195)	3.953*** (0.682)	3.479*** (0.484)	-5.249*** (0.201)	3.885*** (0.684)
Entrybarrier	-0.094*** (0.007)	0.103*** (0.002)	-0.157*** (0.009)	-0.092*** (0.007)	0.106*** (0.003)	-0.156*** (0.009)
Constant	-4.304*** (0.096)	-1.836*** (0.033)	-3.010*** (0.115)	-4.226*** (0.098)	-1.794*** (0.034)	-2.988*** (0.116)
年份固定效应	是	是	是	是	是	是
行业固定效应	是	是	是	是	是	是
Cragg - Donald Wald F 统计量	—	—	—	2172.26 {16.38}	1388.62 {16.38}	1387.57 {16.38}
Anderson LM 统计量	—	—	—	2170.36 [0.000]	1387.55 [0.000]	1386.51 [0.000]

变量	OLS			IV		
	(1) Q	(2) GVC	(3) Q	(4) Q	(5) GVC	(6) Q
Observations	2439764	1741439	1741439	2439764	1741439	1741439
R-squared	0. 158	0. 297	0. 180	0. 149	0. 252	0. 178

注：①括号内为标准差，***、** 和 * 分别表示 1%、5% 和 10% 显著性水平；②第（1）~（3）列使用 OLS 回归，第（4）~（6）列使用工具变量法回归；③Cragg – Donald Wald F 统计量为弱工具变量识别检验，大括号内的数值为 10% 水平的临界值；④Anderson LM 统计量为工具变量识别不足检验，中括号内的数值为相应报告的 P 值。

7.7 本章小结

随着贸易保护主义持续升温，为了保护本国产业在国内的优势地位，各国对进口商品频繁地实施贸易保护，从而引起贸易摩擦，且贸易摩擦的影响呈现扩大化态势。为了评估贸易摩擦的贸易破坏效应，本书以对华反倾销为例，从出口产品质量视角探究了贸易摩擦的影响并考察了其内在影响机制。本书利用 2000 ~ 2007 年中国海关数据库中的贸易数据测算了中国出口到 230 个国家（地区）的 4553 种 HS_6 位码产品的质量，并匹配中国工业企业数据库和全球反倾销数据库的数据，考察了境外贸易摩擦对中国出口产品质量的影响，所得结论如下：

第一，境外贸易摩擦对中国出口产品质量存在显著的抑制作用，且这一结论在考虑内生性及多种稳健性检验下均成立。

第二，通过拓展性研究发现：（1）从实施国（地区）角度考察发现，发达国家（地区）对华发起的贸易摩擦明显抑制了中国出口产品质量，但发展中国家（地区）对华发起贸易摩擦的影响效果不明显；（2）对于不同所有制性质企业，中外贸易摩擦仅对中国非国有企业出口的产品质量具有明显的抑制作用，而对中国国有企业出口的产品质量没有影响；（3）对于不同生产率水平企业，中外贸易摩擦对中国低生产率企业的出口产品质量具有显著的负向影响，对中国高生产率企业出口的产品质量的影响不显著。

第三，机制检验表明，GVC 关联是中外贸易摩擦抑制中国出口产品质量的传导渠道，中外贸易摩擦通过减少进口中间品从而抑制了中国出口产品质量。

已有文献中关于贸易摩擦对出口产品质量影响问题的实证研究较少，且还没有基于企业—产品—目的国层面对此问题进行实证检验。本章的研究在一定程度上丰富了贸易摩擦与出口产品质量的相关研究，有助于从贸易保护视角来理解中国工业企业近年来的产品质量升级活动。随着中国经济的稳步提升，基于政治和经济的双重考虑，一些国家或地区持续不断地开展中外贸易摩擦，中外贸易摩擦对中国出口贸易的损害也越来越明显，如何提升出口产品质量是中国企业需要面对的一个重要问题，因此在当前各国（地区）贸易保护力度不断加大及中美贸易摩擦不断升级的背景下，本书的研究对于应对中外贸易摩擦对中国企业出口的贸易破坏效应具有重要的现实意义。

第 8 章

全球价值链视角下中外贸易摩擦对企业股价的影响

8.1 引言

高位波动性已经成为中国资本市场的常态。2015 年上半年中国股市在短期内所实现的从"疯狂"到"股灾"的表现仍记忆犹新，2018 年又迎来了股市的新动荡：从年初股指的持续回落至 6 月 19 日 A 股跌破了 3000 点关口①，创造了 2 年以来的新低，再次形成千股跌停的"股灾"局面。中国资本市场的高位波动给投资者带来了巨大损失，给上市公司市值也带来了深刻影响，以中兴通讯为例，2018 年 6 月中兴通讯连续四日跌停，使得其市值在瞬间蒸发了 450 亿元②。探究造成资本市场持续波动的原因，国内的市场环境、公司经营等起着重要作用，但不可否认的是，国际地缘政治博弈和经济摩擦所带来的外部冲击也是影响股市波动的重要影响因素。2018 年上半年中国 A 股市场的急剧震荡在很大程度上是受到中美两国的贸易摩擦不断升级的影响，而美国对中兴公司的贸易制裁所带来的中兴通讯股价快速下跌则是对此的有力证明。

---

① 数据来源：新浪证券综合．郭施亮：A 股 3000 点关口对市场到底有多重要？［EB/OL］．新浪财经网，2018 - 07 - 27，2019 - 01 - 03，https：//finance. sina. com. cn/roll/2018 - 06 - 19/doc-iheauxvz3588841. shtml。

② 数据来源：赵晋杰．中兴恢复业务遇阻美参议院通过再次激活拒绝令法案［EB/OL］．科技媒体，2018 - 06 - 19，2019 - 01 - 03，https：//www. yicai. com/brief/10112434. html。

事实上，国际经贸摩擦与资本市场波动也密切相关。2018 年 3 月 22 日，随着美国总统特朗普签署对华"301 调查"总统备忘录，全球资本市场受到了巨大冲击：当日美国三大股指全线大跌，道琼斯指数、标普 500 指数与纳斯达克指数分别下跌 3%、2.52% 与 2.43%，而亚洲股指方面，日经 225 指数和香港恒生指数则分别下跌 4.66% 和 2.5%[1]。

在当前世界经济复苏乏力的背景下，全球贸易保护主义正在迅速抬头。据 WTO 非关税数据库统计显示，2016 年全球实施贸易救济 547 起，同比上升了 9.4%，相比 2012 年则上升了 42.45%。贸易救济措施数量不断攀升，由此所引发的贸易摩擦也日趋频繁，而 2018 年中美贸易摩擦则显得尤为突出，3 月特朗普宣布对从中国进口的钢铁和铝分别征收 25% 和 10% 的关税，7 月和 8 月先后对价值 340 亿美元和 160 亿美元的中国商品征收 25% 关税，9 月决定对华 2000 亿美元商品加征 10% 关税，中美贸易摩擦在不断酝酿，如果双方管理不当，则有可能持续升级（任泽平等，2018[142]）。那么，一方面贸易摩擦是否是造成当前中国股价波动的重要原因？另一方面，长期存在的中美贸易摩擦是否对中国上市公司股价波动的影响一直持续存在？贸易摩擦对股价波动影响存在"时间效应"和"阶段效应"吗？本章旨在对以上问题进行研究。当然，全面考察贸易摩擦对上市公司股价波动的影响，当前全球产业关联的现实背景是无法忽视的，甚至这种关联性可能恰恰就是当前贸易摩擦对股价波动影响程度日益加深的关键因素。十余年来，全球价值链迅速发展，企业通过专业化生产嵌入 GVC 各个分工环节，在贸易中形成了与其他企业的关联，进而形成了荣辱与共、风险共担的"利益共同体"，因此，在这种产业关联下贸易摩擦对企业股价波动的影响可能不再仅仅局限于直接作用于冲击对象，甚至可能扩大到关联企业，影响程度可能超过了以往任何时期。因此，产业关联下贸易摩擦对企业股价波动的影响是否存在？如果存在，其影响会波及前向关联企业还是后向关联[2]企业呢？本书也将对此进行研究。

---

① 数据来源：东方产经. 中美贸易战震撼全球资本市场［EB/OL］. 腾讯网，2018 - 03 - 24，2019 - 01 - 04，https：// xw. qq. com/cmsid/20180324A0HMV900。

② 从产业关联看，分为前向关联（Forward linkages）和后向关联（Backward linkages）两类。前向关联是指与该企业（行业）存在下游关联的企业（行业），即对该企业（行业）存在需求的企业（行业）；后向关联是指与该企业（行业）存在上游关联的企业（行业），即为该企业（行业）供给所需产品的企业（行业）。

考察贸易摩擦的影响效果，如何选取贸易摩擦的衡量指标是关键。多数研究中使用了贸易摩擦的数量和规模来衡量贸易摩擦的严重程度（王孝松等，2015）[143]，然而如此识别贸易摩擦会因为选择性偏误（Selection Bias）等内生性问题的存在导致估计结果存在偏误（Lu et al.，2013）[144]，因此本书以"中美轮胎特保案"为外生冲击设计"准自然实验，并选取美国对华实施的最大一起特殊保障措施——2009 年"轮胎特保"案作为典型的贸易摩擦事件进行研究。虽然"中国特保"① 作为中国加入 WTO 后的一项过渡性保障措施在 2013 年已被取消，然而选取该事件进行研究仍然具有其特殊性和借鉴意义：（1）该事件发生在中美两国之间，是美国历史上针对中国发起的最大规模的一起特保案件，也是两国经贸关系发展历程中最为突出和影响最大的案件之一；（2）从"中国特保"案件本身而言，案件的目标国仅为中国，而涉及的企业为中国对美国出口轮胎产品的所有相关企业，这一方面排除了其他国家参与案件可能带来的"多国交叉"的影响，另一方面也有助于识别案件冲击的主体范围；（3）该案件的对象产品主要是轮胎，一方面轮胎产品的价值链相对简单，上下游关联较为清晰，这种选取为本书后续研究产业关联下的贸易摩擦变得更具操作性；另一方面轮胎作为美国的传统制造业之一，因此本研究也对中国如何应对当前美国对华在钢铁、铝等传统制造业实施的贸易政策具有借鉴意义。

8.2 理论机制与研究假设

股价是由上市公司的经营业绩所决定的，但同时也受到国内外市场环境的影响，前者决定了企业的实体经营，而后者则决定了投资者的投资决策，两者共同构成了股价波动的根源。因此对企业而言，无论企业经营业绩下降还是投资者对其失去信心，都可能引起企业股价下跌，而

---

① "中国特保"是在中国加入 WTO 时对中国进行单独规定的条款。内容为："中国产品在出口给有关 WTO 成员时，如果数量增加幅度过大，以至于对这些成员的相关产业造成"严重损害"或构成"严重损害威胁"时，那么这些 WTO 成员可单独针对中国产品采取保障措施。"该条款为临时性条款，时间期限为 2001 年 12 月 11 日至 2013 年 12 月 11 日，该条款对中国具有歧视性。

往往以上两条路径的影响并不会独立存在，一个负面事件的冲击通常都会涵盖到以上两条路径，这也成为股价波动普遍较为剧烈的重要原因。中美贸易摩擦的负面冲击对中国上市公司股价的影响亦如此。就本书而言，中美"轮胎特保"案一方面影响了与美国开展贸易的中国企业的经营绩效，另一方面打击了中国投资者对相关企业的投资信心，因此可能对相关企业股价存在负面影响。具体而言：

1. 贸易摩擦影响中国贸易企业的出口规模，从而影响了相关企业的出口绩效

考察贸易摩擦对股价波动的直接影响，研究对象则为存在对美进出口贸易的上市公司，而上市公司经营绩效的重要方面则表现为进出口贸易额。一方面，以"轮胎特保"案为代表的贸易摩擦可能会降低企业出口规模从而降低上市公司股价，尤其是美国是中国最重要的轮胎产品出口市场，根据中国海关数据库的数据统计显示，中国约 1/3 的轮胎出口至美国市场，占据了美国市场消费量的 17%，根据行业咨询相关网站的估计，美国对华的"轮胎特保"案直接造成中国对美轮胎出口数量下降了 60%，也给相关企业经营绩效带来了严重的影响。然而，另一方面我们也应当看到，由于国际大额贸易订单一般具有"粘性"，因此，"轮胎特保"案对企业出口的影响并非是短期存在的，尤其是不可能在十几天甚至几十天内突然出现贸易规模的大幅度下降。因此贸易摩擦在长期内一定会影响到企业的出口绩效，从而可能会作用到股价上，然而，贸易摩擦在短期内通过影响企业出口绩效来影响股价波动的路径仍需要进一步检验。

2. 贸易摩擦打击了中国投资者对涉案上市公司的投资信心

投资者信心对其投资行为的影响主要表现在股票换手率，投资者对某股票越是具有投资信心，则其流通性越好，股票换手率越高（Baker & Stein，2004[145]；Glaser & Weber，2007[146]）。股票换手率指标是衡量投资者投资信心的重要指标（Baker & Wurgler，2007[147]；史金艳和李延喜，2011[148]），它可以直接反映投资者增持股票或减持股票的投资行为。当投资者对某股票的投资信心产生变化时，会直接采取增持或减持股票的投资行为体现对股票未来的心理预期，股票换手率也会随之变化，从而直接影响股价变动。贸易摩擦引发消费者对涉案上市公司投资减少的原因主要表现在三个方面：（1）影响了投资者的情绪。一般

来说，突发的外部冲击事件会使得投资者产生心理恐惧，且这种情绪在面对危机时具有传染性。投资者的这种恐惧情绪会降低其投资信心，从而造成股价波动（Chesney et al.，2011）[149]，这是因为投资者在进行不确定投资时会选择非理性的"羊群行为"（Herding Behavior）（Prechter & Parker，2007[150]；Schmitt & Westerhoff，2017[151]），即对危机敏感的投资者为降低投资风险会被诱导而逃离股票市场。因而当美国对华实施的"特保"时，投资者对美国会产生愤慨和抵触情绪，抑制其对与美国有贸易关联企业的投资。（2）影响了股票换手率。由于换手率与股票预期收益之间具有正相关关系（Gervais et al.，2001）[152]，当投资者对企业股票收益具有较低的心理预期时，则此股票的流动性也较弱，换手率较低。因而当贸易摩擦发生时，两国之间经贸关系的变化会直接影响到相关国家的出口规模，投资者受到贸易摩擦的影响会改变对相关企业股票收益的预期，减少或终止对其投资，降低股票换手率。（3）国际政策的不确定性影响了投资决策。世界各国为了某种政治或经济的目的频繁地调整各项政策，政策的频繁变动而引发的政策不确定性会增加边际投资成本（Gulen & Lon，2012）[153]，进而会影响投资者的投资决策。尤其是金融危机后，各国为避免经济衰退而加强了对政治和经济的干预，政策不确定性对投资的抑制作用也变得更为明显（李凤羽和杨墨竹，2015）[154]。

基于以上理论分析，本书提出如下假设。

假设1：贸易摩擦对相关上市公司的股价波动具有负面影响。

假设2：出口绩效从长期看是贸易摩擦影响股价波动的传导渠道，但在短期内不会成为贸易摩擦影响股价波动的传导渠道。

假设3：投资者信心是贸易摩擦影响股价波动的传导途径，贸易摩擦通过影响投资者信心而导致股价下跌。

上述分析表明贸易摩擦对本行业内企业的股价波动存在影响，然而在全球产业关联背景下，贸易摩擦不仅会影响行业内企业的股价，还可能影响上下游关联企业的股价。主要原因是：上下游关联意味着企业之间存在相互使用中间品的投入产出关联关系，外部冲击通过中间品流动带来了上下游之间冲击的"级联效应"，造成该外部冲击从中心区域向其他区域扩散（Acemoglu et al.，2012）[76]，因此，当贸易摩擦发生时，贸易摩擦的影响效应会沿着价值链在关联企业之间形成"损害传递效应"，对关联产业产生不利的影响。这意味着，贸易摩擦对企业的影响不仅体现在相关行业，由此所增加的不确定性会沿着产业链向下游传递，这种不确定性对本企业需求较大的前向关联企业产生的负向影响较大；相反，对与该企业存在后向关联的上游企业或行业影响不大，这是因为上游行业的下游需求产业往往较多，因而可能不会因某一行业或者企业受到负面影响而导致较大损失。鉴于贸易摩擦对前向关联产业产生影响，当贸易摩擦发生时，投资者对相关行业的前向关联产业内企业股价产生心理恐惧，减弱对该股票进行投资的信心，从而减少投资，直接导致其股价下跌。由此，提出假设 4。

假设 4：贸易摩擦对相关企业的前向关联产业股价具有负向影响，对其后向关联产业股价的负面影响不明显。

8.3 实证检验

8.3.1 "轮胎特保"案的历史背景

"中国特保"全称为"对华特定产品的特殊保障措施"，是中国加入 WTO 时签署的《入世议定书》第 16 条规定，此内容规定从中国进口的产品增长数量直接对 WTO 成员竞争产品的生产者造成威胁或造成市场扰乱，则受影响的 WTO 成员有权在防止或补救此种市场扰乱所必需的限度内，对此类产品撤销减让或限制进口。"中国特保"是 WTO 框架下唯一的歧视性保障措施机制，而美国对华的"轮胎特保"案就是一起典型的"中国特保"案件。

2008 年金融危机带来了美国经济的迅速衰退，失业率快速地提升，据美国经济分析局（Bureau of Economic Analysis，BEA）的统计显示，2009 年 10 月美国失业率已经上升了 10%，达到了 20 世纪 80 年代以来失业率的最高水平。在这种背景下，美国为缓解国内的严峻局面，在 2009 年对华实施了历史上的最大规模特保案——中美"轮胎特保"案（Sino - US Tire Special Safeguard Case）。中美"轮胎特保"案件的整个流程较为复杂，历时两年，经历了申请、调查、听证、裁定、争端和上诉、终审等阶段，具体如下：2009 年 4 月 20 日，美国钢铁工人联合会向美国国际贸易委员会提交申请，声称从中国大量进口的轮胎扰乱了美国市场、损害了国内轮胎产业的利益，要求美国政府对中国用于乘用车和轻卡车的 2100 万个轮胎增加进口关税；4 月 29 日美国 ITC 根据申请启动了针对中国轮胎产品的特保调查；6 月 18 日 ITC 通过调查认定从中国进口的轮胎产品扰乱了美国市场，并建议在 6 月 29 日对进口的中国轮胎征收特别关税；8 月 7 日，就"中国输美轮胎特保案"召开听证会；9 月 11 日，美国总统奥巴马进行最后裁定，决定对进口的中国轮胎实施为期三年的限制关税，依次为 35%、30%、25%；9 月 14 日中国商务部针对此事对美国表示强烈不满，并正式启动了 WTO 争端解决程序；次年 12 月 13 日，WTO 仲裁小组驳回中国对美国"轮胎特保"案的申诉，表示美国在 2009 年 9 月做出对进口的中国轮胎采取"过渡性质保护措施"征收惩罚性关税措施并未违反 WTO 规定；2011 年 9 月 5 日，WTO 裁定中国败诉。

8.3.2　模型设定

本书以 2009 年中美"轮胎特保"案为例考察中美贸易摩擦对中国上市公司股价的影响，因此，本书设定的回归模型如下：

$$P_{i-US,t} = \beta_0 + \beta_1 T_t + \gamma X + \tau_{i-us} + \delta_t + \varepsilon_{i-US,t} \qquad (8-1)$$

其中，$P_{i-us,t}$，代表与美国存在轮胎贸易的中国上市公司 i 的股票价格，即该公司每日收盘价；T_t 为冲击的时间变量，为虚拟变量，其中贸易摩擦发生前取值为"0"，否则其值为"1"；X 为控制变量组；τ_{i-us} 为企业固定效应，δ_t 为时间固定效应，$\varepsilon_{i-us,t}$ 为随机误差项。

一般贸易保护案件的正式裁定才意味着该案件的发生，因此对于事件冲击的时间变量，本书选取了"轮胎特保案"正式被裁定的时间，即 2009 年的 9 月 11 日。使用差分法的研究需要选取对照区间以研究事件前后的影响效果差异，由于本书选用股价的"日度"数据进行研究，因此选取事件冲击前后的各 35 期，即以 2009 年 8 月 6 日 ~ 10 月 15 日作为本书主要研究的时间区间。当然，本书在后文关于贸易摩擦的"阶段效应"的研究中也选取了其他时间节点和区间进行相应研究。

本书主要从上市公司层面展开相关研究。普遍而言，上市公司具有异质性：从企业规模看，不同规模企业规避金融风险的能力不同，因而外部冲击对不同规模企业股价波动的影响程度也存在差异；从控股方式上看，上市公司分为国有控股公司和民营控股公司，两者由于治理机制不同可能会影响到股价的波动；从股票类型看，发行 A 股、B 股或 H 股的公司可能面临着不同的信息环境，这可能对股票的波动性产生影响；从获利能力看，企业营业状况的变动会影响股票的每股收益变动进而影响到股票价格。在控制变量方面，考虑到上市公司具有异质性，本书参考相关文献（Chen et al.，2001[155]；Fisman et al.，2013[156]；谢德仁等，2016[157]；辛清泉等，2014[158]）将企业规模、控股方式、股票类型和综合杠杆等变量作为控制变量。（1）企业规模。企业规模用企业总资产来衡量（取自然对数处理）。（2）控股方式。本书将企业按照所有制性质设定为 1 ~ 4 四个数值，分别对应国有企业、民营企业、外资企业、其他企业。（3）综合杠杆。本书使用综合杠杆衡量企业获利能力，它等于经营杠杆和财务杠杆的乘积。（4）股票类型。本书将股票类型设为虚拟变量，A 股取值为 1，B 股取值为 0。

除考虑以上影响股价的变量外，由于本书研究贸易摩擦的影响，选取的样本均为存在对外贸易的上市公司，因此本书还加入了贸易层面的控制变量，具体包括贸易方式和贸易份额，其中贸易方式为虚拟变量，一般贸易取值为 1，其他贸易形式取值为 0；贸易份额以企业与某国的贸易额在该企业总贸易额中的比重表示。此外，为了排除其他与企业相关的不可观测因素的影响及股票价格波动存在周期波动的可能性，本书还控制了企业固定效应和时间固定效应。

8.3.3　数据处理与统计描述

8.3.3.1　数据来源与处理

本书以 2009 年中美"轮胎特保"案件为例进行相关研究，研究的时间区间为 2009 年 8 月 6 日 ~ 10 月 15 日，数据主要来源于三个数据库：一是中国股票市场交易数据库（China Stock Market & Accouting Research Database，CSMAR）。CSMAR 数据库记录了中国各上市公司的基本信息、股票数据、财务数据等数据，因此本书使用的每日收盘价等股市信息均来源于该数据库。二是中国海关数据库（Chinese Customs Trade Statistics，CCTS）。CCTS 详细记录了每个外贸企业的 HS_8 位码商品每月进出海关的所有记录，包括每笔（进）出口业务所涉及的产品种类、起运国、数量、单价和金额等多个指标，因此本书中的相关国际贸易数据均根据 CCTS 数据库中的相关指标进行计算。三是世界投入产出数据库（World Input－Output Database，WIOD）。WIOD 中的投入产出表记载了每个国家各产业的年度投入产出情况，本书研究中所涉及的关联产业信息均由 WIOD 中的相关数据整理而得。

在几个数据库的匹配处理上，本书从以下几方面进行：第一，剔除与筛选不合理样本。本书删除了海关数据库中贸易价格、数量、金额等为负的明显不合理样本，删除了上市公司股价日变动率超过 20% 的企业以及企业资产总计小于固定资产或流动资产的企业。第二，CSMAR 和 CCTS 数据库的匹配。本书的研究基于企业层面展开，因此对于数据的匹配主要使用企业特征变量。由于匹配变量必须是两个数据库的共有变量，且又必须保证匹配的高效性，参考厄普沃德等（Upward et al.，2013）对工业企业数据库和海关数据库进行匹配时使用企业名称作为匹配变量的做法[159]，本书使用企业的中文名称对 CCTS 和 CSMAR 两个数据库进行匹配。第三，由于后文中计算和衡量了轮胎产业与其他产业的产业关联程度，本书还使用商品的 HS_4 位编码与《国际标准行业分类》（ISIC）相匹配以甄别各个企业所在的产业部门，从而计算轮胎产业与其他各产业的关联程度。

8.3.3.2 统计性描述

通过对以上数据的处理与合并，本书最终选取了北汽福田汽车、风神轮胎和中国嘉陵工业等对美进行轮胎贸易的 32 家上市公司作为实验组样本，同时选取上海汽车、扬州亚星客车和重庆建设摩托车等非对美轮胎贸易的 11 家上市公司作为对照组样本。在表 8－1 中，本书对被解释变量和控制变量进行了统计性描述。

表 8－1　　　　　　　　　　统计性描述

变量	均值	标准差	最小值	最大值
收盘价	14.213	10.022	0.329	44.48

续表

变量	均值	标准差	最小值	最大值
企业规模	22.809	1.465	20.356	26.015
综合杠杆	4.628	19.364	− 3.504	115.34
控股方式	1.652	1.017	1	4
股票类型	0.818	0.386	0	1
贸易方式	0.743	0.437	0	1
贸易份额	0.360	0.386	0.0001	1

　　为了更直观地观测中美"轮胎特保"案对中国股价波动的影响，本书还描绘了事件发生前后与各国进行轮胎贸易的中国上市公司股价的变动情况（见图 8-1）。在图 8-1 中，横轴代表日期；红色虚线代表事件的冲击时间，即中美"轮胎特保案"的裁定日期，其左侧为事件发生前，右侧为事件发生后；纵轴表示股票价格，以企业每日收盘价的平均值表示。从图 8-1 可以看出，与美国存在轮胎贸易的中国上市公司的股价在事件发生后 3~4 期[①]后出现了明显的下降趋势，而从更长时间看，下降趋势更为明显。与"与美国存在轮胎贸易的上市公司"不同，与其他国家进行轮胎贸易的上市公司股价却呈现出明显的差异性：事件发生后较长一段时间基本保持平稳，而后下跌，最后呈现了小幅上涨趋势。

　　事实上，股价在事件发生当天及后期的表现也证明了贸易摩擦对股价冲击的影响。例如在案件裁定日（2009 年 9 月 11 日，周五）的下一个交易日（2009 年 9 月 14 日，周一），中国轮胎行业的股价便呈现出了集体下跌的局面，且同时也引发全球橡胶期货价格的暴跌，其中上海期货交易所和日本东京商品交易所的橡胶期货价格均以跌停收盘。

---

　　① 事实上中美"轮胎特保案"裁定日（2009 年 9 月 11 日，周五）的当天收盘价就发生了大幅下跌。案件发生后的下一个交易日（2009 年 9 月 14 日，周一）的股市收盘价在一定程度上的回升只是"轮胎特保案"对股价冲击的短暂缓解，然而从长期来看负向影响是非常明显的。

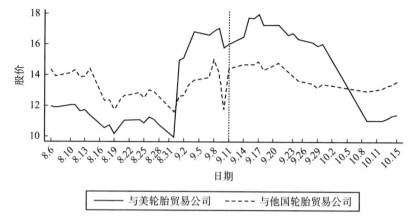

图 8 - 1　股价变动情况

资料来源：根据中国股票市场交易数据库（CSMAR）数据处理得到。

8.3.4　内生性讨论

以上使用一重差分法进行研究可能存在以下几方面问题：一是样本选择性的偏差问题，研究中的选择非随机或片面性会导致选择性偏差问题的存在，如果只考察中美"轮胎特保"案对与美国相关上市公司股价的影响，然而却无法同时考虑此事件未发生情形下对相关上市公司股价的影响，因此可能存在选择性偏误的问题；二是遗漏变量问题，虽然本书在模型的设定中控制了与企业特征相关的多个控制变量及企业固定效应和时间固定效应，但是仍有可能存在部分不可观测的企业异质性特征变量，而一旦这些未被观察的异质性因素落入残差项中可导致残差与被解释变量相关，将导致残差项不具备随机分布的特性。而如果遗漏变量与被解释变量存在相关关系，则会导致内生性问题存在，致使多元回归的估计值与真实值之间的偏差较大，出现二者不一致的情况。

为解决以上几方面问题，本书在时间维度的基础上增加一个维度，采用了双重差分法（DID）进行相关研究。本书以中美"轮胎特保"案为冲击构造"准自然实验"，选取"与美国进行轮胎贸易"的中国上市公司作为实验组。同时考虑到美国是中国轮胎最大的出口市场，占据了中国轮胎出口的1/3以上，而中国轮胎对其他国家的出口市场较为分散且规模较小（见图 8 - 2），因此本书在对照组方面选取了"与除美国以外所有其他国家进行轮胎贸易的中国上市公司"。

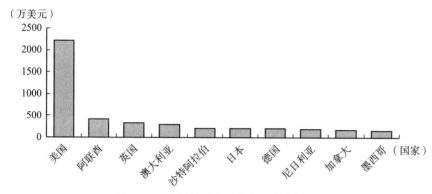

图 8 - 2　中国轮胎贸易的市场分布情况

资料来源：根据中国海关数据库数据整理得到。

根据对上文双重差分的设定，本书将模型（8 - 1）进行修改，加入"冲击组"维度，设定的估计模型如下：

$$P_{ij,t} = \beta_0 + \beta_{11}T_t + \beta_{12}L_c \times T_t + \beta_{13}L_c + \gamma X + \tau_{ij} + \delta_t + \varepsilon_{ij,t} \quad (8-2)$$

在模型（8 -2）中，$P_{ij,t}$ 表示与 j 国进行轮胎贸易的上市公司 i 在时间 t 的股票价格，T_t 与模型（8 - 1）相同，表示"冲击时间"虚拟变量，设定为 2009 年 9 月 11 日；L_c 为只与"轮胎贸易对象国"有联系的"冲击组"虚拟变量，当该企业与美国存在轮胎贸易则设定为"1"，否则设定为"0"。交叉项系数 β_{12} 衡量了中美"轮胎特保"案前后实验组与对照组之间的差异对比情况，是该模型估计的核心变量。

DID 估计有效性的前提之一是实验组和控制组在政策或措施发生前具有平行趋势。为了提高 DID 估计的准确性，本书对实验组和控制组的股价进行了平行趋势检验。图 8 - 3 中，横轴代表距离中美"轮胎特保案"发生的日期，"0"代表案件发生的当天，负值代表案件发生前，正值代表案件发生后；纵轴代表实验组相对于对照组的股价波动情况，"0"代表两组之间的股价波动幅度无差异，正值代表实验组股价的增长幅度大于对照组，负值则反之。由图 8 - 3 可知，案件发生前，实验组股价的平均增长幅度大于控制组，而在案件发生后 2 期及以后各期，实验组股价的平均下跌幅度明显大于控制组。因此，本书使用 DID 模型来检验在中美"轮胎特保案"对企业股价的影响，满足平行趋势假设的前提条件。

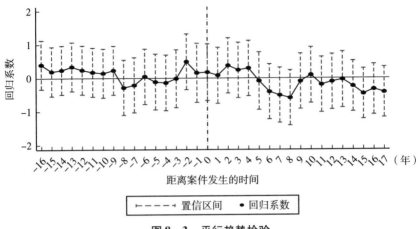

图 8 - 3　平行趋势检验

8.3.5　回归结果分析

表 8 - 2 第（1）~（2）列分别汇报了对模型（8 - 1）~（8 - 2）的 DID 回归的估计结果。第（1）列仅考察中美"轮胎特保"案发生前后对股价波动的影响，而"事件发生前后（T）"的系数符号显著为负表明了中美"轮胎特保"案的裁定造成了与美国有轮胎贸易的上市公司股价的显著下降，这个结果也说明了中美"轮胎特保"案作为外部冲击引发了股价波动。第（2）列在第（1）列的基础上加入"冲击组"维度构造双重差分，"冲击时间"与"冲击组"的交叉项系数显著为负，也说明即使采用"与除美国以外国家进行橡胶贸易的上市公司"作为对照组进行对比检验，DID 回归的结果显示贸易摩擦会引起相关企业股价的下跌。以上种种检验均证明了贸易摩擦会带来上市公司股价的明显波动。从而也检验了上文的假说 1。

表 8 - 2　　　　　　　中美"轮胎特保"案对股价的影响检验

变量	FE (1)	DID (2)
事件发生前后（T）	- 1.976 *** (0.256)	- 1.793 *** (0.268)

续表

变量	FE （1）	DID （2）
Inc（T * L）	—	− 0. 276 ** （0. 123）
是否对美贸易（L）	—	10. 760 *** （0. 470）
企业规模	0. 587 *** （0. 099）	0. 578 *** （0. 099）
综合杠杆	− 0. 015 *** （0. 003）	− 0. 016 *** （0. 003）
股票类型	9. 801 *** （0. 262）	9. 834 *** （0. 262）
贸易方式	0. 354 ** （0. 140）	0. 321 ** （0. 140）
贸易份额	1. 500 *** （0. 166）	1. 502 *** （0. 166）
民营企业	13. 405 *** （0. 229）	13. 402 *** （0. 228）
外资企业	− 8. 990 *** （0. 195）	− 9. 009 *** （0. 195）
其他企业	− 11. 182 *** （0. 532）	− 11. 161 *** （0. 531）
Constant	− 3. 226 （2. 313）	− 13. 724 *** （1. 909）
企业固定效应	是	是
时间固定效应	是	是
Observations	1356	1356
R^2	0. 991	0. 991

注：***、** 和 * 分别代表 1%、5% 和 10% 的显著性水平，括号中的数字为标准误。

8.3.6 稳健性检验

以上结论证明了中美"轮胎特保"案对中国相关上市公司股价存在显著的负向影响，然而这一结论是否稳健？本书从"考虑滞后效应""增加对照组企业样本""进一步控制企业特征"三个方面进行稳健性检验。

8.3.6.1 进一步考虑滞后效应

外部冲击对股票市场的影响存在滞后性（Hou，2007）[160]。本书研究贸易摩擦对股价的影响存在一种担忧：贸易摩擦事件向经济层面，尤其是股市的传导存在时滞性，即作用效果可能在若干期以后发生，因此，贸易摩擦所呈现出的影响可能是对滞后若干期以后股价的影响。基于以上考虑，本书在此次稳健性检验中考虑了影响的滞后性。本书采用的方法是：选取上市公司股价的后 1 ~ 3 期分别作为被解释变量，重复模型（8 - 2）的 DID 回归估计，结果在表 8 - 3 第（1）~（3）列显示。表 8 - 3 第（1）~（3）列交叉项系数表明，无论考虑后 1 期、后 2 期还是后 3 期，中美"轮胎特保"案对与美国相关的中国轮胎贸易企业的股价均存在显著的负向作用。这一结论也支持了上文的回归结果。

表 8 - 3　　　　　　　　　稳健性检验

变量	考虑滞后效应			调整样本	股价波动的其他衡量	
	(1) P（+1）	(2) P（+2）	(3) P（+3）	(4) P	(5) ROC	(6) ROC
事件发生前后 （T）	- 0.094 (0.247)	- 0.298 (0.249)	- 0.354 (0.246)	- 0.134 (0.269)	0.057 ** (0.026)	- 0.016 * (0.010)
Inc（T * L）	- 0.262 ** (0.125)	- 0.267 ** (0.129)	- 0.228 * (0.131)	- 0.198 ** (0.082)	- 0.029 ** (0.012)	- 0.010 ** (0.004)
是否对美贸易 （L）	14.094 *** (0.708)	14.059 *** (0.729)	13.956 *** (0.735)	5.518 *** (0.302)	- 0.156 *** (0.019)	0.021 (0.015)
企业规模	0.538 *** (0.099)	0.460 *** (0.099)	0.404 *** (0.101)	- 1.857 *** (0.093)	- 0.077 *** (0.005)	- 0.004 (0.003)

变量	考虑滞后效应			调整样本	股价波动的其他衡量	
	(1) P (+1)	(2) P (+2)	(3) P (+3)	(4) P	(5) ROC	(6) ROC
综合杠杆	−0.016*** (0.003)	−0.016*** (0.003)	−0.017*** (0.003)	−0.017*** (0.003)	0.000 (0.000)	−0.000 (0.000)
股票类型	9.834*** (0.262)	9.823*** (0.266)	9.705*** (0.275)	19.492*** (0.459)	−0.149*** (0.024)	0.005 (0.009)
贸易方式	0.291** (0.138)	0.249* (0.136)	0.293** (0.135)	0.335*** (0.115)	−0.013 (0.013)	−0.002 (0.005)
贸易份额	1.411*** (0.164)	1.214*** (0.162)	1.014*** (0.163)	0.767*** (0.092)	−0.002 (0.015)	−0.006 (0.005)
民营企业	13.372*** (0.226)	13.275*** (0.224)	13.284*** (0.224)	12.399*** (0.202)	−0.102*** (0.019)	−0.002 (0.007)
外资企业	−9.020*** (0.193)	−9.057*** (0.191)	−8.972*** (0.191)	−6.403*** (0.236)	−0.513*** (0.030)	−0.000 (0.006)
其他企业	−11.243*** (0.562)	−11.409*** (0.713)	−1.652*** (0.409)	−0.643 (0.413)	1.134*** (0.041)	−0.000 (0.019)
Constant	−14.247*** (1.902)	−12.961*** (1.900)	−12.009*** (1.922)	39.099*** (2.083)	2.519*** (0.117)	0.092 (0.063)
企业固定效应	是	是	是	是	是	是
时间固定效应	是	是	是	是	是	是
Observations	1317	1278	1239	2403	1044	1317
R^2	0.992	0.991	0.992	0.990	0.992	0.102

注：①***、**和*分别代表1%、5%和10%的显著性水平，括号中的数字为标准误；②第（1）~（4）列采用每日收盘价作为被解释变量，第（5）~（6）列采用股价波动率作为被解释变量。

8.3.6.2　调整对照组企业样本

对照组的选取是否合理在很大程度上影响着最终的估计及结果。在上文中，本书选取的对照组是"与除美国以外的其他国家存在轮胎贸易的中国上市公司"，但是由于中国与其他国进行轮胎贸易的规模相对较小，导致了本书选取的对照组企业数量也相对较少，事实上本书对照组样本仅为 11 家上市公司。较少的对照组样本可能会带来代表性较差等问题，从而引起估计结果存在偏差。为了确保 DID 检验的准确性，本书特意将"与除美国以外的其他国家存在橡胶产品①贸易的中国上市公司"加入原有的样本中作为对照组进行重新估计。表 8 - 3 第（4）列汇报了调整对照组企业样本以后的 DID 回归的估计结果，交叉项系数的估计结果表明了中美"轮胎特保"案会带来与美国相关的中国轮胎贸易企业的股价波动，这一结果与前文估计是一致的。

8.3.6.3 股价波动的其他衡量

在前文检验中使用股票收盘价来衡量股价波动，但这在一定程度上能否代表企业股价波动水平？在现有文献中，关于股价波动的相关研究较多，学者们也采用了很多不同的代理指标来衡量股价波动，如综合股价指数，个股回报方差、持股数等。为了确保本书研究的稳健性，本书参考胡婷等（2017）的做法[161]，使用股票收益率衡量股价波动，并重新进行 DID 回归的回归检验，其结果报告在表 8 - 3 第（5）列。观察结果发现，交叉项系数依然显著为负，表明中美"轮胎特保"案对相关上市公司股价存在负面影响。这说明使用股票收益率衡量企业股价波动并不会对本书的核心结论产生显著的影响，从而进一步证明了本书的估计结果较为稳健。

此外，参考李勇等（2011）[162]的做法，本书还使用股价变动率（ROC）作为股价波动的代理变量，其值通过"（当日收盘价 - 前一日收盘价）/前一日收盘价"计算获得。表 8 - 3 第（6）列汇报了采用股价变动率衡量股价波动的 DID 回归的回归结果，观察结果发现，交叉项的符号没有改变，这说明对采用股价波动率作为衡量股价波动的代理指标并不会对本书的核心结论产生显著的影响，因而本书的核心结论是稳健的。

8.4 影响机制的检验

从前文检验的结果可知，贸易摩擦对中国相关企业的股价产生了明

---

① 根据《国民经济行业分类》中的行业分类，橡胶行业和轮胎行业属于同一个分类。

显的负向影响。那么，贸易摩擦对股价影响的传导路径是什么呢？贸易摩擦的实施会直接影响到企业的进出口规模，同时也会影响投资者的投资信心从而减少投资，直接表现为股票换手率的减少。企业贸易规模与股票换手率皆为股价波动的根源，两者为贸易摩擦对影响股价提供了可能的传导渠道。为了检验企业的贸易规模与股票换手率是否是贸易摩擦影响股价的传导机制，本书应用中介效应模型对此进行直接检验和刻画。

为了考察贸易摩擦对企业股价的影响机制，参考中介效应模型，本书通过以下模型（8-3）~模型（8-5）进行估计：

$$P_{ij,t} = \beta_0 + \beta_{11}T_t + \beta_{12}L_c \times T_t + \beta_{13}L_c + \gamma X + \tau_{ij} + \delta_t + \varepsilon_{ij,t}$$
$$(8-3)$$

$$MV_{ij,t} = \beta_0 + \beta_{21}T_t + \beta_{22}L_c \times T_t + \beta_{23}L_c + \gamma X + \tau_{ij} + \delta_t + \varepsilon_{ij,t}$$
$$(8-4)$$

$$P_{ij,t} = \beta_0 + \beta_{31}T_t + \beta_{32}L_c \times T_t + \beta_{33}L_c + \beta_{34}MV_{ij,t} + \gamma X + \tau_{ij} + \delta_t + \varepsilon_{ij,t}$$
$$(8-5)$$

以上模型中，模型（8-3）同模型（8-2）用于检验贸易摩擦对公司股价影响的总效应，交叉项的系数 β_{12} 显著是中介效应存在的前提条件。模型（8-4）用于检验贸易摩擦对中介变量的影响效果，模型（8-5）考察贸易摩擦是否通过中介变量影响公司股价，若模型（8-4）中交叉项的系数 β_{22}、模型（8-5）中的中介变量的系数 β_{34}，则说明存在中介效应。$MV_{ij,t}$ 分别采用企业贸易规模和股票换手率作为中介变量，其中企业贸易规模取自然对数处理，股票换手率采用"个股每日交易总股数/流通股总股数 ×100%"衡量。

表 8-4 汇报了对模型（8-3）~（8-5）进行 DID 回归的估计结果。在第（1）~（3）列中，本书将企业的贸易规模作为中介变量对中美"轮胎特保"案影响股价的作用机制进行检验。第（1）列的交叉项的系数显著为负，这说明贸易摩擦对上市公司股价存在明显的负向影响。在接下来第（2）~（3）列所进行的联合性显著检验中，第（2）列交叉项的系数不显著，这意味着企业贸易规模在中美"轮胎特保"案对中国公司股价的影响中并没有发挥中介效应。这证明了假说 2 成立。

表 8 – 4　　　　　　　中美"轮胎特保"案对股价影响的传导渠道

变量	机制1			机制2		
	（1）股价	（2）贸易规模	（3）股价	（4）股价	（5）换手率	（6）股价
事件发生前后（T）	−1.793 *** (0.268)	−0.472 (0.319)	−1.820 *** (0.268)	−1.793 *** (0.268)	−0.821 * (0.468)	−1.860 *** (0.262)
Inc（T*L）	−0.276 ** (0.123)	−0.240 (0.147)	−0.290 ** (0.123)	−0.276 ** (0.123)	−0.452 ** (0.215)	−0.213 * (0.120)
是否对美贸易（L）	10.760 *** (0.470)	0.603 (0.559)	−6.855 *** (0.290)	10.760 *** (0.470)	−2.855 *** (0.820)	13.614 *** (0.242)
贸易规模	—	—	−0.056 ** (0.024)	—	—	—
换手率	—	—	—	—	—	0.140 *** (0.016)
企业规模	0.578 *** (0.099)	−0.751 *** (0.118)	6.592 *** (0.098)	0.578 *** (0.099)	0.293 * (0.173)	−0.305 *** (0.041)
综合杠杆	−0.016 *** (0.003)	0.008 * (0.004)	−0.016 *** (0.003)	−0.016 *** (0.003)	−0.002 (0.006)	−0.016 *** (0.003)
股票类型	9.834 *** (0.262)	−5.053 *** (0.312)	12.263 *** (0.258)	9.834 *** (0.262)	−0.622 (0.458)	13.531 *** (0.355)
贸易方式	0.321 ** (0.140)	0.997 *** (0.167)	0.377 *** (0.142)	0.321 ** (0.140)	0.403 (0.245)	0.264 * (0.136)
贸易份额	1.502 *** (0.166)	−4.742 *** (0.197)	1.235 *** (0.200)	1.502 *** (0.166)	−0.357 (0.290)	1.552 *** (0.161)
民营企业	13.402 *** (0.228)	5.829 *** (0.272)	15.695 *** (0.248)	13.402 *** (0.228)	−1.047 *** (0.399)	13.276 *** (0.210)
外资企业	−9.009 *** (0.195)	8.662 *** (0.232)	13.212 *** (0.264)	−9.009 *** (0.195)	−0.743 ** (0.340)	−7.938 *** (0.245)
其他企业	−11.161 *** (0.531)	8.011 *** (0.632)	3.664 *** (0.506)	−11.161 *** (0.531)	0.724 (0.927)	−13.260 *** (0.456)
Constant	−13.724 *** (1.909)	32.054 *** (2.272)	−139.289 *** (2.152)	−13.724 *** (1.909)	−1.439 (3.333)	0.192 (0.858)
企业固定效应	是	是	是	是	是	是

续表

变量	机制 1			机制 2		
	（1）股价	（2）贸易规模	（3）股价	（4）股价	（5）换手率	（6）股价
时间固定效应	是	是	是	是	是	是
Observations	1356	1356	1356	1356	1356	1356
R^2	0.991	0.917	0.992	0.991	0.606	0.992

　　注：① *** 、** 和 * 分别代表 1%、5% 和 10% 的显著性水平，括号中的数字为标准误；② 贸易规模进行了取对数处理。

　　接下来，本书将股票换手率纳入"中介效应模型"进行机制检验，DID 回归的估计结果见表 8 - 4 第（4）~（6）列。第（4）列表明，从整体看，中美"轮胎特保"案对公司股价的影响显著为负；第（5）列显示贸易摩擦对股票换手率的影响也显著为负；第（6）列在第（4）列的基础上加入"股票换手率"这一中介变量，一方面仍然呈现出中美"轮胎特保"案对公司股价存在负向影响，另一方面"股票换手率"实际上对于股价也具有重要的提升作用。以上三列则说明了一个重要问题：模型的中介效应存在，中美"轮胎特保案"对"股票换手率"带来了负向影响，而变动的"股票换手率"带来了上市公司股价的下跌。

　　那么，为何中美"轮胎特保"案影响股价仅是通过影响股票换手率，而并未影响企业贸易规模？主要原因是本书选取的窗口期为"短期"（事件前后的 35 期，即 35 天）。在此期间，股票可能随着投资者的信心和投资行为而变动较大，而贸易规模所受到的影响却不明显。事实上，本书的研究结果与瓦德吉里等（Ouadghiri et al.，2018）[163] 的研究结论相一致，他们在美国恐怖袭击引发美国伊斯兰股指收益下跌的研究中发现，美国公众对恐怖袭击事件的关注进而带来的投资信心下降是股市波动的主要原因。这也证明了假说 3 成立。

　　以上检验说明，贸易摩擦对股价的影响主要是通过影响投资者对企业的投资信心而减少的股票换手率带来的，而与以贸易规模所表现的企业经营绩效的关系不明显。

8.5 "时间效应"和"阶段效应"检验

前文证明了贸易摩擦对一国相关企业的股价具有负向影响，然而这种影响仍然需要深入的探讨。一方面从贸易摩擦影响的本身来看，其影响具有动态性，即存在短期影响和长期影响的差异；另一方面由于贸易摩擦一般具有阶段性，因此贸易摩擦的不同阶段对股价的影响又存在着差异。基于以上两点，本部分将探讨贸易摩擦对股价影响的"时间效应"和"阶段效应"。

8.5.1 "时间效应"检验

贸易摩擦对上市公司股价影响可能存在"时间效应"，存在"时间效应"的原因主要表现在以下两个方面：

一方面从贸易摩擦的角度来看，其本身的影响具有动态性。以贸易摩擦影响出口为例，理论层面上贸易摩擦不仅存在对出口的"冻结效应"等消极抑制效应，也存在对企业的"逆向激励效应"，即倒逼企业不断增强创新能力以提高出口，因此贸易摩擦的短期消极作用明显，而长期影响并不确定。基于以上理论，唐宜红和张鹏杨（2016）就发现对华反倾销对出口规模和出口价格的影响呈动态特征，反倾销在短期内会带来被诉国出口规模下降和出口价格上升，而长期影响则不明显[110]。以上探讨了贸易摩擦影响出口的理论，对于股价而言，出口规模是贸易公司绩效的重要表现形式，贸易摩擦对出口的动态影响事实上也反映了贸易摩擦对企业绩效的动态影响，因此反映在股价上就具有了动态特征。

另一方面从上市公司股价本身看，股价波动一般也是一种短期现象。股价波动一是由于企业的绩效决定，二是由于持股人的预期和资本市场的投资决定，前者可能会造成上市公司股价的长期影响，而后者则是造成股价短期波动的重要原因。对于企业而言，即使是简单的高管离职等负面消息都有可能成为股价波动的原因，知名的财经媒体 The Motley Fool 也曾指出，资本市场恐慌性抛售并因此造成股价震荡都是正常资本市场的非理性现象。因此，当上市公司受到贸易摩擦冲击时，也可能会引起恐慌性抛售股票而造成公司在短期内股价下跌。

基于以上两点分析，本书认为贸易摩擦对股价波动的影响可能是短期的，而从长期来看，这种影响并不存在。

那么究竟中美"轮胎特保"案在多长时间内对相关上市公司股价的影响会消失呢？或者换言之，以上所提及的短期影响大约存在多长时间？上文中本书已经选取了事件发生以后的 35 期作为研究期间，发现负向影响仍然存在，在此次研究中，本书继续延长研究区间，分别选取了事件发生以后 2~6 个月，考察贸易摩擦对股价的影响究竟将持续多长时间。DID 回归的检验结果在表 8-5 中显示。

表 8-5 第（1）~（5）列分别汇报了中美"轮胎特保"案发生以后 2 个月、3 个月、4 个月、5 个月、6 个月为时间区间的研究结果。从结果可以看出，在事件发生 2 个月内交叉项系数显著为负，这表明与美相关的轮胎企业的股价仍然受到其负向影响并呈现显著的下跌趋势；时间延长为 3~4 个月，交叉项系数不再显著，这表明贸易摩擦对相关上市公司股价的负面影响在 3 个月以后开始消失；在事件发生的 5~6 个月以后，贸易摩擦对企业股价带来的负向影响不但消失，甚至股价出现了一定程度的反弹。由此证明了贸易摩擦对相关企业的股价波动是存在"时间效应"的，影响仅在短期内存在。

表 8-5　　　中美"轮胎特保"案对股价影响的"时间效应"

变量	2 个月 （1）	3 个月 （2）	4 个月 （3）	5 个月 （4）	6 个月 （5）
事件发生前后 （T）	-1.251 *** （0.361）	1.140 *** （0.416）	0.129 （0.550）	-0.179 （0.693）	3.656 *** （0.751）
Inc（T*L）	-0.264 ** （0.121）	-0.115 （0.116）	-0.052 （0.135）	0.552 *** （0.154）	0.590 *** （0.150）
是否对美贸易 （L）	6.416 *** （1.084）	14.182 *** （0.486）	-0.561 （0.525）	-1.843 *** （0.364）	-2.166 *** （0.317）
企业规模	0.566 ** （0.245）	-0.307 ** （0.142）	-0.640 *** （0.145）	-0.127 （0.160）	0.030 （0.152）

变量	2 个月 （1）	3 个月 （2）	4 个月 （3）	5 个月 （4）	6 个月 （5）
综合杠杆	-0.176 （0.127）	-0.106 （0.075）	-0.073 （0.067）	-0.237 *** （0.061）	-0.229 *** （0.053）
股票类型	9.673 *** （1.100）	3.691 *** （0.492）	15.840 *** （0.930）	22.273 *** （0.694）	21.204 *** （0.566）
贸易方式	0.184 * （0.097）	-0.066 （0.080）	-0.381 *** （0.091）	-0.572 *** （0.102）	-0.742 *** （0.099）
贸易份额	0.717 *** （0.140）	0.182 （0.123）	0.643 *** （0.142）	1.155 *** （0.165）	0.556 *** （0.163）
民营企业	13.449 *** （0.228）	12.814 *** （0.200）	5.853 *** （0.911）	8.154 *** （0.521）	8.062 *** （0.411）
外资企业	-9.634 *** （0.342）	-9.441 *** （0.250）	-13.844 *** （0.601）	-3.408 *** （0.626）	-2.382 *** （0.548）
其他企业	-14.444 *** （0.489）	-15.597 *** （0.421）	-22.860 *** （0.983）	-18.691 *** （0.655）	-16.563 *** （0.556）
Constant	-8.121 （5.307）	8.645 *** （3.093）	26.500 *** （3.479）	5.864 * （3.546）	-0.087 （3.379）
企业固定效应	是	是	是	是	是
时间固定效应	是	是	是	是	是
Observations	2319	3583	4856	6301	8390
R^2	0.987	0.983	0.969	0.951	0.948

注：*** 、** 和 * 分别代表 1%、5% 和 10% 的显著性水平，括号中的数字为标准误。

8.5.2 "阶段效应"检验

普遍而言，贸易保护行为的实施一般都要经历申请、调查、裁定和申诉等多个阶段过程，不同的贸易保护形式，经历的阶段可能不尽相同。以反倾销为例，美国对于反倾销的裁定一般就要经历初裁和终裁两个阶段。因此，贸易保护的不同阶段的影响效果可能也存在差异，事实上，贝格利等（Begley et al.，1998）① 发现在美国对加拿大实施的木材贸易保护案件的 13 个阶段中，加拿大仅有 5 个阶段对股价产生了影响，美国也只有 3 个阶段对股价的影响是显著的[164]。

一般而言，事件的正式发生和裁定阶段普遍具有一定的影响效应。谢申祥等（2017）发现反倾销对企业生产率的抑制效应主要体现在反倾销终裁措施实施之后，而对于初裁，这种抑制效应很小并且统计上不显著[24]。然而除了事件的正式裁定可能存在影响以外，部分研究也发现当贸易摩擦事件开始发生时，在"震慑"作用的影响下有可能会存在一定的效果，如杨仕辉等（2012）就发现即使反倾销最终未能立案，那么被诉反倾销所带来的"震慑"作用也会带来较大的影响。相同的道理，这种"震慑"作用在股票市场的表现更为明显[165]。受到非理性投资的影响，公司股价一般对于外界冲击反应极为灵敏，也就是说当中国相关企业在遭遇贸易摩擦之初，会造成股票市场的短期恐慌，引起股价波动，这种影响在更长的时间内可能会消失。

根据以上分析，本书推断贸易摩擦对企业股价的影响主要是在事件的开始阶段和正式裁定的阶段，而其他阶段的影响效应可能不明显。

为了检验贸易摩擦对股价波动影响的"阶段效应"，本书首先对中美"轮胎特保"案的各个阶段进行了梳理，具体见表 8 - 6。

表 8 - 6　　　　　　　　　　中美"轮胎特保"案的进展情况

阶段	时间节点	事件发展各阶段描述
1	2009 年 4 月 20 日	美国钢铁工人协会向美国国际贸易委员会提交对进口的中国轮胎增加关税的贸易保护申请
2	2009 年 6 月 29 日	美国国际贸易委员会认定进口的中国轮胎损害了美国国内市场，建议对中国轮胎征收特别关税

---

① Begley 等（1998）将美加木材反补贴案件分为 13 个阶段，其中对两国股市存在显著影响的各个阶段情况如下：No2.，美国向加拿大进口委员会提出对进口的加拿大木材加征 27% 关税；No.3，美国里根总统决定对进口的加拿大木材加征 35% 的关税；No.4，加拿大敦促美国政府拒绝对进口的加拿大木材加征反补贴税的申请；No.6，加拿大向美国国际贸易委员会提交文件，宣称未对木材业进行补贴且没有伤害美国工业；No.7，加拿大对 WTO 组织提交声明宣称抗议美国反补贴案；No.10，美国木材业向政府请愿，要求对进口的加拿大木材加征 33% ~36% 的关税；No.13，美国商务部决定对进口的加拿大木材加征 15% 的关税。

续表

阶段	时间节点	事件发展各阶段描述
3	2009 年 9 月 11 日	美国总统奥巴马进行最后裁定，决定对中国轮胎实施为期三年的限制关税
4	2010 年 12 月 13 日	世界贸易组织仲裁小组驳回中国对"轮胎特保"案件的申诉
5	2011 年 9 月 5 日	WTO 裁定中国败诉

在表 8 - 6 中，本书梳理了中美"轮胎特保"案的几个主要阶段，分为申请、认定和建议征税、正式裁定、申诉被驳回和裁定申诉败诉等五个阶段，其时间节点分别为：2009 年 4 月 20 日、2009 年 6 月 29 日、2009 年 9 月 11 日、2010 年 12 月 13 日和 2011 年 9 月 5 日。与前文相同，在以上几个时间节点上，本书各选取了前后 35 期的数据作为研究区间进行 DID 回归的检验，结果如表 8 - 7 所示。

表 8 - 7　　　　中美"轮胎特保"案对股价影响的"阶段效应"

变量	第 1 阶段	第 2 阶段	第 3 阶段	第 4 阶段	第 5 阶段
事件发生前后（T）	3.514 *** (0.369)	0.664 (0.599)	-1.793 *** (0.268)	-4.631 *** (0.664)	-1.549 *** (0.268)
Inc（T * L）	-0.738 *** (0.158)	0.241 (0.281)	-0.276 ** (0.123)	3.285 *** (0.382)	0.344 ** (0.142)
是否对美贸易（L）	-14.635 *** (0.267)	0.427 (1.809)	10.760 *** (0.470)	-140.028 *** (2.419)	9.210 *** (0.636)
企业规模	1.196 *** (0.153)	-0.652 * (0.350)	0.578 *** (0.099)	1.374 *** (0.305)	0.059 (0.154)
综合杠杆	-4.132 *** (0.078)	-0.351 * (0.190)	-0.016 *** (0.003)	-1.397 *** (0.061)	-0.004 (0.004)
股票类型	9.884 *** (0.480)	18.604 *** (2.057)	9.834 *** (0.262)	137.309 *** (0.811)	13.423 *** (1.011)
贸易方式	19.348 *** (0.305)	0.103 (0.204)	0.321 ** (0.140)	-11.230 *** (0.586)	-1.098 *** (0.135)

续表

变量	第1阶段	第2阶段	第3阶段	第4阶段	第5阶段
贸易份额	−1.331*** (0.261)	2.287*** (0.346)	1.502*** (0.166)	—	20.000*** (0.772)
民营企业	8.005*** (0.434)	8.297*** (0.457)	13.402*** (0.228)	21.773*** (0.969)	−1.719*** (0.221)
外资企业	−6.431*** (0.342)	−6.810*** (2.297)	−9.009*** (0.195)	16.167*** (0.685)	−12.373*** (0.169)
其他企业	−18.765*** (0.478)	−10.801*** (2.230)	−11.161*** (0.531)	119.313*** (0.784)	−23.237*** (0.577)
Constant	−22.627*** (3.574)	17.586** (7.684)	−13.724*** (1.909)	5.640 (5.098)	−4.434* (2.405)
企业固定效应	是	是	是	是	是
时间固定效应	是	是	是	是	是
Observations	1492	1569	1356	1381	2013
R^2	0.983	0.960	0.991	0.991	0.993

注：***、** 和 * 分别代表1%、5%和10%的显著性水平，括号中的数字为标准误。

表8-7表明，在中美"轮胎特保"案的第1个阶段和第3个阶段，即美国对华提出"轮胎特保"案申诉阶段和"轮胎特保"案正式裁定阶段，交叉项的系数都显著为负，这表明第1阶段和第3阶段造成了与美国存在轮胎贸易的中国上市公司股价的下跌。然而在第2阶段交叉项系数不显著说明美国ITC建议对中国实施"轮胎特保"对中国相关企业的股价影响不明显。当然，在事件的后续两个阶段，即世贸组织仲裁驳回中国的案件申诉及裁定中国败诉两个阶段，事件对相关上市公司股价的负面影响完全消失，甚至股价有了上升趋势。由此可以看出，在中美"轮胎特保"案的整个发展进程中，只有美国钢铁工人协会提交贸易保护申请的初始"敏感"阶段和美国总统进行最后裁定的"关键"阶段对与中国相关企业股价的负面冲击明显，而在其他阶段，并没有对股价产生任何明显的负面作用。

8.6 全球价值链视角下贸易摩擦对关联产业股价影响的检验

全球价值链迅速发展，各国产业间联系日益紧密，在这种背景下，贸易摩擦对某一个企业的影响是否会随着全球价值链关联的不断加深而影响到该企业的上下游关联企业，甚至带来对整个价值链的影响呢？为了探讨以上问题，本书需要在产业关联视角下进一步考察贸易摩擦对企业股价的影响。事实上，产业关联进一步可以分为与上游企业存在需求联系的后向关联和与下游企业存在供给关系的前向关联（Javorcik，2004[166]）。本节不仅探讨产业关联下贸易摩擦对股价的影响，还旨在进一步明确贸易摩擦对何种形式产业关联下的企业股价产生了影响效应。

8.6.1 产业关联的测算

就本书而言，本书要深入研究中美"轮胎特保"案对与轮胎相关联产业股价的影响，因此需要测算中国轮胎产业的产业关联情况。本书依据列昂蒂夫（Leontief，1936）在投入产出分析中提出的直接消耗系数和直接分配系数，从后向关联和前向关联两个角度进行测算[99]。

8.6.1.1 后向关联的测算

对于轮胎行业的后向关联而言，刻画了各行业作为轮胎的上游行业为轮胎行业提供生产原材料、劳动力等与轮胎行业所产生的关联程度，而直接消耗系数衡量了某一部门在生产经营过程中单位总产出直接消耗的各部门的产品或服务的数量。直接消耗系数越大，则意味着某产业对其他产业的需求拉动作用越强。因此本书以直接消耗系数衡量后向关联，如式（8-6）所示。

$$B_{ij} = \frac{m_{ji}}{X_i} \quad (j = 1, 2, \cdots, n) \qquad (8-6)$$

在式（8-6）中，B_j 代表 i 行业与 j 行业的后向关联系数，本书中

i 行业特指轮胎行业；m_{ij} 代表 j 行业供给 i 行业的中间产品规模，X_i 代表 i 行业的总产出。

8.6.1.2　前向关联的测算

对于轮胎行业的前向关联而言，刻画了各行业作为轮胎的下游行业使用轮胎作为中间产品所产生的关联程度。直接分配系数衡量了某一行业产品作为中间品在其他行业的分配情况。直接分配系数越大，则意味着某产业对其他产业生产中所需中间品的分配量越多，直接供给推动作用越强。因此本书采用直接分配系数衡量前向关联，如式（8 - 7）所示：

$$F_{ij} = \frac{n_{ij}}{X_i} \quad (j = 1, 2, \cdots, n) \qquad (8 - 7)$$

在式（8 - 7）中，F_{ij} 代表 i 行业与 j 行业的后向关联系数，i 行业特指轮胎行业；n_{ij} 代表 j 行业对 i 行业的中间产品需求规模，X_i 代表 i 行业的总产出。

8.6.2　产业关联的统计性描述

由于考察的是 2009 年中美"轮胎特保案"，因此本书使用 WIOD（2016 版）投入产出表测算，根据式（8 - 6）、式（8 - 7）测算了 2009 年轮胎行业与各行业的后向关联和前向关联程度。由于轮胎行业的关联行业主要集中在制造业，因此本书主要分析了与轮胎行业相关联的 16 个制造行业的产业关联情况，测算结果如下图 8 - 4 所显示。

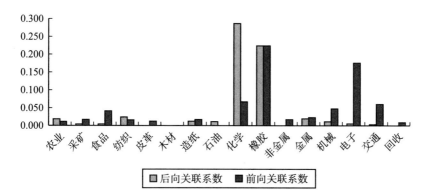

图 8 - 4　中国轮胎产业的产业关联情况

在图 8 - 4 中，红色柱衡量了轮胎行业与各行业的后向关联，蓝色柱则衡量了轮胎行业与各行业的前向关联。从产业特性来看，轮胎制造业的产业链条长、涉及面广，几乎同国民经济中所有的制造业都有关联；从产业关联来看，轮胎制造业与各产业关联程度存在明显的不同：在后向关联中，轮胎制造业与橡胶和化学制品两个产业的关联度非常高；在前向关联中，除了橡胶和化学制品外，轮胎制造业还与电子、交通、机械和食品等产业的关联度较高。

在测算了各行业与轮胎行业的产业关联以后，本书对海关数据库与中国股票市场交易数据库中的数据重新进行处理与匹配，最终得到了与轮胎行业相关联行业中的所有 484 家上市公司。因此本书使用以上 484 家非轮胎行业但与轮胎行业存在关联的企业作为样本研究产业关联下贸易摩擦对股价的影响。由于本部分依然研究企业股价波动，因此本节模型设定中的控制变量的选取与上文相同。考虑到"产业关联"这一变量的数值相比于被解释变量而言太小，对此本书修改了产业关联变量的衡量单位①。各关键变量进行性统计描述，见表 8 - 8。

表 8 - 8　　　　　　　　　　　统计性描述

变量	均值	标准差	最小值	最大值
收盘价	13.565	8.959	0.329	81.51
综合杠杆	1.490	2.711	- 17.124	38.348
企业规模	21.756	1.224	17.591	26.302
控股方式	1.658	1.150	1	4
股票类型	0.967	0.179	0	1
贸易份额	0.478	0.442	0	1
贸易方式	1.158	0.365	0	1
后向关联	10.029	7.603	0.196	22.393
前向关联	6.670	10.500	0.176	28.702

---

① 由于产业关联的数值过小，因此我们对产业关联的衡量单位扩大了 100 倍。

8.6.3　实证检验

由于轮胎行业的前向关联与后向关联所涉及的制造业行业较为广泛，因此同一行业既可能与轮胎行业存在前向关联，也可能与轮胎行业存在后向关联，只是各行业与轮胎行业的前向关联和后向关联程度会存在差异。本书假设各行业内的上市公司与轮胎行业的关联度均等于该行业与轮胎行业的关联程度，因此本书样本中选取的 484 家上市公司极可能与轮胎行业的存在前向联系，也可能存在后向联系。那么究竟前向关联程度大的企业股价会随着中美"轮胎特保"案的实施而受到影响，还是后向关联程度大的企业股价受到了影响呢？本书对此进行检验。

表 8 - 9 汇报了中美"轮胎特保"案对关联企业股价的影响。第（1）列检验了贸易摩擦对与轮胎行业存在后向关联的企业股价的影响，交叉项系数不显著表明中美"轮胎特保"案对轮胎上游行业内企业的股价影响并不明显。相反，第（2）列检验了贸易摩擦对与轮胎行业存在前向关联的企业股价的影响，显著为负的交叉项系数表明"轮胎特保"案对轮胎下游行业内企业的股价存在显著的负向影响。事实上，以上结论也是具有理论依据的。美国对华裁定"轮胎特保"会造成轮胎行业的恐慌，引起股价下跌，受此影响使用本国轮胎作为中间产品的企业因受到轮胎企业股价下跌的影响，其股价也将面临负面冲击，因此贸易摩擦对与轮胎行业存在前向关联的企业股价具有非常明显的负面影响，相反，贸易摩擦对与轮胎行业存在后向关联的企业股价的影响不明显。这证明了假说 4 成立。

表 8 - 9　　　　中美"轮胎特保"案对关联产业股价的影响

变量	后向关联 （1）	前向关联 （2）
事件发生前后（T）	- 1. 484 ** （0. 690）	- 1. 367 ** （0. 665）
事件发生前后（T）* 产业关联	- 0. 016 （0. 019）	- 0. 103 *** （0. 014）

续表

变量	后向关联 （1）	前向关联 （2）
产业关联	- 0. 209 *** （0. 052）	- 0. 046 （0. 041）
企业规模	0. 923 *** （0. 059）	0. 942 *** （0. 059）
综合杠杆	- 0. 236 *** （0. 025）	- 0. 237 *** （0. 025）
股票类型	10. 412 *** （0. 404）	10. 353 *** （0. 403）
贸易方式	- 0. 463 ** （0. 189）	- 0. 449 ** （0. 188）
贸易份额	- 1. 407 *** （0. 160）	- 1. 354 *** （0. 160）
民营企业	- 3. 236 ** （1. 526）	- 3. 529 ** （1. 523）
外资企业	- 0. 144 （0. 228）	- 0. 139 （0. 228）
其他企业	3. 140 *** （0. 201）	3. 223 *** （0. 201）
Constant	- 10. 210 *** （1. 813）	- 11. 110 *** （1. 819）
产业固定效应	是	是
时间固定效应	是	是
Observations	15873	15873
R^2	0. 104	0. 107

注： *** 、 ** 和 * 分别代表 1% 、 5% 和 10% 的显著性水平，括号中的数字为标准误。

  以上使用整体样本数据研究了产业关联下贸易摩擦对股价的影响，发现前向关联下企业的股价容易受到贸易摩擦负面冲击的影响，后向关联下企业则不受影响。接下来分行业重新检验产业关联下贸易摩擦对股价的影响，在每一个行业中都进行贸易摩擦对前向关联和后向关联行业的检验。由于行业较多，本书对结果不再一一陈列，相反，由于每一个行业都有唯一一个与轮胎行业相关联的前向关联系数和后向关联系数，于是本书对每一行业分别进行前向关联和后向关联回归检验，将回归中的"交叉项系数"进行统计，并与前向关联和后向关联的系数进行一一对应，形成了图8-5的散点图。

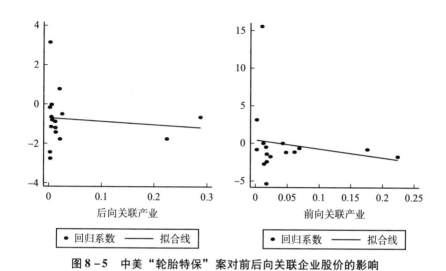

图8-5 中美"轮胎特保"案对前后向关联企业股价的影响

图8-5显示了各行业的前（后）向关联系数以及每一个行业中贸易摩擦对股价波动的影响系数。在图8-5中，左图反映的是后向关联，而右图反映的是前向关联。在右图中，拟合线显著为负表明各行业随着与轮胎行业的前向关联程度的提高，贸易摩擦对股价的负向影响越大；相反，在左图中，拟合线虽然略呈下降趋势，但并不显著，表明各行业随着与轮胎行业的后向关联程度的增加，并不一定会造成贸易摩擦与企业股价的估计系数明显下降。以上也从行业层面检验了产业关联下贸易摩擦对股价的影响。

8.7 本章小结

当前全球贸易保护主义正在迅速抬头，随着2018年中美贸易摩擦的持续不断升级，中国股票市场也呈现出了高位波动性的特征，那么贸易摩擦是否是造成股价波动的重要原因？二者影响的内在机制又是什么？影响是否存在"时间效应"和"阶段效应"？此外在当前全球产业关联的大背景下，贸易摩擦对关联行业的股价影响如何？为了系统地解决以上问题，本书选取了 2009 年中美"轮胎特保"案，以此为外部冲击，依靠"双重差分法"考察了贸易摩擦对相关上市公司股价的影响，得到结论如下：

（1）整体而言，以中美"轮胎特保"案为例表现出来的贸易摩擦对相关上市公司的股价存在较大的负面影响。

（2）进一步机制探究发现贸易摩擦在短期内对股价的影响主要是通过影响投资者对企业的投资信心带来的，并非是影响企业的经营绩效带来的，具体表现为贸易摩擦带来了股票换手率的减少，从而造成了企业股价下降。

（3）探讨贸易摩擦影响股价的"时间效应"和"阶段效应"发现，从时间上看，贸易摩擦对股价影响仅在短期内存在，即主要集中在事件发生的 2 个月内，在更长时间内则其负面影响不明显；从阶段来看，贸易摩擦仅在开始阶段和正式裁定阶段造成了公司股价的明显下降，而其负面影响在其他阶段并不存在。

（4）以全球价值链视角下来看，贸易摩擦对股价波动的影响研究表明贸易摩擦对存在前向关联的企业股价具有显著的负向影响，而对于存在后向关联的企业股价的影响则不显著。

当前在中美贸易摩擦的影响下中国 A 股市场呈现出大幅波动，本书以 2009 年中美"轮胎特保"案为例考察贸易摩擦对股价的影响，这对于解释和应对当前背景下中国股市波动具有重要的现实意义，基于本书的结论，得到以下几方面启示：

第一，信心比黄金更重要，投资者需要正确面对贸易摩擦所带来的股价波动的现实。贸易摩擦带来相关上市公司股价下降从而引起股市波动是必然的，然而面对以上的股价波动，投资者则需要更加理性。一方面，机制研究证明，贸易摩擦导致股价波动在很大程度上是由于投资者的恐慌和盲目、非理性投资决定的，而并非企业经营绩效的下滑导致，因此在面临贸易摩擦时投资者信心对抑制股价波动显得更加重要；另一方面，研究表明贸易摩擦对股价波动具有"短期效应"和"阶段效应"，从而也证明了股价波动确实是由于非理性投资决定的，因此在面临外部冲击时，投资者一方面需要正确处理冲击的负面影响，另一方面坚定信心也尤为重要。

第二，各上市公司不仅要提防与其直接相关的外部冲击对股价的影响，还应当提防来自其上游行业的负面冲击对其股价所带来的影响。在全球价值链不断发展的背景下，各产业之间相互嵌入形成了产业关联，而这种关联可能成为贸易摩擦影响范围扩大的重要因素。在这种背景下，一个企业的股价不仅会受到所在行业负面冲击的影响，还可能受到上游行业负面冲击的影响。因此对于企业而言，应当放宽视野，广泛关注国际各个领域的新动向，做到尽早提防。

第三，正确处理大国经贸关系对于两国资本市场甚至世界资本市场都是有利的。中美两国作为全球最大的两个经济体，两国关系不仅影响到两国自身，对于整个世界的影响都是重要的。2018年中美"贸易战"不仅带来了中国A股市场的大幅波动，也带来了美国三大股指的震荡，甚至带来的日经225指数、港股市场的波动，因此两国在国际事务中加强协商，避免在各个领域的冲突对于减少经济损失，实现全球经济的稳健复苏具有重要意义。

第 9 章

结论及政策建议

1. 研究结论

当前全球贸易保护主义盛行，中美贸易摩擦正在持续不断地升级，为了保护本国产业在国内的优势地位，遏制中国经济的崛起，各国频繁地对中国实施贸易保护，挑起贸易摩擦。随着贸易摩擦事件的增多，众多学者重点关注了贸易摩擦的经济影响效应问题。但在已有文献中，关于贸易摩擦对企业影响的实证研究较少，定量研究贸易摩擦的经济效应的结论也并不确定，且并未将企业的各个层面纳入统一框架下研究，缺乏贸易摩擦对企业影响的系统性实证检验。本书创新性地从全球价值链视角研究贸易摩擦的影响，在一定程度上丰富了贸易摩擦对企业影响的相关研究，有助于从贸易保护视角来理解中国工业企业近年来的企业行为。此外，本书的研究有利于从新的角度考察贸易摩擦问题，又能从贸易摩擦中反思中国贸易问题，对于缓解贸易摩擦对企业的影响及恢复国内经济和出口贸易提供相对有效的思路。随着中国经济的稳步提升，很多国家基于政治利益和经济发展的双重考虑持续不断地对华发动贸易摩擦，随着中美贸易摩擦的不断升级，以美国为首的西方国家遏制中国产业升级的目的昭然若揭，贸易摩擦对中国企业的损害也越来越明显，如何应对贸易摩擦是中国企业需要面对一个重要问题，因此在各国贸易保护力度不断地加大及中美贸易摩擦不断升级的背景下，本研究对于应对贸易摩擦对中国企业的贸易破坏效应具有重要的现实意义。

在中外贸易摩擦的现状分析中，本书从中国遭受反倾销、反补贴、保障措施和特殊保障措施四个维度进行了分析。研究结果显示，中国已经成为全球遭遇贸易摩擦最多的国家，其中连续 23 年成为遭遇反倾销调查最多的国家，连续 12 年成为遭受反补贴最多的国家，连续 13 年成为遭遇美国 337 调查最多的国家。此外，在分析中国和主要贸易伙伴国之间的贸易摩擦情况后发现，中美之间、中印之间和中欧之间由于贸易失衡严重等原因，贸易摩擦的数量在不断地增加，呈现逐年递增态势，而中日之间的贸易摩擦却因为双边贸易的不断递减而呈现下降态势。通过分析贸易摩擦的起因发现，中外贸易摩擦的直接原因是双边贸易失衡，同时西方各国的政治利益及中国的产业升级、体制问题都是引发中外贸易摩擦的重要影响因素。

关于贸易摩擦对企业的经济效果，本书在实证检验了贸易摩擦对企业绩效的影响效果的基础上，进一步拓展性地研究了贸易摩擦对不同类型企业影响的差异性及贸易摩擦影响的"时间效应"和"阶段效应"，并从全球价值链视角考察了贸易摩擦对企业绩效影响的作用机制。本书选取中国工业企业数据库，中国海关数据库、全球反倾销数据库和中国股票市场交易数据库的数据，经验检验中外贸易摩擦对中国企业绩效所带来的经济影响。基于企业数据的微观经济层面，本书分别选取制造企业、出口企业和上市公司为研究样本，从企业生产率、出口份额、创新、出口产品质量和股价等多个角度入手研究了贸易摩擦对企业绩效的经济影响，同时基于企业的异质性考察了贸易摩擦对于具有不同出口行为、所有制性质、生产率水平等特征企业绩效的差异性影响，具体通过描述性统计和利用有关计量模型进行实证检验，并进行了稳健性检验和内生性问题处理，力求得出中外贸易摩擦对中国企业绩效的影响效应的准确结论，得出主要结论如下：

（1）贸易摩擦对企业生产率的影响

本书以对华反倾销为例，采用 2000～2007 年面板数据检验中外贸易摩擦对中国企业生产率的影响。研究发现：贸易摩擦对企业生产率存在显著的负向影响，且这一结论在考虑内生性及多种稳健性检验下均成立。通过拓展性研究发现：（1）贸易摩擦对出口企业和非出口企业的生产率均带来了明显的抑制效果，但贸易摩擦对出口企业生产率的影响效果更明显；（2）贸易摩擦对国有企业和非国有企业的生产率都具有明显的抑制效果，但贸易摩擦对非国有企业生产率的影响效果更明显。基于 GVC 视角探究贸易摩擦影响企业生产率的作用机制，结果显示，GVC 关联是贸易摩擦抑制企业的生产率的传导途径。

（2）贸易摩擦对企业出口份额的影响

本书以对华反倾销为例，采用 2000~2007 年面板数据检验中外贸易摩擦对中国出口企业的出口份额的影响。研究发现：贸易摩擦对出口企业的出口份额存在显著的负向影响，且这一结论在考虑内生性及多种稳健性检验下均成立。基于企业异质性的研究发现：（1）贸易摩擦对一般贸易企业和加工贸易企业的出口份额均带来了明显的抑制效果，但贸易摩擦对加工贸易企业出口份额的影响效果更明显；（2）贸易摩擦对国有企业和非国有企业的出口份额都具有明显的抑制效果，但贸易摩擦对非国有企业出口份额的影响效果更大。基于 GVC 的作用机制检验表明，GVC 关联是贸易摩擦影响企业出口份额提升的传导渠道，即贸易摩擦通过影响 GVC 关联而抑制了企业出口份额的提升。

（3）贸易摩擦对企业创新的影响

本书通过使用 2000~2007 年面板数据，以对华反倾销为例，经验检验中外贸易摩擦对中国企业创新能力的影响，研究发现：贸易摩擦可以有效地抑制企业创新，这一结论在考虑内生性问题及采用企业创新能力的不同代理变量、反倾销事件的新度量指标以及剔除样本极端值等多种稳健性检验下均成立。基于企业异质性研究发现，贸易摩擦对不同特征的企业创新的影响存在显著的差异：第一，贸易摩擦对于中国出口、非出口两类企业创新都具有明显的抑制效果，但对出口企业的影响程度更大；第二，贸易摩擦对低生产率企业创新具有显著的负向影响，而对高生产率企业创新的影响不明显；第三，贸易摩擦导致非国有企业创新水平呈现明显的下滑态势，而对国有企业创新的影响不明显。进一步探讨贸易摩擦影响企业创新的动态效应发现，贸易摩擦对企业创新在长期内具有显著的负面影响，即在发起贸易摩擦的 1~5 年内，贸易摩擦对企业创新的抑制作用仍然存在；基于 GVC 视角探讨贸易摩擦影响企业创新的作用机制发现，贸易摩擦致使相关行业的 GVC 关联度下降，贸易摩擦通过影响 GVC 关联对企业的创新活动产生了抑制效应。

（4）贸易摩擦对出口产品质量的影响

本书以对华反倾销为例，采用 2000~2007 年面板数据检验中外贸易摩擦对中国出口产品质量的影响。研究发现：贸易摩擦对中国企业出口产品质量存在显著的抑制作用，且这一结论在考虑内生性及多种稳健性检验下均成立；通过拓展性研究发现，发达国家对华贸易摩擦对中国出口产品质量带来了明显的抑制效果，但发展中国家对华贸易摩擦对中国出口产品质量的影响效果不明显；中外贸易摩擦仅对中国非国有企业的出口产品质量具有明显的抑制作用，而对中国国有企业的出口产品质量没有影响；中外贸易摩擦对中国低生产率企业的出口产品质量具有显著的负向影响，对中国高生产率企业的出口产品质量的影响不显著；基于 GVC 的机制检验表明，GVC 关联是中外贸易摩擦影响中国企业出口产品质量提升的传导渠道，即中外贸易摩擦通过减少 GVC 关联而抑制了中国出口产品质量的提升。

（5）贸易摩擦对上市公司股价的影响

本书以 2009 年中美"轮胎特保案"为外部冲击，采用"双重差分法"考察了中外贸易摩擦对中国相关上市公司股价的影响，研究发现：以中美"轮胎特保"案为例表现出来的贸易摩擦对中国相关上市公司的股价存在较大的不利影响；影响机制探究发现中外贸易摩擦在短期内对中国股价的影响主要是通过影响投资者对企业的投资信心带来的，具体表现为中外贸易摩擦带来了股票换手率的减少，从而造成了中国相关上市公司股价的下降；探讨中外贸易摩擦影响中国公司股价的"时间效应"发现，贸易摩擦对股价的影响仅在短期内存在，即主要集中在事件发生的 2 个月内，而在更长时间内则其负面影响不明显；"阶段效应"检验结果显示，中外贸易摩擦仅在开始阶段和正式裁定阶段造成了中国相关上市公司股价的明显下降，而在其他阶段其负面影响并不存在；基于 GVC 视角考察贸易摩擦对股价波动的影响，结果表明中外贸易摩擦对存在前向关联的中国上市公司股价具有显著的负向影响，而对于存在后向关联的中国上市公司股价的影响则不显著。

2. 政策建议

本书的研究结果显示，近年来世界各国频繁地发起对华贸易摩擦，而这些贸易摩擦对包括企业生产率、出口份额、创新、产品质量及股价等方面在内的企业绩效都存在着明显的抑制作用，而行业之间的 GVC 关联是贸易摩擦影响企业绩效的主要传导渠道，且基于股价指标的研究发现，贸易摩擦还对相关行业的前向关联产业股价也存在着一定程度的负面影响。从目前不断升级的中美贸易摩擦来看，中美两国作为两个不同的主权国家，其国家利益的冲突将一直存在，反映在中美贸易上，两国或多国之间的贸易争端也将长期存在。因此，基于本书的研究结论，得到以下几方面启示：

第一，对于出口份额而言，两国（地区）产生贸易摩擦的主要目的是限制商品进口数量，而这对于相关出口企业而言，出口企业的出口规模和出口份额受此影响而明显下降，因此出口国政府应该出台相应的贸易摩擦应对机制及政策以减少反倾销对出口企业的损害，与此同时，出口企业也应当通过积极开拓其他海外市场、调整产品种类、研发新产品等方式稳定企业出口、以更加灵活的方式减弱贸易摩擦的负面影响，主动建立健全应对贸易摩擦的能力，在遭遇贸易摩擦时，能够转变其所处的被动地位，维持出口贸易的平稳和持续发展，这也对保持出口企业的国际竞争力具有非常重要的实践意义。

第二，对于出口产品质量，我国作为遭遇贸易摩擦最多的国家，在遭遇贸易摩擦时，我国涉案企业对于进口国的出口产品价格会有所提高，这直接导致出口企业的出口规模和出口份额受此影响而明显下降，且引发我国出口企业对贸易摩擦发起国的出口质量下降，这是为了降低贸易摩擦的损害，我国出口企业会通过出口转移方式应对贸易摩擦，甚至多数中国企业会选择出口更为廉价的产品，这直接导致中国企业的出口质量难以改变，甚至有所下降。因此，我国出口企业除了要应对贸易摩擦，还要积极地做好行业转型升级。目前，我国人口红利逐渐消失，因此出口的产品成本优势也在逐渐消退，在我国推进供给侧结构性改革之际，出口企业要做好提升产品质量工作。

第三，对于企业创新和生产率而言，随着贸易保护主义的抬头，贸易摩擦越来越频繁地发生，甚至涉及商品的范围越来越广泛，这导致贸易摩擦对制造企业的生产率、创新都具有明显的负面影响。在这一背景下，一方面，由于贸易保护对企业生产率存在较大的负面影响，且影响具有一定的时间效应，因此在未来的国际贸易协商中，各国应当尽可能以谈判为主要原则，频繁实施贸易摩擦是不可取的，影响出口企业出口规模，进而影响出口企业的生产率，因此要防止实施双边的贸易保护，甚至防止扩大为全球性贸易保护；另一方面，贸易保护对企业创新也存在较大的负面影响，在贸易保护背景下提高企业创新力需要增强对企业创新投入方面的扶持。全球价值链关联是贸易摩擦抑制创新的重要机制，在负面外部冲击下企业如何提升全球价值链的参与度及产业转型升级，企业自身应当充分重视和利用全球价值链带来的机会，不断提升价值链参与度，以达到企业自身的发展与贸易伙伴密切融为一体的效果，以此形成互利共赢的分工关系。此外，融资约束是贸易保护抑制创新的重要影响因素，在负面外部冲击下企业的存活和发展，甚至增强创新力，获得融资是关键，政府方面应当充分利用金融、财政等多方面手段，以此缓解企业融资约束，从而提高企业创新力。

第四，对于资本市场而言，正确处理大国经贸关系对于两国资本市场甚至世界资本市场都是有利的。中美两国作为全球最大的两个经济体，两国关系不仅影响到两国自身，对于整个世界的影响都是重要的。2018 年中美"贸易战"不仅带来了中国 A 股市场的大幅波动，也带来了美国三大股指的震荡，甚至带来日经 225 指数、港股市场的波动，因此两国在国际事务中加强协商，避免在各个领域的冲突对于减少经济损失，实现全球经济的稳健复苏具有重要意义。此外，各上市公司不仅要提防与其直接相关的外部冲击对股价的影响，还应当提防来自其上游行业的负面冲击对其股价所带来的影响。在全球价值链不断发展的背景下各产业之间相互嵌入，形成了产业关联，而这种关联可能成为贸易摩擦影响范围扩大的重要因素。在这种背景下，一个企业的股价不仅会受到所在行业负面冲击的影响，还可能受到上游行业负面冲击的影响，因此对于企业而言，应当放宽视野，广泛关注国际各个领域的新动向，做到尽早提防。

第五，从政府层面来看，各国（地区）政府非常重视对出口企业的研发投入及出口企业在国外的市场规模，通过加大政府补贴以扶持高技术行业的发展壮大，通过出口补贴以帮助企业扩大出口规模，这就会导致享有政府高额研发补贴或出口补贴的出口企业可以降低其出口产品成本，在国际市场上以较低价格出售产品，这非常容易引起进口国的贸易保护，引发贸易摩擦。因此，这就需要我国政府在制定产业政策时，对高技术企业进行正确的引导，开展适度的扶植，既要促进其发展壮大，又要防范其在出口贸易市场上开展恶性竞争。此外，政府还要逐渐减少或直接取消对出口企业的出口补贴，引导出口企业凭借自身实力和核心竞争力在国际市场取得一定的市场份额，避免其以低价方式参与国际市场的竞争。

3. 研究展望

基于全球价值链的视角对贸易摩擦影响的研究才刚刚起步，如何聚焦全球价值链并找到切入点是本书在研究中遇到的难点之一。由于全球价值链问题本身十分复杂，本书主要研究了全球价值链在贸易摩擦中的传导机制及其对关联产业的影响，但受研究范围、时间及篇幅的限制，本研究存在不足之处。因此，面对当前全球的经济形势和中外贸易摩擦的进一步深化，结合论文现已形成的研究成果，笔者在未来可以在以下三个方面继续展开深入探讨：

第一，持续跟踪中外贸易摩擦形势的变化，利用本书研究所形成的全球价值链视角下贸易摩擦对企业绩效影响的作用机制，分析当前中外贸易摩擦对中国企业的影响效应，并对贸易摩擦的影响走势进行合理评估，这对于国内企业有效地应对中外贸易摩擦所带来的破坏性效应提供更为及时的依据和参考。

第二，未来可进一步拓展贸易摩擦对企业影响的分析维度，以及实证检验更多贸易摩擦形式对中国企业经营和绩效的影响机制与效应，从而更全面地呈现贸易摩擦对企业影响效应的全貌。

第三，本书从微观层面研究了贸易摩擦的经济影响，未来可以从宏观层面研究贸易摩擦对中国经济的影响效应。具体来讲，可以在全球价值链视角下研究贸易摩擦对中国的 GDP、福利待遇及投资等方面的影响。

参 考 文 献

［1］陈勇兵，仇荣，曹亮．中间品进口会促进企业生产率增长吗［J］．财贸经济，2012，3：76 – 86.

［2］代谦，何祚宇，国际分工的代价：垂直专业化的再分解与国际风险传导，世界经济，2015，1：20 – 34.

［3］杜威剑，李梦洁．反倾销对多产品企业出口绩效的影响［J］．世界经济研究，2018，9：57 – 69 + 138.

［4］段梦，黄德林．中美贸易预期，在不破不立中潜行——基于一般均衡的分析［J］．特区经济，2018，7：23 – 28.

［5］段玉婉，段心雨，杨翠红．加工出口和一般出口对中国地区经济增长的贡献［J］．管理评论，2018，5：76 – 83.

［6］樊海潮，张丽娜．中间品贸易与中美贸易摩擦的福利效应：基于理论与量化分析的研究［J］．中国工业经济，2018，9：43 – 61.

［7］方希桦，包群，赖明勇，国际技术溢出：基于进口传导机制的实证研究，中国软科学，2004，7：58 – 64.

［8］高翔，刘啟仁，黄建忠．要素市场扭曲与中国企业出口国内附加值率：事实与机制［J］．世界经济，2018，10：28 – 52.

［9］高新月，鲍晓华．反倾销如何影响出口产品质量？［J］．财经研究，2020，2：21 – 35.

［10］何欢浪，张娟，章韬．中国对外反倾销与企业创新—来自企业专利数据的经验研究，财贸经济，2020，1：4 – 20.

［11］胡婷，惠凯，彭红枫．异常波动停牌对股价波动性和流动性的影响研究——来自我国取消异常波动停牌的自然实验［J］．金融研

究，2017，9：146 - 160.

[12] 黄鹏，汪建新，金柳燕．美国对华轮胎特保措施的贸易及产业效应分析 [J]．上海对外经贸大学学报，2009，12：14 - 20.

[13] 李凤羽，杨墨竹．经济政策不确定性会抑制企业投资吗——基于中国经济不确定性指数的实证研究 [J]．金融研究，2015，4：115 - 128.

[14] 李小平，朱钟棣，国际贸易、R&D 溢出和生产率增长，经济研究，2006，2：31 - 43.

[15] 李晓，张宇璇．中美贸易争端对东亚经济体的影响——基于中国出口增加值的研究 [J]．东北亚论坛，2019，28（1）：41 - 63.

[16] 李勇，王满仓，LiYong，等．信息不对称、机构投资者与股价波动率——基于扩展 CAPM 的理论与实证分析 [J]．金融评论，2011，2：108 - 122.

[17] 连玉君，廖俊平．如何检验分组回归后的组间系数差异？[J]．郑州航空工业管理学院学报，2017，6：103 - 115.

[18] 刘爱东，谭圆奕，李小霞．我国反倾销对企业全要素生产率的影响分析——以 2012 年化工行业对外反倾销为例 [J]．国际贸易问题，2016，10：165 - 176.

[19] 龙小宁，方菲菲，Piyush C．美国对华反倾销的出口产品种类溢出效应探究 [J]．世界经济，2018，5：76 - 98.

[20] 吕越，吕云龙，包群．融资约束与企业增加值贸易——基于全球价值链视角的微观证据 [J]．金融研究，2017，5：63 - 80.

[21] 毛其淋，许家云．中国企业对外直接投资是否促进了企业创新 [J]．世界经济，2014，8：98 - 125.

[22] 毛其淋，许家云．中间品贸易自由化与制造业就业变动——来自中国加入 WTO 的微观证据 [J]．经济研究，2016，1：69 - 83.

[23] 梅冬州，崔小勇．制造业比重、生产的垂直专业化与金融危机 [J]．经济研究，2017，2：98 - 110.

[24] 倪红福，夏杰长．垂直专业化与危机中的贸易下滑 [J]．世界经济，2016，4：95 - 119.

[25] 倪红福、龚六堂、陈湘杰．全球价值链中的关税成本效应分析——兼论中美贸易摩擦的价格效应和福利效应 [J]，数量经济技术经

济研究，2018，8：74 -90.

[26] 潘文卿，娄莹，李宏彬．价值链贸易与经济周期的联动：国际规律及中国经验 [J]．经济研究，2015，11：20 -33.

[27] 彭冬冬，杨培祥．全球价值链分工如何影响贸易保护壁垒的实施——以反倾销为例 [J]．国际贸易问题，2018，6：09 -122.

[28] 齐俊妍，中国和印度反倾销的对称性比较分析 [J]．财贸经济，2010，5：82 -88.

[29] 曲如晓，江铨．论反倾销保护对企业 R&D 投入的影响 [J]．经济经纬，2007，5：43 -47.

[30] 曲越，秦晓钰，黄海刚．中美贸易摩擦对中国产业与经济的影响——以 2018 年美国对华 301 调查报告为例 [J]．中国科技论坛，2018，5：128 -135.

[31] 任泽平，熊柴，华炎雪，罗志恒．深度解读"中美贸易战" [J]．四川省情，2018，4：40 -43.

[32] 施炳展，邵文波．中国企业出口产品质量异质性：测度与事实 [J]．经济学（季刊），2014，1：263 -284.

[33] 石小霞，刘东．中间品贸易自由化、技能结构与出口产品质量升级 [J]．世界经济研究，2019，6：82 -94.

[34] 史金艳，李延喜．投资者过度自信下上市公司投资短视行为 [J]．系统工程，2011，3：31 -36.

[35] 唐帅，宋维明．加工贸易出口与反倾销的动态关系 [J]．技术经济，2013，10：99 -105.

[36] 唐宜红，张鹏杨．反倾销对我国出口的动态影响研究——基于双重差分法的实证检验 [J]．世界经济研究，2016，11：33 -46.

[37] 唐宇．倾销保护引发的四种经济效应分析 [J]．财贸经济，2004，11：65 -69.

[38] 汪建新，贾圆圆，黄鹏．国际生产分割、中间投入品进口和出口产品质量 [J]．财经研究，2015，4：54 -65.

[39] 王海成，许和连，邵小快．国有企业改制是否会提升出口产品质量 [J]．世界经济，2019，3：94 -117.

[40] 王岚，盛斌，WANGLan，等．全球价值链分工背景下的中美增加值贸易与双边贸易利益 [J]．财经研究，2014，9：97 -108.

[41] 王孝，翟光宇，林发勤. 反倾销对中国出口的抑制效应探究 [J]. 世界经济，2015，5：36 - 58.

[42] 王孝松，吕越，赵春明. 贸易壁垒与全球价值链嵌入——以中国遭遇反倾销为例 [J]. 中国社会科学，2017，1：109 - 125 + 207 - 208.

[43] 王永钦，李蔚，戴芸. 僵尸企业如何影响了企业创新？——来自中国工业企业的证据 [J]. 经济研究，2018，11：99 - 113.

[44] 魏龙，王磊. 从嵌入全球价值链到主导区域价值链——"一带一路"战略的经济可行性分析 [J]. 国际贸易问题，2016，5：104 - 115.

[45] 温忠麟，叶宝娟. 中介效应分析：方法和模型发展 [J]. 心理科学进展，2014，22 (5)：731 - 745.

[46] 文东伟. 增加值贸易与中国比较优势的动态演变 [J]. 数量经济技术经济研究，2017，1：58 - 75.

[47] 吴福象，刘志彪. 中国贸易量增长之谜的微观经济分析：1978 - 2007 [J]. 中国社会科学，2009，1：70 - 83.

[48] 奚俊芳，陈波. 国外对华反倾销对中国出口企业生产率的影响：以美国对华反倾销为例 [J]. 世界经济研究，2014，3：59 - 65.

[49] 谢建国，章素珍. 反倾销与中国出口产品质量升级：以美国对华贸易反倾销为例 [J]. 国际贸易问题，2017，1：153 - 164.

[50] 谢千里，罗斯基，张轶凡. 中国工业生产率的增长与收敛 [J]. 经济学（季刊），2008，3：809 - 826.

[51] 谢德仁，郑登津，崔宸瑜. 控股股东股权质押是潜在的"地雷"吗？——基于股价崩盘风险视角的研究 [J]. 管理世界，2016，5：104 - 128.

[52] 谢申祥，王孝松. 反倾销政策与研发竞争 [J]. 世界经济研究，2013，1：22 - 28.

[53] 谢申祥，张铭心，黄保亮. 反倾销壁垒对我国出口企业生产率的影响 [J]. 数量经济技术经济研究，2017，2：105 - 120.

[54] 辛清泉，孔东民，郝颖. 公司透明度与股价波动性 [J]. 金融研究，2014，10：193 - 206.

[55] 许家云，毛其淋，胡鞍钢. 中间品进口与企业出口产品质量

升级：基于中国证据的研究［J］. 世界经济，2017，3：52 - 75.

［56］杨逢珉，程凯. 贸易便利化对出口产品质量的影响研究［J］. 世界经济研究，2019，1：95 - 106 + 139.

［57］杨令仪，杨默如. 高新技术企业的股价效应研究——基于美国税改和中美贸易摩擦［J］. 科学学研究，2020，3：438 - 447.

［58］杨仕辉，许乐生，邓莹莹. 印度对华反倾销贸易效应的实证分析与比较［J］. 中国软科学，2012，3：48 - 57.

［59］余淼杰，张睿. 人民币升值对出口质量的提升效应：来自中国的微观证据［J］. 管理世界，2017，5：28 - 40.

［60］周升起，付华，ZHOUSheng-qi，等. 贸易便利化与中国出口贸易：基于改进"引力模型"的分析［J］. 商业研究，2014，11：93 - 98.

［61］Acemoglu D. , Carvalho V. M. , Qzdaglar A. , Tahbaz - Salehi. , The Network Origins of Aggregate Fluctuations［J］. Econometrica，2012，80（5）：1977 - 2016.

［62］Acemoglu D. , Ozdaglar A. E. , Tahbazsalehi A. , Networks, Shocks, and Systemic Risk［J］. Working Paper 20931，2015.

［63］Antràs P. , Chor D. , Fally T et al. Measuring the Upstreamness of Production and Trade Flows［J］. American Economic Review，2012，102（3）：412 - 416.

［64］Antràs P. , Gortari A. D. , Itskhoki O. , Globalization, Inequality and Welfare［J］. Journal of International Economics，2016，108.

［65］Arnold J. M. , Javorcik B. S. , Mattoo A. , Does Services Liberalization Benefit Manufacturing Firms? Evidence from the Czech Republic［J］. Journal of International Economics，2011，1：136 - 46.

［66］Bahal M. , International Trade：Dumping and its Impact on Competition［J］：NBER Working Papers，2012.

［67］Bai C. E. , Lu J. , Tao Z. , How does Privatization Work in China?［J］. Journal of Comparative Economics，2009，37（3）：453 - 470.

［68］Baker M. , Wurgler J. , Investor Sentiment in the Stock Market［J］. Journal of Economic Perspectives，2007，21（2）：129 - 151.

［69］Baker M. P. , Stein J. C. , Market Liquidity as a Sentiment Indicator [J]. Social Science Electronic Publishing. 2004, 7: 271 – 299.

[70] Baldwin R. E., The Political Economy of Trade Policy: Integrating the Perspective of Economics and Political Science [A]. The Political Economy of Trade Policy, Feenstra [C]. R. C., Grossman, G. M., and Irwin, D. A., eds. Cambridge Mass: MIT Press, 1996.

[71] Bas M., Strauss – Kahn V., Input – Trade Liberalization, Export Prices and Quality Upgrading [J]. Journal of International Economics, 2015, 95 (2): 250 – 262.

[72] Begley J., Hughes J., Rayburn J., Runkle D., Assessing the Impact of Export Taxes on Canadian Softwood Lumber [J]. The Canadian Journal of Economics, 1998, 31 (1): 207 – 219.

[73] Bems R., Johnson R. C., Yi K. M., Vertical Linkages and the Collapse of Global Trade [J]. American Economic Review, 2011, 3: 308 – 312.

[74] Bergin P. R., Feenstra R. C., Hanson G. H., Volatility Due to Offshoring: Theory and Evidence [J]. Journal of International Economics, 2011, 85 (2): 163 – 173.

[75] Berman N., Hericourt J., Financial Factors and the Margins of Trade: Evidence From Cross – Country Firm – Level Data [J]. Journal of Development Economics, 2010, 93 (2): 206 – 217.

[76] Bernard A., Exceptional Exporter Performance: Cause, Effect, or Both? [J]. Journal of International Economics, 1997, 47 (1): 1 – 25.

[77] Bernhofen D. M., Pricing Dumping in Intermediate Good Markets [J]. Journal of International Economics, 1995, 39: 159 – 173.

[78] Besede T., Prusa T. J.. Antidumping and the Death of Trade [R]. National Bureau of Economic Research, 2013.

[79] Bown C., Jung E., Lu Z., Trump, China, and Tariffs: From Soybeans to Semiconductors [J]. June 18, 2018.

[80] Bown C. P., Crowley M. A., Policy Externalities: How US Antidumping Affects Japanese Exports to the EU [J]. European Journal of Political Economy, 2006, 3: 696 – 714.

[81] Bown C. P., Crowley M A. Trade Deflection and Trade Depres-

sion [J]. Journal of International Economics. 2018c, 72 (1): 176 - 201.

[82] Bown C. P., Protectionism Was Threatening Global Supply Chains before Trump [J]. 2018a, VoxEU. org.

[83] Bown C. P., Trade Policy Toward Supply Chains After the Great Recession [J]. IMF Economic Review, 2018, 66 (3): 22 - 36.

[84] Burstein A., Kurz C., Tesar L., Trade, Production Sharing, and the International Transmission of Business Cycles [J]. Journal of Monetary Economics. 2008, 55 (4): 775 - 795.

[85] Chandra P., Long C., Anti-dumping Duties and their Impact on Exporters: Firm Level Evidence from China [J]. World Development, 2013, 51: 169 - 186.

[86] Chen J., Hong H., Stein C. J., Forecasting Crashes: Trading Volume, Past Returns and Conditional Skewness in Stock Price [J]. Journal of Financial Economics, 2001, 61 (3): 345 - 381.

[87] Chesney M., Reshetar G., Karaman M., The Impact of Terrorism on Financial Markets: an Empirical Study [J]. Journal of Banking & Finance, 2011, 35 (2): 253 - 267.

[88] Chmitt N., Westerhoff F., Herding Behavior and Volatility Clustering in Financial Markets [J]. Quantitative Finance, 2017, 17 (8): 1 - 17.

[89] Chung S., Lee J., Osang T., Did China Tire Safeguard Save U. S. Workers? [J]. European Economic Review, 2016, 85: 22 - 38.

[90] Cornaggia J., Tian X., Wolfe B., Does Banking Competition Affect Innovation? [J]. Journal of Financial Economics, 2015, 115 (1): 189 - 209.

[91] Crinò R., Ogliari L., Financial Imperfections, Product Quality and International Trade [J]. Journal of International Economics, 2017, 104: 63 - 84.

[92] Dean J., Fung K. C., Wang Z., Measuring the Vertical Specialization in Chinese Trade [J]. U. S. International Trade Commission, Office of Economics Working Paper, No. 2007 - 01 - A.

[93] Erbahar A., Zi Y., Cascading Trade Protection: Evidence from

the US〔J〕. Journal of International Economics, 2017, 108: 274 – 299.

〔94〕 Erica Y. , The Impact of Trade and Tariffs on the United States 〔R〕. org, June 2018.

〔95〕 Ernst D, , Guerrieri P. , International Production Networks and Changing Trade Patterns in East Asia: The Case of the Electronics Industry. Oxford Development Studies〔Internet〕. Informa UK Limited; 1998 Jun; 26 (2): 191 – 212.

〔96〕 Fally T. , On the Fragmentation of Production in the US〔R〕. University of Colorado Working Paper, 2011.

〔97〕 Fally T. , Russell Hillberry. Quantifying Upstreamness in East Asia: Insights from a Coasian Model of Production Staging〔R〕. UC Berkeley ARE Working Paper, 2013.

〔98〕 Feenstra R. , Hanson G. H. , Globalization, Outsouring and Wage Inequality〔J〕. The Amercian Economic Review, 1996, 86: 240 – 245.

〔99〕 Feinberg R. M. , Kaplan S. , Fishing Downstream: the Political Economy of Effective Administered Protection〔J〕. Canada Journal of Economics, 1993, 1: 150 – 158.

〔100〕 Fisman R. J. , Hamao Y. , Wang Y. , The Impact of Cultural Aversion on Economic Exchange: Evidence from Shocks to Sino – Japanese Relations〔J〕. Marshall Research Paper Series Working Paper FBE 4. 13. 2013.

〔101〕 Friedrich List, Das nationale System der politischen Ökonomie 〔M〕. Stuttgart/Tübingen 1841.

〔102〕 Gangnes B. , Ma A. C. , Assche A. V. , Global Value Chains and the Transmission of Business Cycle Shocks〔J〕. SSRN Electronic Journal, 2012.

〔103〕 Gao X. , Miyagiwa K. , Antidumping Production and R&D Competition〔J〕. Canadian Journal of Economics, 2005, 38: 211 – 227.

〔104〕 Gereffi G. , Global Value Chains in a Post – Washington Consensus World〔J〕. Review of International Political Economy, 2014, 21 (1): 9 – 37.

[105] Gereffi G. , International Trade and Industrial Upgrading in the Apparel Commodity Chain [J]. Journal of International Economics, 1999, 48: 37 – 70.

[106] Gereffi G. , Luo X. , Risks and Opportunities of Participation in Global Value Chains [J]. Social Science Electronic Publishing, 2015.

[107] Gervais S. , Kaniel R. , Mingelgrin D H. , The High-volume Return premium [J]. The Journal of Finance, 2001, 56 (3): 877 – 919.

[108] Ghodsi M. S. , Jokubauskaite, Stehrer R. Non – Tariff Measures and the Quality of Imported Products [J]. 2015, wiiw Working Papers 189, The Vienna Institute for International Economic Studies, wiiw.

[109] Giovanni J. D. , Levachenko A. , Putting the Parts Together: Trade, Vertical Linkages, and Business Cycle Comovement [J]. American Economic Journal: Macroeconomics, 2010, 2 (2): 95 – 124.

[110] Glaser M. , Weber M. , Overconfidence and Trading Volume [J]. Geneva Risk & Insurance Review, 2007, 32 (1): 1 – 36.

[111] Goldberg P. K. , Khandelwal A. K. , Pavcnik N. , Topalova P. , Imported Intermediate Inputs and Domestic Product Growth: Evidence from India [J]. Quarterly Journal of Economics, 2010, 125 (4): 1727 – 1767.

[112] Goldberg P. K. , Pavcnik N. , Distributional Effects of Globalization in Developing Countries [J]. Journal of Economic Literature, 2007, 45 (1): 39 – 82.

[113] Grossman G. , Helpman E. , Protection for Sale [J]. American Economic Review, 1994, 84 (4): 833 – 850.

[114] Gulen H. , Lon M. , Policy Uncertainty and Corporate Investment [J]. Working Paper, SSRN, 2012.

[115] Guo M. , Lu L. , Sheng L. , Yu M. , The Day after Tomorrow: Evaluating the Burden of Trump's Trade War [J]. Asian Economic Papers, 2018, 1: 101 – 120.

[116] Hadlock C. , Pierce J. , New Evidence on Measuring Financial Constraints: Moving Beyond the KZ Index [J]. Review of Financial Studies, 2010, 23 (5): 909 – 1940.

［117］Hallak J. C., Sivadasan J., Productivity, Quality and Exporting Behavior under Minimum Quality Constraints ［J］. MPRA Paper, 2009.

［118］He J., Tian X., The Dark Side of Analyst Coverage: The Case of Innovation ［J］. Journal of Financial Economics, 2013, 109 (3): 856 – 887.

［119］Hopenhayn H., Entry, Exit, and Firm Dynamics in Long Run Equilibrium ［J］. Econometrica, 1992, 60: 1127 – 1150.

［120］Hou K., Industry Information Diffusion and the Lead-lag Effect in Stock Returns ［J］. The Review of Financial Studies, 2007, 20 (4): 1113 – 1138.

［121］Hughes J. S., Lenway S, Rayburn J. Stock Price Effects of U. S. Trade Policy Responses to Japanese Trading Practices in Semi – Conductors ［J］. The Canadian Journal of Economics, 1997, 30 (4): 922 – 942.

［122］Hummels D J, Ishii Y K. The Nature and Growth of Vertical Specialization in World Trade ［J］. Journal of International Economics, 2001, 54 (1): 75 – 96.

［123］Iori G, A., Microsimulation of Traders Activity in the Stock Market: the Role of Heterogeneity, Agents' interactions and Trade Frictions ［J］. Journal of Economic Behavior & Organization, 2002, 49 (2): 269 – 285.

［124］Jabbour L., Tao Zh., Vanino E., Zhang Y., The Good, the Bad and the Ugly: Chinese Imports, European Union Anti-dumping Measures and Firm Performance ［J］. Journal of International Economics, 2019, 117: 1 – 20.

［125］Javorcik B. S., Does Foreign Direct Investment Increase the Productivity of Domestic Firms? In Search of Spillovers through Backward Linkage ［J］. American Economic Review, 2004, 94 (3): 605 – 627.

［126］Jensen J. B., Quinn D., Weymouth S., Global Supply Chains, Currency Undervaluation, and Firm Protectionist Demands ［J］. NBER Working Papers, No. 19239, 2013.

［127］Johnson R C, Noguera G. Accounting for Intermediates: Production Sharing and Trade in Value Added [J]. Journal of International Economics, 2012, 86 (2): 224 –236.

[128] Johnson R. C. , Trade in Intermediate Inputs and Business Cycle Comovement [J]. American Economic Journal: Macroeconomics, 2014, 6 (4): 39 –83.

[129] Kao K. F. , Peng C. H. , Anti-dumping Protection, Price Undertaking and Product Innovation [J]. International Review of Economics & Finance, 2016, 41: 53 –64.

[130] Kaplinsky R. , Morris M. A. , Handbook for Value Chain Research. Prepared for IIDRC [R]. 2001: 25 –40.

[131] Kee H. L. , Tang H. , Domestic Value Added in Exports: Theory and Firm Evidence from China [J]. Policy Research Working Paper Series, 2015, 106 (6).

[132] Kobayashi S. , Hirono Y. , Latest in US – China Trade War: Thorough Analysis on Additional Triff by Product [R]. 21 September 2018 (No. of pages: 5) Japanese report: 20 Sep 2018.

[133] Kogut B. , Designing Global Strategies: Comparative and Competitive Value – Added Chains [J]. Sloan Management Review, 1985, 26 (4): 15 –28.

[134] Konings J. , Vandenbussche H. , Antidumping Protection Hurts Exporters: Firm-level Evidence from France [J]. Review of World Economics, 2013, 2: 295 –320.

[135] Koopman R. , Powers W. , Wang Z. , et al. Give Credit where Credit is Due: Tracing Value Added in Global Production Chains [J]. NBER Working Papers, No. 16426, 2010.

[136] Koopman R. , Wang Z. , Wei S J. How Much of Chinese Exports is Really Made In China? Assessing Domestic Value – Added When Processing Trade is Pervasive [J]. NBER Working Papers, 2008.

[137] Kose M. , Ayhan, Otrok C. , Charles H. , Whiteman, Understanding the Evolution of World Business Cycles [J]. Journal of International Economics, 2008, 75 (1): 110 –130.

[138] Krugman P. , Scale Economics, Prouduct Differentition and the

Patttern of Trade [J]. American Economic Review, 1980, 70 (5): 950 – 959.

[139] Krugman P., Venables A. J., Globalization and the Inequality of Nations [J]. Quarterly Journal of Economics, 1995, 110 (4): 857 – 880.

[140] Kugler M., Verhoogen E., Prices, Plant Size, and Product Quality [J]. The Review of Economic Studies, 2012, 79 (1): 307 – 339.

[141] Kumakura M., Trade and Business Cycle Co-movements in Asia – Pacific [J]. Journal of Asian Economics, 2006, 17 (4): 622 – 645.

[142] Lenway S., Rehbein K., Starks L., The Impact of Protectionism on Firm Wealth: the Experience of the Steel Industry [J]. Southern Economic Journal, 1990, 56 (4): 1079 – 1093.

[143] Leontief W. W., Quantitative Input and Output Relations in the Economic System of the United States [J]. Review of Economics and Statistics, 1936, 18 (3): 105 – 125.

[144] Levinsohn J. A., Petrin A., Estimating Production Functions Using Inputs to Control for Unobservables [J]. Review of Ecnomic Stduies, 2003, 70 (2): 317 – 341.

[145] Lu Y., Tao Z., Zhang Y., How do Exporters Adjust Export Product Scope and Product Mix to React to Antidumping? [J]. China Economic Review, 2018, 51: 20 – 41.

[146] Lu Y., Tao Z., Zhang Y., How Do Exporters Respond to Antidumping Investigations? [J]. Journal of International Economics, 2013, 91 (2): 290 – 300.

[147] Melitz M. J., The Impact of Trade on Intra – Industry Reallocations and Aggregate Industry Productivity [J]. Economitrica, 2003, 71 (6): 1695 – 1725.

[148] Miyagiwa K., Song H., Vandenbussche H., Accounting for Stylised Facts about Recent Anti-dumping: Retaliation and Innovation [J]. The World Economy, 2016, 2: 221 – 235.

[149] Ng E. C. Y., Production Fragmentation and Business-cycle Comovement. [J]. Journal of International Economics, 2010, 82 (1): 1 – 14.

[150] Okawa M. , On the Comparison of Tariffs and Quotas in Oligopolistic Intermediate Goods Markets [J] . Japan and the World Economy, 2006, 18 (2): 169 – 180.

[151] Olley G. S. , Pakes A. , The Dynamics of Productivity in the Telecommunications Equipment Industry [J] . Econometrica, 1996, 64: 1263 – 1297.

[152] Ouadghiri I. , Peillex J. , Public Attention to 'Islamic Terrorism' and Stock Market Returns [J]. Journal of Comparative Economics, 2018, 46: 936 – 946.

[153] Pierce J. R. , Plant – Level Responses to Antidumping Duties: Evidence from US Manufacturers [J]. Journal of International Economics, n2011, 2: 222 – 233.

[154] Porter M. E. , The Competitive Advantage [M]. New York: Free Press, 1985: 25 – 29.

[155] Prechter R. R. , Parker W. D. , The Financial/Economic Dichotomy in Social Behavioral Dynamics: The Socionomic Perspective [J]. Journal of Behavioral Finance, 2007, 8 (2): 84 – 108.

[156] Reynolds K. M. , Under the Cover of Antidumping: Does Administered Protection Facilitate Domestic Collusion? [J]. Review of Industrial Organization, 2013, 42 (4): 415 – 434.

[157] Rosyadi A. , Widodo S. , Impacts of Donald Trump's Tariff Increase against China on Global Economy: Global Trade Analysis Project (GTAP) Model [J]. Mpra Paper, 2017.

[158] Shepherd B. , Stone S. , Imported Intermediates, Innovation, and Product Scope: Firm-level Evidence from Developing Countries [A]. MPRA paper, 2012.

[159] Sherman R. , Eliasson J. , Trade Disputes and Non-state Actors: New Institutional Arrangements and the Privatisation of Commercial Diplomacy [J]. World Economy, 2010, 29 (4): 473 – 489.

[160] Shin K. , Wang Y. , Trade Intergration and Business Cycle Synchronization in Ease Asia [J] . Asian Economic Paper, 2009, 12 (1): 76 – 99.

[161] Sturgeon T. , Lee J – R. Industry Co-evolution and the Rise of a Shared Supply-base for Electrics Manufacturing [R]. Paper Presnted at Nleson and Winter Conference, Aalborg. 2001.

[162] Upward R. , Wang Zh. , Zheng J. , Weighing China's Export Basket: The Domestic Content and Technology Intensity of Chinese Exports [J]. Journal of Comparative Economics, 2013, 41: 527 – 543.

[163] Vandenbussche H. , Unionization and European Antidumping Protection n [J]. Oxford Economic Papers 53. 2 (2001): 297 – 317. Crossref. Web.

[164] Von S. C. , Global Value Chains in EU Anti – Dumping Practice [J]. The National Board of Trade Working Papers, 2012.

[165] Zhang D. , Hussain A. , Impact of U. S. – Canada Softwood Lumber Trade Dispute on Forest Products Companies: A Stock Market Perspective [J]. 2004. Unpublished paper, School of Forestry, and Wildlife Sciences, Auburn University, Auburn, Alabama.

后　记

　　忙碌而收获满满的博士生活即将结束，在此期间我经历了专业论文写作、投稿及博士学位论文的选题、开题、中期审核、预答辩、答辩等各个环节，在此过程中我一点一滴地学习，一朝一夕地成长。从对专业知识、计量模型的懵懂到学术论文、毕业论文的顺利完成，除了对曾经指导与帮助我的老师及同学的致谢与感恩，更有对北京工业大学校园生活的怀念与追忆。

　　首先，感谢我的导师李双杰教授。2016 年，我离开长期从事的工作岗位来到北京工业大学求学，非常有幸成为了李老师的博士生。4 年来，无论是专业学习，还是科学研究，李老师都在各方面给予了我帮助，指导我一步一步地掌握了学术论文的写作范式，顺利地完成博士学位论文。李老师严谨的治学态度成为我不断学习的榜样，也是推动我在学术科研方面不断进步的动力。

　　其次，感谢在博士学习期间一直指导我进行科研创作的张鹏杨老师。感谢张老师一直以来在计量模型构建、Stata 软件操作和数据获取等方面所给予的无私帮助和耐心的指导，正是在张老师的指导下，我的科研能力才得以大幅度地提升。

　　再次，感谢在博士学位论文写作的开题、中期及预答辩等各个环节提供各种指导和帮助的杨松令、迟远英、曾诗泓、冯虹及艾小青老师及其他校外评审专家。基于各位专家老师的修改意见和专业指导，我才能对博士学位论文写作中存在的各种问题及不足之处及时进行修正，最终能够顺利完成博士学位论文。

　　又次，感谢我的同学与师门同仁。感谢 2016 级经济与管理学院的应用经济专业和管理科学与工程专业一起奋斗的博士同窗们。感谢你们在我博士求学路上的各种关怀与帮助。正因为有你们，我在读博期间的生活才变得充实和快乐。此外，感谢师弟师妹们，感谢你们像亲人般的陪伴与鼓励，与你们同行的日子是我难忘的回忆！

最后，感谢我的家人。感谢家人对于我远离家园、奔赴他乡四年漫漫求学路的支持。在我读博期间，家人帮助我照顾孩子、料理家务，为我完成学业给予了无私的支持和帮助，因此我才能全身心地进行专业学习和科研创作，能够充满信心克服一个又一个的困难。此外，还感谢居住在北京的亲人，他们在我读博期间给了我极大的支持，这也成为了我奋勇前行的动力。

四年的读博生涯，让我的人生从此与众不同，不仅自己的科研能力有了很大程度的提升，也因此拥有了更加严谨的科研态度。在以后的工作与生活中，我会将这段珍贵的学习经历作为新的起点，用所学到的知识回报社会，不负韶华！